배움을 확인하고 성장을 지원하는

과정중심평가

과정중심평가

초판 1쇄 발행 2018년 10월 12일
초판 3쇄 발행 2020년 5월 13일

지은이 | 김덕년, 강민서, 박병두, 김진영, 최우성, 연현정, 전소영

발행인 | 최윤서
편집장 | 허병민
디자인 | 김수경
펴낸 곳 | 교육과 실천
도서문의 | 02-2264-7775
인쇄 | 031-945-6554 두성 P&L
일원화 구입처 | 031-407-6368 (주)태양서적
등록 | 2018년 4월 2일 제2018-000040호
주소 | 서울특별시 중구 창경궁로 18-1 동림비즈센터 505호
ISBN 979-11-963601-4-6 (13370)

배움을 확인하고 성장을 지원하는

과정중심평가

김덕년 · 강민서 · 박병두 · 김진영 · 최우성 · 연현정 · 전소영 지음

교육과실천

평가란 무엇인가? 더구나 과정중심평가란 무엇인가?

교육과정 재구성은 이미 학교 차원에서 함께 고민하고 있다. 수업 방법에 대한 각종 연수에는 신청자가 넘쳐난다. 학교생활기록부(이하 학생부) 기록은 지나치게 관심이 뜨겁다. 그런데 평가는 상대적으로 조용했다. 간혹 있었던 평가 연수는 주로 평가 문항지의 질문 방식과 배치 등 형식적인 측면이 강했다.

이렇게까지 학생평가에 관심이 높았던 적이 있었던가. 연수가 늘어난 것은 환영할 일이지만, 평가만 지나치게 강조되는 모습은 우려스럽다. 최근 평가 연수는 내용 면에서 성격이 다르다. 평가의 관점이 변하고 있기 때문이다. 변별이니, 역배점이니 그동안 학생들을 한 줄로 세우는 데 효과적인 방법을 찾던 것과는 다르다. 이름도 낯설다. '과정중심평가' 란다. 평가 내용도 평가 방법도 새로운 것일까? 교사들은 혼란스럽다.

평가는 변별이 목적이든, 피드백이 목적이든 학생들이 배운 내용이 대상이 된다. 그러니 평가는 이미 수업 활동이다. 수업과 평가가 분절되어서는 안 되는 것이다. '교육과정–수업–평가–기록 일체화'에서 수업과 평가는 동시에 진행된다. 수업디자인에 이미 평가 내용이나 방법이 포함되어 있다. 그러니 평가만 강조하다 보면 자칫 왜곡된다.

시험지 유출이나 성적 조작처럼 상상할 수 없는 일이 발생하다 보니 평가에 대한 통제를 강화한다. 상황이 이렇다 보니 교사는 문항 출제에서부터 시험지 인쇄, 관리, 고사 진행이 수업을 진행하는 것보다 훨씬 어렵다.

시험이 끝났다고 교사들의 스트레스가 사라지는 것은 아니다. 이제는 채점에 대한 항의가 빗발친다. 학생 개인이 도달한 성취를 확인하고 이를 피드백하는 것은 '빛 좋은 개살구'이다. 차라리 내신시험조차 국가고시로 일제히 치르고자 할 판이다. 모든 교사가 똑같은 내용과 방법으로 수업하고 시험을 볼 때는 엄격한 보안장치를 가동하고… 그래서 모든 학생을 한 줄로 세우고…. 이 무슨 경우인가? 이렇게 된다면 그야말로 교육이라는 이름으로 이루어지는 폭력일 것이다.

이 책은 '평가란 무엇인가'에 대한 답이 아니다. '과정중심평가란 무엇인가'에 대한 답은 더더욱 아니다. '교육과정–수업–평가–기록 일체화'를 고민하는 교사들이 일체화를 실천하는 과정에서 '평가를 어떻게 할 것인가'를 고민하고 나온 실천서이다. 수업이 진행되면서 학생들이 배움을 찾아가는 과정을 보면서 미소를 짓기도 하고, 또 때로는 커다란 벽에 부딪혀 좌절하기도 한 모습이 그대로 담겨있다. 평가를 어떻게 멋지게 잘할 것인가를 보여주는 글이 아니다. 학생들의 성장 과정을 행여 놓치지 않을까 안절부절못했던 경험을 풀어낸 글이다.

평가를 위한 평가가 아니라 학생이 성취한 정도를 확인하고 이를 피드백하는 과정을 담아낸 생생한 기록이다. 그러니 평가 형식이나 비율, 쉽게 말해 지침에 맞느냐, 그렇지 않느냐로 판단하지 않기를 바란다. 어떤 내용을 수업하고 이를 어떻게 확인했으며 다시 피드백했는가를 살펴보기를 간곡히 권한다.

제1장은 필자들이 함께 '평가란 무엇인가'에 대한 고민을 담았다. 그리고 이어지는 장에서 고등학교와 중학교에 재직하고 계신 교사 여섯 분이 자신의 수업에서 실천한 과정을 기록했다. 이 기록은 '무엇을 어떻게 평가할 것인가'에 대한 교사들의 대답이다.

· 차례 ·

평가는 퍼즐 맞추기이다. 평가 역시 교육과정-수업-평가-기록 일체화라는 범주에 들어간다. 1시간은 1분 1분이 모여 이루어내는 시간이다. 1시간이라는 결과도 중요하지만, 그 사이의 흐름도 매우 중요하다. 이를 우리는 맥락이라고 말한다. 또는 과정이다. 과정중심평가는 교육 활동의 맥락이 중요하다. 즉 1시간이라는 결과를 만들어가는 아이들의 소중한 1분을 평가하는 것이다. 1시간이라는 결과를 한 학기의 계획이라고 한다면, 이 평가조차도 프로젝트의 한 부분이 된다.

고민 끝에 다음과 같은 답을 얻었다. 아이들이 배움의 과정에 즐겁게 참여하고, 조금 더 밀도 높은 조별 협력 수업이 가능하며, 토의·토론을 통해 깊은 생각을 나누고 몰입하는 수업을 하고 싶었다. 수업 활동에 대한 관찰과 피드백이 가능하고, 작품 감상을 통해 공감능력을 키우고, 그래서 아이들이 미래 잠재적 독자가 될 수 있는 수업을 하고 싶었다. 무엇보다 일체화 속에서 과정중심평가를 제대로 구현하고 싶었다.

첫 시간에 '함께 성장하는 국어 시간' 수업 함께 만들기 활동을 했다. 학생들에게 수업시간에 바라는 점을 적게 했더니 재미있고 흥미 있는 수업을 해달라는 의견이 가장 많았다. 학생들이 평가를 받으면서 재미있을 수 있을까? 여기에 과정중심평가의 묘미가 있는 듯하다. 즐겁게 수업하며 그 과정에서의 노력과 성장의 정도가 평가 결과에 반영이 될 수 있다면 말이다.

학생들은 주 1회 정도 일기나 영작을 하게 되었고 학생들의 영어 문장들이 일기장에 축적되어 갔다. 이것을 통해 학생들이 목표에 어느 정도 도달했는지를 볼 수 있고 그 과정에 대한 평가와 피드백을 줄 수 있으리라 생각했다. 또한 학생들이 자신의 수준에 맞는 개별 목표를 정하고 그것에 도달하기 위해 수업시간에 함께 노력할 수 있다고 생각했다.

수학에 대한 고정관념을 깨트려주고 싶었다. 수학을 어떻게 하면 흥미롭고 유의미하게 가르칠 수 있을까? 고민을 거듭하면서 '과정중심평가' 라는 새로운 방식을 적용해보고 싶었다. 좌충우돌 경험기를 고스란히 글에 옮기고 싶었다. 이참에 자유학기제가 시행되는 중학교 교육과정에서 과정중심평가를 어떻게 적용할지 고민을 함께 나누고 싶었다.

매일의 수업을 평가한다고? 아이들에게 너무 가혹한 것은 아닌가? 이렇게 생각하시는 분도 계실 듯하다. '평가' 라는 말이 주는 선입견 때문일 것이다. 내가 하고자 하는 평가는 아이들을 한 줄로 세우고 잘하나 못하나를 판단하는 평가가 아니라, 그 날의 수업에 충실하게 참여하도록 독려하는 평가이다. 즉, 수행 여부를 확인하며 참여를 유도하는 것이지 수행 정도를 판단하는 것이 아니다.

과정중심평가를 어떻게 해야 할까 고민한 지 2년이 지나가고 있다. 여러 시행착오를 거치면서 학생과 더불어 교사인 나 자신이 많이 성장하고 있음을 느낀다. 학생들의 이름을 외우고, 학생들의 배움의 과정에 관심을 갖고, 성취기준에 도달하도록 돕고자 하면서 학생에게 관심을 더 많이 갖게 된 나 자신을 발견한다. 이로 인해 학생과의 거리가 더 가까워짐을 느낀다. 학생들을 피드백하면서 학생들의 성취수준이 향상되는 모습을 보면서 교사로서 성취감과 보람을 느끼게 된다.

1장
—
과정중심평가란
무엇인가

김덕년, 구리 인창고

『교육과정-수업-평가-기록 일체화』(이하 '일체화')를 읽고 강의를 요청하시는 분이 많다. 그만큼 많은 학교에서 필요하기 때문이다. 최근에는 '일체화'와 함께 '과정중심평가'를 설명해 달라는 요청이 늘어난다. 학생평가의 방향이 과정중심평가로 변하기 때문이다. 사실 '과정중심평가'는 교육과정 재구성과 학생참여수업을 전제해야 한다.

근래에 '과정중심평가'라는 말이 일상적으로 사용되지만, 교사들은 여전히 궁금하다.

- 과정중심평가란 무엇인가
- 과정중심평가가 왜 필요한가
- 과정중심평가를 어떻게 해야 하는가
- 이 평가로 수업의 모습은 어떻게 달라질 것인가
- 무엇을 준비해야 하는가
- 어떻게 진행해야 하는가

막상 평가를 과정 중심으로 한다고 하더라도 수행평가나 지필평가의 비율이 발목을 잡는다. 공정성이나 변별력이라는 이름으로 한 학기에 지필평가는 몇 회를 하고, 서·논술 평가는 몇 % 하라는 것만 강조한다. 어느새 학교 현장에서는 '왜 해야 하는가'에 대한 고민은 사라진다. 결국 교실은 그대로이다.

중학교에서는 자유학기제가 자유학년제로 확산되는 추세이다. 자유학기제의 평가는 과거의 방식이 아니다. 학생의 활동이 활발하게 일어나는 수업을 하다 보니 평가 역시 학생들이 수업시간에 어떤 활동을 하고, 서로 간에 지적 자극은 어떻게 하는지를 살펴 기록한다.

평가란 무엇인가

질문이 있다. '평가' 하면 무엇이 떠오르는가? 그동안 우리에게 평가는 오직 하나였다. 어른들은 시험을 본 아이들에게 제일 먼저 이렇게 묻는다.

"몇 점 받았어?", "몇 등 했어?"

어른들이 궁금한 것은 그다지 많지 않다. 몇 점이라는 것도 그리 중요하지 않다. 관심사는 반에서 몇 등을 했고, 주요 경쟁자를 꺾었는가이다. 이번에 몇 점을 받았다고 하면, 축하보다는 '아무개는 몇 점 받았니?' 하는 질문이 곧바로 이어진다. 어른들에게 평가는 오직 서열이다. 몇 등을 해야 하고, 유력 경쟁자를 눌러야 한다. 아이가 수업 목표에 어느 정도 도달했는가는 별로 관심이 없다.

학교도 마찬가지다. 예전에 시험만 보면 1등에서 꼴찌까지 아이들의 이름을 써서 복도에 붙이는 학교도 있었다. 학급 평균을 공개하고 성적이 낮은 학급은 교장이 담임을 불러 야단치기도 했다. 시험이 끝나면 교실은 공포 그 자체였다. 어떤 교사는 틀린 개수만큼 매를 때리기도 했다. 이 반 저 반에서 '퍽', '퍽' 매 맞는 소리가 났다. 교실 분위기는 얼음보다 더 차가웠다. 아이들의 허벅지며 발바닥에는 멍 자국이 생겼다.

그 시절에는 평가를 왜 하는가에 대한 고민이 전혀 없었다. 교사들은 무방비 상태의 학생들에게 매를 댔다. 오죽하면 교사에게 매를 맞다가 바지에 실수를 하는 학생도 있었다. 당시 모습은 선명하게 남아 있지만, 아직도 그 친구가 왜 그리 맞아야 했는지 알 수가 없다.

음악 시간이었다. 반주에 맞추어 노래를 부르던 우리는 갑자기 일어선 교사의 서슬에 얼음이 되었다.

"너 나와."

장난기가 있긴 했지만, 그다지 드러나지 않았던 친구는 주저하며 앞으로 나갔다.

"칠판 잡아."

그때부터였다. 매 맞는 소리가 교실에 퍼졌다. 하나, 둘, 셋…. 나는 숨소리도 내지 못하고 속으로 헤아렸다.

"선생님. 제가 왜 맞아야 하는데요."

"이 자식이! 어디서 대들고 있어."

"선생님. 저 정말 왜 맞는지 몰라서 그래요."

우리도 그 친구가 왜 맞는지 그리고 우리는 왜 이런 공포 속에 있는 것인지 알 수 없었다. 매는 점점 거센 폭력이 되었고, 친구의 얼굴은 까맣게 변해갔다. 무엇에 놀랐는지 문득 고개를 든 나는 지옥의 모습을 보았다.

바닥에 쓰러진 아이와 긴 몽둥이를 든 교사의 모습. 그것은 공포였다.

그 아이가 그렇게 맞은 이유는 다른 데 있었다. 우리 반 시험 성적이 다른 반에 비해 낮았기 때문이었다. 교감에게 불려가 야단을 맞은 담임은 제 분을 이기지 못하고 결국 그 친구에게 화풀이를 했던 것이다. 그 친구는 성적이 조금 낮을 뿐이었다. 평가는 이렇게 아이들에게나 교사들에게나 불쾌한 기억으로 남아 있다.

『평가란 무엇인가』(정창규, 강대일. 2016)에는 평가를 대하는 학부모의 속 마음을 5단계로 표현하고 있다.

STEP 1. 시험 점수 확인

STEP 2. 반 평균 점수 확인

STEP 3. 경쟁하는 친구의 점수 확인

STEP 4. "이 문제는 왜 틀렸니?"

STEP 5. "다음엔 점수를 더 올려라."

차이는 있지만, 이 단계는 요즘도 비슷하다. 시험을 보고 나면 학부모들은 아이들의 점수가 궁금하다. 점수를 확인하면 등수를 확인하고 싶어 한다. 그러나 막상 학생부나 아이들의 통지표에는 등수가 기록되지 않는다.

오른쪽의 표는 고등학교 학생부 교과학습발달상황 양식이다. 이 양식을 보면 원점수와 과목평균, 표준편차가 제시되고 그 옆으로 성취도*가 나오

---

* 성취평가제는 상대적 서열에 따라 '누가 더 잘했는지'를 평가하는 것이 아니라 '학생이 무엇을 어느 정도 성취하였는지'를 평가하는 제도로 교육과정에 근거하여 개발된 교과목별 성취기준에 도달한 정도로 학생의 학업 성취수준(A-B-C-D-E, A-B-C, P)을 평가함

[○학년]

교과	과목	1학기				2학기				비고
		단위수	원점수/과목평균(표준편차)	성취도(수강자수)	석차등급	단위수	원점수/과목평균(표준편차)	성취도(수강자수)	석차등급	
국어	국어 l	5	83/74.5(13.6)	B(285)	4					
수학	수학 l	5	74/57(19.3)	C(285)	3					
이수단위 합계		25				25				

고 석차등급*이 이어진다. 초등학교나 중학교 역시 학생들의 석차는 기록되지 않는다. 그럼에도 불구하고 시험 때만 되면 "몇 등이냐?" 타령이 반복되는 이유는 무엇일까?

학교에서 평가의 변화는 "평가는 선다형 일변도의 지필검사를 지양하고, 서술형 주관식 평가와 표현 및 태도의 관찰평가를 조화롭게 이루어지도록 한다"**라고 제시하면서 시작되었다. 또한 서울시 교육청에서는 1996년부터 시작된 '새물결운동'을 통하여 선택형 평가에서 논술형, 서술형 평가로 연차적으로 확대하여 다양한 평가 방법(관찰, 실험, 실습, 구술, 토론. 연구보고서, 포트폴리오 등)을 제안했고 이것이 우리나라에서 평가 변화의 시작

---

* 개별 교과목 평가에 참여한 집단의 등위에 따라 부여한 수치를 말함. 상위 4% 이내에 있으면 1등급, 4~11% 이내이면 2등급, 11~23% 이내이면 3등급과 같은 형식으로 등급이 부여된다. 그렇기 때문에 집단의 규모에 따라 해당 등급의 인원이 늘어날 수도 있고 줄어들 수도 있다.

등급	1	2	3	4	5	6	7	8	9
석차백분율	4	11	23	40	60	77	89	96	100

** 제6차 교육과정의 편성 운영의 기본지침(교육부 고시 제1992-16호) 중 평가지침

이었다.[*]

그러면 평가란 무엇인가? 먼저 국어사전을 보자.

평가[評價]

1. 사람이나 사물의 가치나 수준 따위를 일정한 기준에 의해 따져 매김

2. 물건의 값을 헤아려서 매김

국어사전에서 말하는 평가는 가치나 수준을 일정한 기준에 의해 따져 매기는 것을 뜻한다. 교육에서는 학습자를 대상으로 평가를 하기 때문에 그 의미는 더 구체적일 수밖에 없다.

다음(daum) 포털 사전에는 '학습자의 행동변화 및 학습과정에 관한 정보를 수집 · 이용하여 교육적 의사결정을 내리는 데 도움을 주거나 의사결정을 하는 과정'이라고 요약하며 다음과 같이 평가의 특징을 말한다.

1. 인간의 현실성보다 가능성에 더 비중을 둔다.

2. 평가 자료와 대상과 시간은 무한하다.

3. 계속적이고 종합적인 과정이다.

즉, 교육평가는 가능성에 주목하며 무한성, 종합적인 과정이다. 또한 학생평가와 교육과정평가로 구분한다.

김성숙(2015)은 교육평가를 위한 기본 가정으로 4가지를 들고 있다.

---

[*] 경기도교육청, 2016 초등 수행평가 예시자료

1. 평가를 하기 위한 기본 전제로 인간은 무한한 잠재 능력을 가지고 있고 이를 후천적으로 개발할 수 있다.
2. 교육평가의 대상과 자료는 무한하다. 교수·학습이 진행되고 있는 상황에서 어떠한 행위, 대상, 자료도 평가의 대상이 될 수 있다.
3. 평가는 일차적으로 실시하고 종료하는 것이 아니라 지속적으로 이루어져야 한다.
4. 교육평가는 종합적이어야 한다. 지필검사에 국한되던 평가 방법에서 벗어나 관찰, 면접, 수행평가 등 다양한 평가 방법을 동원하여 평가를 실시하여야 한다.

그런데 우리가 말하는 평가는 과연 무엇인가?

평가를 이해하기 위한 활동

먼저 그림을 하나 살펴보자. 다음에 소개할 그림은 중국의 한 소년이 수업시간에 그린 것이다. 평가에 대해 토의하는 데 좋은 자료가 될 것 같아 교사들의 전문적 학습공동체 활동 자료로 만들어보았다.

활동 A
다음은 한 학생이 미술 수업시간에 고양이를 그린 것입니다. 우선 다함께 이 그림을 보겠습니다.

[질문 A-1] 수업시간에 고양이를 그리라고 했으니, 이제 평가를 해야 합니다. 몇 점을 줄까요?

[질문 A-2] 그렇게 점수를 준 이유가 무엇인지 서로 이야기를 나누어 봅시다.

※ 정리를 위한 단계별 나눔 활동 : [1단계] 가볍게 나누기

· 점수의 기준은 무엇이었나?(100점 단위라면?, 9등급이라면?, 5단계라면? 등등)

· 왜 그렇게 점수를 부여하였나?

활동 B

　이제 또 다른 그림을 보여드립니다. 활동 A의 그림을 그린 학생 집에 있는 고양이는 늘 아래와 같은 모습을 하고 있습니다. 학생은 교사에게 이 사진을 보여주며 자신은 억울하다고 합니다. 교사는 난감합니다. 이미 채점은 끝났거든요. 자, 어떻게 해야 하나요?

　[질문 B-1] 혹시 점수와 기준이 바뀌지는 않았나요? 바뀌었다면 그 이유는 무엇인가요?

활동 B의 사진을 보고 흔들린 교사가 많을 것이다. 그 이유는 학생이 그린 그림을 이해할 수 있기 때문이다. 그래서 자신의 준 점수를 지우고 새로 주고 싶은 마음이 생기기도 한다. 타당하다고 생각하여 점수를 올리자 이번에는 다른 학생이 항의한다.

"그림에 다리도 하나 없는데, 어떻게 높은 점수를 줄 수 있어요?"

자, 어떻게 할 것인가? 학생의 항의가 타당하다고 생각하고 다시 점수를 깎을 것인가? 극단적인 예를 들었지만, 우리는 이런 경우를 종종 겪는다. 수행평가는 물론이고 서·논술형 문항을 채점할 때도 이런 고민에 빠질 때가 있다. 왜 이런 일이 생길까? 다시 아래 질문에 답해보자.

> [질문 B-2] 다시 수업으로 돌아갑니다. 나는 이 수업에서 왜 고양이를 그리라고 했나요?
>
> --
>
> --
>
> --

분명히 이 수업에서 고양이를 그리라고 했을 때는 이유가 있었을 것이다. 고양이의 모습을 알게 하고 싶었거나, 색채감각을 느끼게 하고 싶었거나 여러 가지 그 수업에서 이루고자 하는 핵심개념이 있었을 것이다. 그러면 그 핵심개념에 학생이 도달한 정도를 채점의 기준으로 삼아야 한다. 앞에서 고민에 빠진 이유는 바로 순간적으로 그 수업에서 학생들이 활동하는 이유를 놓쳤기 때문이다. 그 활동에서 학생들이 느끼게 하고 싶었던 것을 잊고 있었기 때문에 갈등이 생긴 것이다.

※정리를 위한 단계별 나눔 활동 : [2단계] 깊이 들어가기

· 무엇을 알게 하고 싶은가?

· 어디까지 도달하길 바라는가?

· 도달 정도를 어떻게 나타낼 것인가?

· 도달한 후에 교사는 어떻게 할 것인가?

이 활동의 목적은 과정중심평가에서 필요한 요소, 기준 등을 확인하는데 있다. 평가는 반드시 그 앞 단계인 교육과정 재구성과 수업에 대한 고민이 있어야 한다. 수업이 학생이 성장하도록 돕는 활동이라면 평가는 성장을 확인하는 방법이다.

무엇을 평가할 것인가?

변별이 평가의 유일한 이유일 때는 말도 안 되는 문제를 내도 괜찮았다. 교과서 저 구석에서 문제를 내기도 하고, 글자 한 자만 바꾸어 질문하기도 했다. 문제에 함정을 만들어 놓고 학생들이 그 함정에 걸려들기만 기다렸다. 무엇을 알고 어느 정도까지 도달했는가는 그리 큰 관심이 아니었다.

시골 고등학교에서 근무할 때였다. 2학년 수업을 하던 중 공책 필기를 시키고 아이들을 살폈다. 그런데 한 학생의 행동이 이상했다. 공책에 계속 □, ○, △ 등의 도형을 그려 넣고 있었다.

"너는 뭐 하니?"

아이는 해맑은 표정으로 나를 보았다. 엄숙한 표정을 짓던 나는 녀석의 표정에 무장해제되고 말았다. 그렇지만 너무나도 궁금했다. 녀석의 공책에는 글자라고는 없었다. 믿을 수 없었지만, 녀석은 한글을 몰랐던 것이다. 충격이었다. 한글을 모르면서 견뎌온 수많은 시간이 녀석에게는 얼마나 고통이었을까. 워낙에 밝은 아이였기에 누구도 눈치를 채지 못했던 것이다. 글자를 모르는 아이가 시험은 어떻게 치렀냐고? 어떻게 하더라도 성적은 나온다. 0점을 맞더라도 상대적 위치만 파악하는 평가라면 가능하다. 꼴찌가 되기도 하고 가끔은 운 좋게도 꼴찌에서 몇 등을 하기도 한다.

그 녀석이 고등학교 2학년이 되도록 어떤 교사도 눈치채지 못했다는 사실이 미안했다. 변별을 위한 평가에서는 꼴찌가 있다는 사실이 얼마나 다행인지 모른다. 우리는 모두 그렇게 세월을 보냈고 녀석은 안타까운 시간을 보내야 했던 것이다. 녀석은 졸업하는 날까지 꼴찌에서 벗어나지는 못했다. 그러나 2학년 그해 만남에서 녀석은 한글을 공부하기 시작했고 적어도 읽고 쓸 수는 있게 되었다.

평가는 퍼즐 맞추기이다. 평가 역시 교육과정−수업−평가−기록 일체화라는 범주에 들어간다. 1시간은 1분 1분이 모여 이루어내는 시간이다. 1시간이라는 결과도 중요하지만, 그 사이의 흐름도 매우 중요하다. 이를 우리는 맥락이라고 말한다. 또는 과정이기도 하다. 과정중심평가는 교육 활동의 맥락이 중요하다. 즉 1시간이라는 결과를 만들어가는 아이들의 소중한 1분을 평가하는 것이다. 1시간이라는 결과를 한 학기의 계획이라고 한다면, 이 평가조차도 프로젝트의 한 부분이 된다.

예를 들어, 국어 교과라면 한 학기에 학생들이 도달해야 할 교육 목표가 있고 이를 과정으로 만든 것이 교과의 교육과정이다. 그 속에는 많은 단원이 있다. 이 단원은 분절적인 것이 아니라 역시 연결되어 있다.

상위단계에서 국어 교과는 학생들이 도달해야 할 목표를 제시한다. 이것이 국어교육의 목표이다. 국어교육을 통해서 아이들이 도달해야 할 과제이다. 그런데 이 목표에 도달하기 위해서 교과서는 단원으로 이루어진다. 대단원도 있고 소단원도 있다. 그 단원들은 분명 국어교육이 도달해야 할 궁극적인 목표를 향해 가는 하나하나의 징검다리이다. 이 단원을 바탕

상위단계	국어 교과	=====	도달목표
			‖
중위단계	단원-----단원-----단원-----단원	=====	도달목표
			‖
하위단계	수업-평가 수업-평가 수업-평가 수업-평가	=====	도달목표

으로 우리는 수업을 디자인하고 그 속에서 평가를 한다. 그렇다면 결국 여기서 디자인하는 수업은 도달하고자 하는 목표를 향해가는 작은 퍼즐 조각인 셈이다. 평가는 이 퍼즐 조각에서 학생들이 어떤 반응을 보인가를 살펴보는 것이다. 앞으로 말하게 될 과정중심평가가 바로 이것이다.

그렇다면 이때 이루어지는 평가는 어떤 모습일까? 그 단원에서 배운 지식을 확인하거나 아이들이 어떤 행동을 하고 있는가를 확인하기도 한다.

이명섭 선생님의 프로젝트 수업을 예를 들어 퍼즐을 설명한다. 먼저 각 학년의 국어 교과 시간에서 진행하는 공동프로젝트의 평가 영역을 정하고 있다. 그러나 각 평가 영역은 결국 이 수업에서 하고자 하는 성장, 탐구,

<수업사례> 나루고 이명섭 선생님이 진행하는 프로젝트 수업과 평가(재편집)

수업 영역	수업 단계	평가 (무엇을 어떻게 평가할 것인가?)	
		평가 영역	평가 내용
시와 나	오리엔테이션, 시집 <수선화에게> 만나기	1. 성찰하기	
	시집 <수선화에게> 무조건 읽기		
	나의 경험과 맞닿아 있는 시 찾아 읽고, 자신의 삶 성찰하기		
시와 너	내가 사랑하는 사람과의 관계나 경험과 맞닿아 있는 시 찾아 읽고, 타인의 삶 이해하기	2. 이해하기	
시와 우리	시와 나, 시와 너를 바탕으로 창작하기 -> 백일장	3. 재구성하기	
	시인 탐사하기		
	모두가 함께하는 시 낭송회		
시와 우리	시 탐구하기 -> 문학 탐구 보고 대회	4. 탐구하기	

표현, 의사소통, 성찰이라는 목표에 도달했는가를 보고자 하는 것이다. 이를 28쪽의 도표에 대비해보자.

상위단계	정호승 탐구	===	성장,탐구,표현, 의사소통,성찰
			‖
중위단계	시와 나---시와 너---시와 우리(행사연계)	===	성장,탐구,표현, 의사소통,성찰
			‖
하위단계	수업-평가 수업-평가 수업-평가 수업-평가	===	성장,탐구,표현, 의사소통,성찰

수업과 평가는 각 단계에 따라 세부적으로 이루어지지만, 결국 '성장, 탐구, 표현, 의사소통, 성찰'이라는 목표에 도달하는 과정을 낱낱이 맞추어간다.

이명섭 선생님은 첫 시간에 '수선화에게'라는 시를 '무조건 읽기'로 수업을 한다. 왜 그럴까? 이 읽기 과정도 평가가 되기 때문이다. 아이들이 읽는 모습, 읽어가면서 자신의 삶을 어떻게 성찰하는가를 관찰한다. '수선화에게'라는 수업 제재는 아이들이 자신의 삶을 성찰하는 것을 돕기 위한 도구일 뿐이다.

그러니까 여기서 평가는 성찰, 이해, 재구성, 논리적인 글쓰기, 타당한 근거로 설득하기가 된다. 이런 과정에 도달하기 위해 쓴 수업 제재가 정호승의 시이고 수업 방법은 프로젝트수업이다. 평가를 고민할 때 '지식'이라는 측면을 측정하는 것도 중요하지만, 동시에 도달목표를 '확인'하는 일을 염두에 두어야 한다.

이렇게 낱낱이 도달한 목표는 한 학기 전체의 수업 목표가 된다. 결국 평가는 퍼즐 맞추기이다.

과제 만들기 연습

그럼 수업과 연결된 평가를 어떻게 디자인할까? 평가는 수업에서 학생이 도달한 정도를 확인하고 이를 피드백하기 위해 디자인을 해야 한다고 했다. 여기서 핵심은 '수업', '도달' 그리고 '피드백'이다. 수업과 평가는 분절되어서는 안 된다. 수업은 학생들이 도달해야 할 지점이 있다. 우리는 이를 '성취기준'이라고도 하고, '핵심개념'이라고도 한다. 그냥 '과제'라고 해도 상관은 없다. 여기서는 편의상 '과제'라고 한다.

수업이 변해야 한다는 지상명제 탓인지 많은 교사가 수업 방법을 고민한다. 어떤 이는 '거꾸로수업'을 통해 아이들이 더 쉽게 이해하도록 하기도 하고, 또 어떤 이는 프로젝트 수업을 통해 목표를 이루기도 한다. 그런데 여기서 말하는 수업 방법은 어디까지나 학생들이 목표에 도달하기 쉽게 하는 수단이다. 그러니 어느 방법이 더 좋다, 더 효과적이다라는 논의는 애당초 아무런 의미가 없다.

예를 들어, 지식 이해가 최우선인 수업에서는 강의식이나 직접 교수 모형이 효과적이다. 문제탐구를 보려면 탐구학습 모형이나 문제해결학습 모형 또는 프로젝트학습 모형이 적합하다. 사회적 상호작용이 잘 드러나는 학습 모형은 협동학습 모형이나 토론학습 모형이다. 어느 것이든 아이들이 그 수업 목표에 잘 도달하게 하는 데 교사가 활용할 수 있는 모형이 가장 효과적이다.

정작 수업에서 중요한 것은 학생이 도달할 '성취기준'이나 '핵심개념'이라는 사실을 잊지 말자. 우리는 이를 다시 '과제'라고 했다. 보통 한 단원이나 차시에는 이 과제가 있다.

과제 1. 설명하는 글을 읽고 분석하여 모의 수업을 한다.

과제는 자세히 살펴보면, 크게 두 가지로 구성된다. '~안다'와 '~한다'이다. 위에 제시한 과제는 이렇게 나눌 수 있다.

1. 안다: 설명하는 글
2. 한다: 읽고, 분석하여, 수업하기

이를 보고 다음 질문에 스스로 답해보자.

[질문 1-1] 이 과제로 진행하는 수업에서 학생이 꼭 알아야 할 것은 무엇인가?

[질문 1-2] 이 과제에서 끌어낼 수 있는 학생의 활동은 무엇인가?

두 질문은 수업을 디자인하기 위한 질문이다. 그러나 동시에 평가에서 꼭 확인해야 할 요소이기도 하다. '~안다'는 그 수업에서 학생들이 반드시 알아야 할 핵심개념이다. '~한다'는 학생들의 활동이 포함되어 있다. 우리는 평가를 하다가 자칫 학생들의 퍼포먼스에 넘어가는 경우가 있다. 활동이 화려하면 점수를 잘 주게 된다는 의미이다. 그러나 정말 중요한 것은 학생들이 핵심개념을 아느냐이다. 즉, 과제 1에서는 '설명하는 글'을 알고 있는가가 중요하다. 아무리 모의 수업이 화려해도 그 속에 설명하는 글에 대한 내용을 담지 못한다면, 좋은 점수를 줄 수 없다. 설명하는 글은 다양한 수업 방법을 통해 학생들이 이해하게 할 수 있다.

이 과제에서는 학생의 활동을 3단계로 나누었다.

1단계: 읽기

2단계: 분석

3단계: 모의 수업하기

단계는 교사 앞에 있는 학생의 성취수준에 따라 조정 가능하다.

중요한 사실 하나가 있다. 요즘 과정중심평가가 진행되다 보니 학생들이 주로 활동 위주의 수업을 많이 하게 된다. 핵심개념에는 학생들이 꼭 알아야 할 지식이 있다. 그 지식을 알게 되었는가를 확인하는 것이 평가이다. 과정중심평가가 단순히 학생들의 활동을 평가한다는 의미에서 '수행평가'만 의미하는 것이 아니다.

또 하나를 연습해보자. 진행 단계는 앞의 과제 1과 동일하다.

과제 2. 에너지 자원에 관한 영상 시청을 통해 자원(물, 석유 등)의 특징을 알고, 지리적 편재성을 이해를 통해 국가 간 경쟁과 갈등 지역 사례를 설명할 수 있다.

[질문 2-1] 과제를 '~안다' 와 '~한다' 로 나누어보자.

[질문 2-2] 이 과제로 진행하는 수업에서 학생이 꼭 알아야 할 것은 무엇인가?

[질문 2-3] 이 과제에서 끌어낼 수 있는 학생의 활동은 무엇인가?

과제 2에서는 에너지 자원의 특징을 아는 것이 중요하다. 이를 위해 교사는 에너지에 관한 영상을 준비하여 학생들에게 보여준다. 그리고 다음 단계로 국가 간의 경쟁과 갈등을 설명할 수 있어야 한다. 그 조건은 지리적 편재성이다. 놓쳐서는 안 되는 핵심개념은 에너지 자원의 특징이고 학생의 활동은 다양하게 디자인할 수 있다. 우선 지리적 편재성을 협동학습을 통해 탐구하게 할 수 있다. 그리고 모둠 안에서 토론을 통해 학생들이 국가 간의 경쟁과 갈등을 이해하게 유도할 수 있다.

이를 평가한다면 지필평가로도 가능하고 탐구하는 과정이나 토론하는 모습을 과정평가로 진행할 수도 있다. 또한 발표를 통해서도 확인이 가능하다.

더 예를 들어본다.

과제 3. 동물체의 구성 단계인 세포, 조직, 기관, 개체 각각의 개념을
설명할 수 있고, 그들 사이의 유기적 관계를 설명할 수 있다.

[질문 3-1] 과제를 '~안다' 와 '~한다' 로 나누어보자.

[질문 3-2] 이 과제로 진행하는 수업에서 학생이 꼭 알아야 할 것은 무엇인가?

[질문 3-3] 이 과제에서 끌어낼 수 있는 학생의 활동은 무엇인가?

공자가 과정중심평가를?

> 덕행에는 안연·민자건·염백우·중궁이 뛰어났고, 언어에는 재아·자공이 뛰어났으며, 정사에는 염유와 계로가 뛰어났고, 고문헌에는 자유와 자하가 뛰어났다.(德行顏淵閔子騫冉伯牛仲弓,言語宰我子貢,政事冉有季路,文學子遊子夏)_ <논어, 선진편>

동양에서는 공자(孔子)를 성인으로 꼽는다. 그런 그도 제자를 평가했다. 그는 제자들을 평가할 때 영역에 따라 종합적으로 평가를 했다. 그 기록이 짧게나마 남아 있으니 요즘으로 말하면 학생부에 교사의 견해를 기록한 셈이다. 덕행 부문에 좋은 평가를 받은 민자건에 대한 기술을 살펴보자.

> 저 사람은 말을 하지 않을지언정, 말을 하면 반드시 딱 맞는 말을 한다.(夫人不言, 言必有中)

민자건은 과묵한 편이었다고 한다. 노나라 사람으로 공자보다 15세 연하였다. 어려서 계모의 학대를 받고 자랐으나, 계모에게 효성을 다했다고 한다. 계모는 민자건에게 갈대 속옷을 입히고, 자신이 난 아들에게는 목화 속옷을 입혔다. 어느 날, 그의 아버지가 민자건에게 수레를 몰게 했는데 세찬 바람에 말고삐를 놓쳤다.

그때 겉옷이 헤쳐져 갈댓잎으로 짠 속옷이 드러나자, 이것을 알고 아버지는 크게 화를 냈다. 이에 민자건은 "어머니가 계시면 한 아들만 춥지만, 어머니가 나가시면 세 아들 모두 추워집니다"라고 아버지를 말렸다. 이에 계모도 자신의 행위를 뉘우쳤다.

"저는 원래 갈대 우거진 벽촌 출생으로 처음 선생님의 문하에 들어와, 선생님께서 안으로 효를 어떻게 실천하며, 밖으로 왕도를 어떻게 펴야 하는지를 들었을 때, 마음속으로 대단히 즐거웠습니다. 그러나 밖에 나갔다가 고관대작들의 화려함을 보고는 부러워 마음이 설렜지요. 그때는 얼굴색이 주린 모습이었습니다. 지금은 선생님의 가르침에 따라 정진하여 안으로는 거취의 본뜻을 알게 되었고, 나아가서는 고관대작의 화려함이 부질없음을 알게 되었습니다. 그 까닭으로 이리 혈색이 좋아졌습니다."

민자건이 동문인 자로에게 한 말이다.

공자의 평가인 '말을 하지 않는다' 는 것은 과묵하다는 의미일 테고 '반드시 딱 맞는 말을 한다' 는 것은 이치에 맞다는 의미일 것이다.

언어에서 우수하다는 평가를 받은 자공은 어떠한가?

> 사(賜, 자공)는 내 가르침을 따르지 않고 돈벌이에만 힘을 기울이는데, 그의 판단은 항상 정확하다.(賜不受命而貨殖焉, 億則屢中) _ <사기>

자공은 경제와 정치 · 외교 분야에 재능을 발휘했다. 후에 공자를 경제적으로 많이 도왔다고 한다. 공자가 노나라로 돌아간 후 그는 노나라의 정계에 있으면서 큰 영향력을 발휘했다. 안연과 자로가 사망한 후 공자 문하 제자 중에서 그의 지위가 가장 높았다고 한다. 그럼에도 불구하고 공자의 평가는 그리 좋지 않았다. 이유는 수양이 부족했기 때문이다.

정사 부문에서 높은 평가를 받은 염유를 살펴보자. 염유는 임기응변과 화술에도 뛰어나 정치적 출세를 거둔 인물이다. 그는 전쟁에도 유능한 장수였다. 그러나 염유가 계씨의 가신으로 있으며 세금을 거둬들이는 데 능력을 발휘하자 공자는 염유로 하여금 계씨에게 세금을 줄일 것을 충고하도록 한다. 하지만 염유는 자신의 정치적 입지가 흔들릴 것 같아 공자의 제안을 거절한다. 인재는 인재였으나 권세에 빌붙는 자였던 것이다. 이런 염유에 대한 공자의 평가는 이러하다.

부족한 자에게서 덜어내어 여유 있는 자에게 바친다.(損不足而奉有餘)_<노자>

이제 마지막으로 고문헌 부문에 우수하다고 평을 받은 인물 중 자하를 살펴본다.

자하는 미치지 못한다.(商也不及)

과유불급(過猶不及). 지나침은 미치지 못함과 같다는 말은 공자의 말년 제자인 자장과 자하를 평가한 데서 유래한 것이다. 자하는 작은 도에 열중하고 세밀한 것을 추구했다. 자하가 거보 땅의 관리가 되었을 때 공자는 일의 결과를 성급하게 보려고 하지 말고 작은 이익에 연연하지 말라고 조언했다. 지나치게 소심하고 신중한 면이 있었음을 알 수 있다.

공자는 제자들의 평소 행동을 잘 관찰하고 이를 기록으로 남겼다. 요즘 평가로 말하면 과정평가이며, 공자의 기록은 학생부 교과세부능력 및 특기사항과 견줄 만하다. 고대의 관리 선발방식이 덕행, 언어, 정사, 고문헌의 4과였다고 한다. 덕행은 개인 수양으로 공자가 가장 중요하게 생각했다. 말 잘하는 이는 언어과에, 재물을 불리고 사람을 관리하는 자는 정사과에, 책을 잘 알고 이치에 통달한 이는 문학(고문헌)과에 속했다고 하니 공자는 제자를 그 개인적 특징에 따라 평가하고 가르침을 베풀었던 것이다.

과정중심평가란 과연 무엇인가? 과정중심평가는 학생참여수업을 평가하는 방법의 하나이다. 수업시간에 일어난 학생의 활동을 잘 관찰하고 그 시간의 수업 목표에 도달한 정도를 확인하기 위해서 교사는 다양한 평가 방법을 쓴다. 그동안의 일회성 평가보다는 누적이 중심이 되고, 정량적 요소보다는 정성적 평가가 중심이 된다.

수업이 바뀌면 그다음 순서는 평가에 대한 고민이다. 학생이 중심이 되어 수업을 진행했는데, 학생의 활동에 대한 평가를 일제식 평가로 하는 것은 그리 적절하지 않다. 학생참여수업에서는 활동의 처음-중간-끝을 평가에 반영해야 한다. 이를 과정평가라 할 수 있다. 결국 우리는 '수업의 변화는 평가를 바꾸고, 수업의 변화는 기록을 풍부하게 한다'는 명제에 동의하게 된다.

수업의 변화가 평가의 질을 높인다면, 평가의 변화는 수업의 질을 높인다. 수업시간에 일어난 활동으로 학생들을 평가하는 과정중심평가는 수행평가의 비율이 커지게 된다. 그러나 수행평가 과제를 주고 그 과제의 결과물로 평가하는 방식이거나, 일제식 지필평가의 변형으로 생각하면 안 된다. 수행평가는 수업 중에 하는 방식이라야 한다.(김덕년, 2017)

교육부 자료(2017)에서는 '과정중심평가란 교육과정의 성취기준에 기반한 평가계획에 따라 교수·학습 과정에서 학생의 변화와 성장에 대한 자료를 다각도로 수집하여 적절한 피드백을 제공하는 평가'라고 말하고 있다.

즉, 과정중심평가는 다음 기준에 따라 평가하는 것이다.

1. 성취기준에 기반한 평가계획

2. 교수 · 학습 과정

3. 다각도로 수집한 학생의 변화와 성장에 대한 자료

4. 적절한 피드백 제공

여기에서 볼 수 있듯이 성취기준, 과정, 자료, 피드백이 중요한 핵심어가 된다.

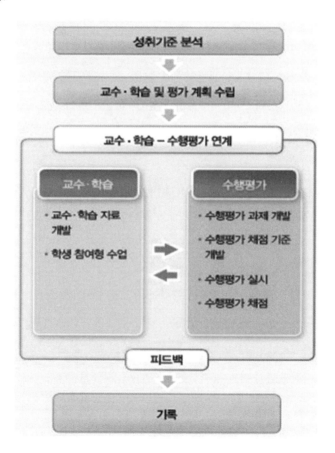

평가의 패러다임이 확장되고 결과중심평가와 대비되며 교육과정, 교수·학습, 평가가 연계된다. 즉, 교육과정-수업-평가-기록 일체화 과정에서 과정중심평가를 고민할 수밖에 없다. 김덕년의 같은 제목의 책(2017)에서 언급한 바와 같이 성취기준을 중심으로 교육과정을 분석하고 재구성한다. 그리고 이를 바탕으로 구체적인 수업모형을 설계한다. 평가는 수업시간 중에 하고 이를 학생부에 기록한다. 분절적인 교육 활동을 이렇게 연결하는 것이 교육과정-수업-평가-기록의 일체화인 것처럼 과정중심평가도 마찬가지이다.

평가에 대한 오해

"어제 수업시간에, 수능 공부를 하겠다며 독서수업에 참여하지 않는 아이들과 사소한 신경전이 있었습니다. 예전에는 수능을 보지 않겠다고 자는 아이들이 있었는데, 지금은 반대가 되어버렸습니다. 변하지 않은 것이 있다면, 여전히 고3 교실은 정상적 운영이 어렵다는 것이지요. 여전히 그 답을 찾을 수는 없는 것인지. 답답합니다."

"저도 두 명 듣는 교실에서 혼자 떠들고 있어요. 민망하기도 하고, 부끄럽기도 하고…. 오만가지 감정이 뒤섞여 지내고 있습니다."

"저도 화II 수업을 하는데, 몇 명만 듣고 있네요. 학생들 얼굴을 볼 수조차 없어요. 고개를 숙이고 칠판과 TV 화면을 보며 수업합니다."

"아, 고3 교실…. 다 비슷한가 봐요. 저도 수업 들어가는 게 무겁고…. 내가 뭐 하는 건가…. 답답해하고 있었어요."

2018년 대한민국 고3 교실은 여전히 늪이다.

교사든 학생들이든 시험의 늪에 빠져 허덕인다. 그나마 최근에는 겨우 변화가 생기기 시작한 교실을 옛날로 돌리려고 한다. 엎드려 자는 아이들. 수능이 필요 없기 때문에, 지금 배우는 과목이 수능 과목이 아니기에 아이들은 내처 엎드려 잔다.

"헛심 쓰지 마라."

입만 열면 중등교육이 제자리를 찾을 수 있는 절호의 기회라며 동동거리고 다니는 내게 다정한 벗은 걱정스러운 말로 이렇게 말했다. 에스더가 생각났다. 에스더는 유대인 신분으로 외국의 왕후가 되어 민족을 구한 인물이다. 그녀가 자기 민족을 위해 왕 앞에 나갈 때 했던 말이 '죽으면 죽으리라'이다. 이런 각오가 없다면 단단한 벽과도 같은 교육 적폐를 물리칠 수 있을까? 저들이 저렇게 모습을 드러내는 이때야말로 중등교육을 제자리 찾게 할 좋은 기회이다.

이제는 중등교육을 제자리로 돌릴 시간이 되었다. 대한민국 중등교육은 오랜 시간 대입에 매여 있었다. 지금까지 교육과정을 바꾸고, 교과서를 고치고, 또 수업 모습을 바꾸기 위해 다양한 시도를 했다. 그러나 이 모든 것은 '대입'이라는 블랙홀에 빨려 들어갔다. 수업은 오직 시험을 위해 존재했다. '행복은 성적순이 아니잖아요'라고 외치는 아이들에게 어른들은 성적만을 강요했다.

그런데 이제는 달라졌다. 수업시간에 아이들이 움직이기 시작했다. 아이들이 움직인다는 건 곧 교사의 수업 디자인이 작동하기 시작했다는 의미이다. 수업 디자인에는 평가에 대한 계획도 포함되어 있다. 즉, 수업 내용에 대한 이해 정도와 활동을 관찰하기 위해 다양한 접근 방식을 계획해야 한다. 그만큼 평가가 치밀해졌다. 변화와는 담을 쌓고 있던 대한민국 고등학교 교실에서도 일어나기 시작했다.

> 자신이 디자인한 수업으로 아이들이 제대로 배웠는지를 확인하고, 이에 미치
> 지 못하는 아이들을 고민하고, 자신의 수업을 피드백하여 수정해야 하는데, 변
> 별하여 등급을 내야 하는 현실 때문에 편협하고 조잡한 문항을 내고 있는 것은
> 아닌지. 이런 문항을 접한 아이들이 느낄 수업과의 괴리감, 참 고민되는 지점입
> 니다.

수업이 바뀌고 있다. 수업이 바뀌면서 교사들은 평가를 고민하기 시작했다. 학교 밖에서 바라보는 것 이상으로 교사들은 평가도 교육적으로 접근한다. 줄 세우기가 아니라 얼마나 배웠나를 확인한다. 교사들에게 평가는 수업과 마찬가지로 교육이다. 교사들은 수업을 하고, 평가를 하면서 아이들이 성장하기를 바란다. 아마도 이 점은 학부모들도 마찬가지일 것이다. 왜냐하면 대부분의 교사는 누군가의 학부모이기 때문이다. 교사이기에 더 깊이 들여다보고 많은 생각을 한다.

중등교육 문제는 교사들이 직접 부딪친다. 교육 문제를 풀어갈 대상이 아니라 주인공이다. 교사들은 교육정책의 관객이 아니다.

교사들은 수업 방식을 그냥 바꾸지 않는다. 내 앞에 있는 아이들을 살피고 주변 환경을 고려한다. 그리고 그 아이들에게 '무엇'을 가르칠까를 고민한다. 그러나 아무리 교사가 열심히 가르쳐도 학생들은 모를 수 있다. 이런 학생들에게 배움이 일어나게 하기 위해 교사는 수업 방식을 고민한다. 그게 강의식이든, 토의·토론 형태든, 거꾸로수업이든, 하브루타든, 프

로젝트든, 이런 수업을 하고 나서 교사들은 목표한 성취기준에 아이들이 도달했는지를 확인한다. 평가 방식도 다양하다. 말로 확인할 수 있고, 형성 평가로 확인할 수도 있다. 발표, 토론, 또는 아이들의 모습을 관찰한 것으로도 가능하다.

과정중심평가를 왜 하냐고요

이제는 평가의 시대이다. 모두들 평가에 대해 한마디씩 한다. 절대평가다, 상대평가다 말이 넘친다. 그 논쟁을 지켜보면서 왜 그리 부끄러웠는지 모르겠다. 세상천지 어느 나라가 온 국민이 상대평가가 옳다, 절대평가가 옳다로 둘로 나뉘었을까? 상대평가든 절대평가든 장단점이 있을 테고, 필요에 따라 쓰임새가 달라질 테니 논쟁을 할 수는 있다. 그런데 평가 방법은 평가를 하고자 하는 사람이 목적에 따라 선택하는 것 아닌가?

평가란 무엇인가? 김석우(2015)는 다음과 같이 말한다.

> 첫째, 교육평가란 교육과정이나 교육프로그램이 교수·학습 활동을 통하여 의도된 교육목표를 얼마나 잘 달성하였는지를 파악하기 위한 활동이다. 둘째, 교육평가란 교육 활동을 개선하기 위하여 교육담당자나 교육행정가들이 올바른 의사결정을 내리는 데 필요한 각종 정보를 체계적으로 수집, 제공하여 의사 결정에 도움을 주거나 의사 결정을 하는 과정 그 자체이다. 셋째, 교육 현상이나 대상에 드러나 있거나 숨어 있는 의미와 가치를 발견하고 이를 체계적으로 서술하여 반성적 시각에서 해석하고 분석하는 과정이다.

그중 교수·학습 활동에 주목한다면 처음 명제를 의미 있게 살펴보아야 한다. 학교에서 평가를 말할 때는 일차적으로 '의도된 교육목표를 얼마나 질 달성했는지를 파악' 한다는 점에 주목하여 논의할 필요가 있다.

'교육과정—수업—평가—기록 일체화'는 교사들이 교육 활동을 연계적으로 하는 것을 의미한다. 아이들이 도달해야 할 성취목표를 바탕으로 교육과정을 재구성하고 적극적으로 수업에 참여할 수 있도록 교사들은 수업을 디자인한다. 학생 스스로 탐구할 수 있도록 도와주고 서로 부족한 부분을 채우도록 구성한다.

교사들은 수업에 대한 고민을 언제부터 했을까? 대부분 교사들은 교직에 발을 들여놓는 그 순간부터 고민한다. 이유는 간단하다. 다양한 수업 방법을 활용하여 수업 목표에 아이들이 도달하게 하고 싶기 때문이다. 교사에게 수업은 삶의 전부이다.

학생부종합전형이 확대됨에 따라 학생부 기록은 매우 중요한 문제로 부각됐다. 특히 '교과세부능력 및 특기사항'은 수업에 들어가는 모든 교사가 기록할 수 있는 항목이다. 우리 아이들이 학교에서 가장 많은 시간을 무엇을 하며 보낼까? 일주일에 30단위 이상을 교과수업을 하며 보낸다. 그러니 교사들의 눈에 포착되는 학생들의 모습은 거의 대부분 수업시간의 활동이다. 그렇기에 기록은 수업시간과 직결된다. 교사들은 수업을 디자인하고 학생들은 그 속에서 적극적으로 활동하고 반응한다. 여기까지는 대부분 동의한다.

이렇게 수업을 하고 기록을 했는데요, 제가 쓴 학생부 기록을 보시고 다른 선생님께서 문제가 있다고 하셨어요. 어떤 문제였는지 한 번 같이 들여다보시겠어요? 제가 그 학생에 대하여 기억나는 것만 기록을 하다 보니 성장 과정은 누락되었고, 제가 바라본 학생의 모습만 적혀 있었습니다.

교사 동아리에서 활동하시는 선생님의 고백이다. 아이들이 참여할 수 있도록 활발하게 수업을 하고 기록을 했는데도 문제가 생긴 것이다. 무엇보다도 아이들의 성장 과정이 누락되었다.

무엇이 문제였는지 고민을 해보니 수업 내용과 수행평가가 단절되어 있었어요. 과제형 수행평가를 진행하고 있었고, 기록이 교사 중심의 기록이었습니다.

그래도 이 선생님은 문제점을 잘 찾아 대처하고 있다. 재미있게 아이들이 참여하도록 수업을 디자인하고 아이들의 활동을 중심으로 학생부 기록을 했지만, 그 기록에는 아이들이 어떻게 성장했는지가 없는 것이다.

임진왜란에 대해서 수업을 할 때였어요. 당연히 초등학교 때부터 중학교 때도 임진왜란을 배웠으니 다 알 거라고 생각했고, 정말 그래도 열심히 강의를 했어요. 영화 '명량'을 3시간에 걸쳐 보면서 감상문까지 써가면서 수업을 했는데, 한 학생이 질문을 해요. '선생님 이순신이 뭐예요?' 우리는 자연스럽게 이순신 하면 장군이 떠오르는데, 그 정도의 기초도 없었던 거죠. 올해는 세계사 수업을 하고 있는데요, 카노사의 굴욕이라는 부분을 수업하다 보면, 교황 그레고리우스 7세와 황제 하인리히 4세가 나와요. 그런데 한 학생이 또 이렇게 질문을 했어요. '교황이 일곱 살이에요?' 라고요.

믿기 힘들겠지만, 학교는 이렇게 수준이 다양한 아이들이 모여 있다. 교실에는 정말 다양한 아이들이 모여 다양한 사회를 이룬다. 아마도 앞으로 더 다양한 아이들이 학교에 올 것이다. 이 아이들이 미래에 대한민국을 이끌어가게 된다. 버리고 가도 되는 아이는 없다.

'이순신이 뭐예요?' 라고 질문하는 아이나 '교황이 일곱 살이에요?' 라고 질문한 아이가 잘못한 것일까? 이 아이들이 이렇게 질문하는 까닭은 몇 가지가 있을 것이다. 다문화 가정으로 한국 문화에 익숙하지 않거나 초등학교와 중학교에서 학습 결손이 있었을 가능성이 크다. 이런 아이들의 성취도를 확인하는 방법이 바로 평가이다.

이제 다시 평가를 생각해보자. 교사는 학생참여수업을 고민하여 아이들이 일정한 성취목표에 도달할 수 있도록 수업을 디자인한다. 그리고 도달 정도를 확인하기 위해 다양한 평가 방법을 쓴다. 수업시간에 질문을 해서 확인하는 방법, 간단하게 쪽지 시험을 보는 방법, 서로 토론하게 하는 방법, 프로젝트를 통해 탐구하고 발표하게 하는 방법 등 다양한 방법으로 평가를 진행하고 이를 성적에 반영한다.

간단하게 하나 짚고 넘어가자. '과정중심평가' 또는 '과정중심수행평가' 라는 말이 있다. 학부모들은 평가의 다른 한 종류로 이해할 수 있겠다. 다름 아니다. 수업시간 중 아이들이 수업하고 그 수업에서 성장하는 모습을 평가하는 것이다. 이 평가는 정규 수업시간이 중심이 된다. 수업시간의 어떤 활동이든 평가의 대상이 될 수 있다.

교사는 평가요소를 수업 디자인할 때 미리 반영한다. 학생들에게는 평가요소를 미리 알려주고 수업을 진행한다. 그리고 서열을 내는 것보다는 학생들이 성취기준에 도달했는가를 확인한다. 그래서 피드백이 중요하다.

이순신이 뭐냐고 질문하는 아이나 교황이 일곱 살이냐고 묻는 아이에게는 그에 맞게 다시 가르친다. 다른 아이들보다 앞서 도달한 아이들에게는 또 그에 맞게 탐구해야 할 과제를 제시한다. 그러니 '과정중심평가'라고 말하는 게 타당할 것 같은데 굳이 '과정중심수행평가'라고 써서 우리를 헷갈리게 한다.

과정중심수행평가라고 하면 지필평가에 대응하는 개념이다. 그래서인가? 학교의 '학업성적관리지침'에 보면 '평가는 지필평가와 수행평가로 이루어진다'라고 명시하고 있다. 지필평가는 일제식 고사를 의미한다. 수행평가는 교사별 평가도 가능하게 되어 있다. 이미 앞에서도 말했지만, 아이들이 도달한 정도를 확인하는 방법으로는 구술도 있지만 지필도 가능하다. 토론이나 발표 등 다양한 방법이 가능하다.

이제 '과정중심평가'가 활성화되면서 비로소 '교육과정-수업-평가-기록의 일체화'는 모든 퍼즐을 맞추었다. 앞으로 이 지면을 통해 우리 선생님들이 학교 현장에서 직접 했던 경험을 풀어놓으신단다. 이분들은 교육과정 재구성부터 학생참여수업, 성장기록 등을 차곡차곡 밟아오셨다. 생생하다. 무조건 안 된다, 어렵다라고 고개를 절레절레 흔들지 말자. '내 아이'만 생각하고 절대평가가 옳다, 상대평가가 맞다라고 하지도 말자.

우리 아이들은 성장 단계 어디쯤에서 중등교육을 만날까? 교사는 우리 아이들 인생 어디쯤, 어느 지점에 자리매김할까? 교사는 그들에게 어떤 의미일까?

이런 질문을 반복하며 우리 아이들을 살펴보자.

우리 아이들이 과연 내 곁을 지날 때 무엇을 배울까? 이순신이 누구냐고, 교황이 일곱 살이냐고 묻는 아이가 어느 단계인지 확인하고 부족한 부분이 찰 수 있도록 도와야 하지 않을까? 아니면 이른바 '깔아주는 아이—서열을 매기는 시험에서 성적이 바닥인 아이'로 그냥 두어야 할까?

중등교육을 대학으로 가는 징검다리로만 생각하지 말자. 우리 아이들은 한 줄로 세워 평가하기에는 너무나도 소중한 존재들이다. 과정중심평가는 우리 아이들이 앞으로 한 단계 더 나아갈 수 있도록 힘을 보태주는 평가이다. 교육과정—수업—평가—기록 일체화를 통해 중등교육을 정상화하는 귀한 퍼즐 한 조각이다.

과정중심평가와 과정중심수행평가

정책 문건에서 나타나게 된 용어인 과정중심평가는 학습자의 성장을 위해 수업 중에 다양한 평가 방법의 활용 속에서 과제 수행 과정에 초점을 두는 평가 방식이라 볼 수 있다(이인화, 2017). 기존의 암기 중심 교육에서 탈피하여 과제 수행 과정 자체에 초점을 맞추는 과정중심평가로의 변화는 학교 현장에서 주로 수행평가 시행으로 나타나고 있다. 그렇기에 이 연구에서는 과정중심평가의 개념을 새로운 패러다임의 평가관·평가 목적 및 기준·평가 방법·평가 내용에서 해석하되, 보다 실질적이고 가시적으로 정책의 효과를 확인하기 위해 과정중심평가가 실제로 이행되는 형태인 수행평가 방법에 초점을 맞추고자 한다. 이는 수행평가가 과정중심평가를 대체할 수는 없지만, 학교 현장에서 과정중심평가의 취지를 실천하고 있는 가장 대표적인 유형이기 때문이다.(신혜진 외, 2017)

과정중심평가를 결과중심평가의 상대어로 인식하는 경우가 있다. 이를 자세하게 설명하려다 보니 과정중심수행평가라는 의미 과잉 용어를 쓴다. 과정중심수행평가라는 말은 또 다른 오해를 낳을 수도 있다.

그동안 학교에서는 지필평가와 수행평가라는 말을 사용했다. 그 의미는 다음과 같다.

지필평가: 연필이나 펜으로 종이에 답을 쓰는 형식의 평가
수행평가: 학습의 결과뿐 아니라 학습의 과정까지 함께 측정하는 평가

지필평가는 종이에 답을 쓰는 형식의 평가를 의미한다. 여러 개의 선택지 중 하나를 고르는 선다형이나 일정한 시기에 몰아서 치르는 일제식 고사가 아님에도 불구하고 학교에서 사용하는 지필평가의 의미는 왜곡되어 있다.

1. 교과학습발달상황의 평가는 지필평가와 수행평가로 구분하여 실시한다. 다만, 고등학교의 전문교과 실기과목 등 특수한 경우는 학교별 학교학업성적관리규정으로 정하여 수행평가만으로 실시할 수 있다.
2. 각 과목별 지필평가 및 수행평가의 평가 시기 · 영역 · 방법 · 횟수 · 기준 · 반영 비율 등과 성적처리 방법 및 결과의 활용 등은 각 학교 · 교과지도의 상황을 고려하여 교과협의회에서 정하고, 이를 학업성적관리위원회의 심의를 거쳐 학교장이 최종 결정한다. 단, 지필평가의 횟수는 학기당 2회로 하되, 단위 수가 적은 교과나 수행평가 비율이 60% 이상인 교과는 1회 실시를 권장한다.

2017년 경기도고등학교학업관리지침에서는 평가를 지필평가와 수행평가로 구분하고 있다. 그런데 지필평가의 경우는 시행횟수를 제한하고 있다. 지필평가든 수행평가든 교과협의회에서 시기·영역·방법·횟수·기준·반영비율 등과 성적처리 방법 및 결과의 활용 등을 정하게 되어 있으나, 지필평가만큼은 1회나 2회 실시를 권하고 있다. 더구나 수행평가는 '지필(쓰기) 중심의 획일적인 평가와 과제물 위주의 평가를 금지하고, 학생에 대한 교과 관련 정보를 획득하거나 다양한 관찰 기회를 제공하는 수행평가를 실시하되 정규 수업시간 중에 실시하는 것을 원칙으로 한다'라고 규정하고 있다.

이상으로 미루어 볼 때, 지필평가는 일제식으로 학기당 1~2회 치르는 시험이다. 반면에 수행평가는 교사별로 시행할 수 있으며, 정규 수업시간 중에 치르는 시험을 의미한다.

이는 경기도교육청만 해당하는 문제가 아니다. 전국이 거의 유사한 학업성적관리지침을 사용하는 것으로 볼 때 지필평가와 수행평가의 의미는 거의 같다고 볼 수 있다. 이러한 까닭으로 교육부는 '과정중심수행평가'라는 명칭을 사용하고 있는 것 같다.

그런데 이렇게 하면 평가가 매우 제한된다. 지필평가는 과정중심평가에서 제외되면서 정규 수업시간에 하는 평가는 수행평가가 되는 셈이다. 앞에서 '과정중심평가는 학생참여수업을 평가하는 방법의 하나이다. 수업시간에 일어난 학생의 활동을 잘 관찰하고 그 수업시간의 수업 목표에 도달한 정도를 확인하기 위해서 교사는 다양한 평가 방법을 쓴다. 그동안의 일회성 평가보다는 누적이 중심이 되고, 정량적 요소보다는 정성적 요소가 중심이 된다'라고 말한 바 있다. 평가는 학생이 수업 목표에 도달한 정도를 확인하기 위한 방법이다. 수업 목표에 도달한 정도를 확인하는 방법에는 여러 가지가 있다. 지필시험으로도 가능하고, 발표를 통해서도 가능하다. 토론을 통해 학생이 도달한 정도를 측정할 수 있다. 다양한 방법이 가능하다.

즉, 과정중심평가에는 이미 지필평가가 포함되어 있는 셈이다. 또한 학생의 수업시간 활동을 관찰하는 것이기 때문에 수행평가라는 의미도 들어 있다. 그래서 과정중심수행평가라고 하여 평가를 제한할 필요가 없다.

그리고 과정중심수행평가라고 제한하면서 지필평가는 결과 중심이라는 오해를 낳게 한다. 우리나라에서는 오랜 기간 동안 평가가 변별의 도구로 사용되었다. 변별의 도구라는 관점에서는 공정성과 객관성이 가장 중요한 요소이다. 따라서 지필평가는 철저하게 관리되어 왔다. 아직도 이러한 관례는 여전하다.

학업성적관리지침(경기도, 2017)에는 지필평가는 1) 지필평가 문항출제와 검토, 2) 지필평가 문제지의 인쇄와 보관, 3) 지필평가 시행 관리, 4) 지필평가 채점 관리 등을 세세하게 규정하고 있다. 반면에 수행평가는 '일제고사 형태의 지필평가와 과제형 평가로 실시할 수 없다'는 제한과 함께 '학교와 교과의 특성에 따라 교육내용 재구성, 학생 참여형 수업 등 다양한 수업 상황 안에서 구안하여 지식보다는 역량을, 수행 결과만이 아닌 수행 과정도 함께 평가할 수 있도록 하되, 학생이 배운 학교교육과정의 범위와 수준을 벗어난 내용을 평가하지 않도록 유의한다'고 말하고 있다. 지필평가가 관리 위주라면, 수행평가는 교육적 내용을 고려하고 있다.

과정중심평가는 일제식 지필고사를 배제하거나 정규 수업시간 안에 평가하는 수행평가만을 의미하는 개념이 아니다. 학생들이 수업시간에 도달한 정도를 측정하기 위한 평가를 뜻한다.

또한 과정중심평가를 결과중심평가의 상대어라고 말하기도 곤란하다. 과정중심평가에서 학생들이 도달한 정도를 확인하기 위해서는 도달한 결과를 볼 수도 있기 때문이다. 학생들이 수업에 참여하여 성장이 일어나는 과정을 살펴보기도 하지만, 그 결과를 바탕으로 피드백을 할 수 있기 때문이다. 그렇다면, 과정중심평가는 지필평가의 상대어라고 하거나 결과중심평가에 대한 반대 의미라고 할 수도 없다. 수행평가로 범위를 좁힐 수도 없으니 과정중심수행평가라고 이름하는 것은 문제가 있다.

학교 현장에는 새로운 정책이 나오면, 무엇보다도 용어의 혼란으로 교사들이 어려워하는 경우가 많다. 새 정책을 만드는 사람들이야 그 정책과 이전 정책의 차별성과 동시에 정책을 안착하고 확대하기 위해 고심하겠지만, 그렇다고 이것저것 새롭게 만들어내다 보면 현장에서는 언어의 과잉에 정책의 본질을 놓치는 경우가 많다.

예를 들어, 과정중심평가를 하기 위해서 지침상 혼란을 줄 수 있는 용어를 먼저 정리해야 한다. 그러나 대부분 정책이 충분한 시간을 두고 연구하여 수립되기보다는 시간에 쫓기는 경우가 많다. 정치적으로 빨리 결실을 얻어야 하는 경우는 더더욱 그렇다.

평가에서는 패러다임이 바뀌지 않은 상태에서 땜질 처방만 일삼다 보니 이제는 누더기가 되어 용어가 서로 충돌하는 경우가 많이 발생한다. 문제는 이러한 용어의 충돌은 교사들에게는 혼란을 준다는 점이다. 자신이 행한 수업에서 교사는 분명 학생들에게 도달하게 할 기준점이 있을 것이다. 이 기준점을 확인하여 피드백을 할 수 있도록 평가를 고민하면 충분한데, 우리는 평가에서 서열을 우선시한다.

서열을 정하는 평가는 기준과 시행 방법이 동일해야 한다. 그뿐이랴. 채점에 대한 항의가 있다면, 이를 방어할 수 있어야 한다. 따라서 답의 다양성보다는 간단하면서도 딱딱 떨어져야 한다. 학교 현장에서 선다형 일제식 지필평가를 선호하는 까닭이 여기에 있다. 공동으로 출제해야 하고 공동으로 채점해야 한다. 그런데 과정중심평가는 교사별 평가가 가능하다. 학생에 따라 평가도 달라질 수 있다.

과정중심수행평가라는 명칭은 개선되어야 한다. 좀 더 넓게 생각한다면, 앞으로 중고등학교에서 평가는 지필평가와 수행평가를 포함하여 정규 수업시간에 학생들이 참여수업을 하고 교사가 제시한 도달기준에 학생이 얼마나 이르렀는지를 파악하여 피드백을 해야 하기 때문이다. 이는 과정중심평가라는 명칭으로 충분하다.

2035년 대학입시는 어떤 모습일까

"2035년 대학입시는 어떻게 변할까요?"

이렇게 구체적으로 연도를 정하여 물어오니 매우 당혹스러웠다. 2035년이라. 한 연구진의 연구에 참여하여 함께 고민했던 질문이었다. 2035년이면 지금부터 약 20년이 채 안 되는 미래이다. 지금 태어난 아이들이 대학에 가는 시대이니 우선 급격히 줄어든 학령인구가 당연히 먼저 떠오를 수밖에 없다. 처음 질문지를 받았을 때만 하더라도 그 미래가 가까운지, 먼지 알 수 없었다. 당연히 사고는 요즘 논란거리에서 한 걸음도 나아가지 못한 채 갑론을박이었지만, 이렇게 2035년이라고 특정하고 나니 문제는 의외로 쉽게 풀렸다.

　교육의 변화는 그렇게 얼토당토않게 오지 않는다. 시대의 흐름에 따라 더디더라도 차근차근 미래를 준비하며 온다. 다만 그 시대를 사는 이들이 미처 알지 못하는 것뿐이다.

　그 자리에서도 평가는 화제가 되었다. 하지만 논란은 곧 사라졌다. 20년 후인 2035년에는 학생 개인이 도달한 정도에 따라 평가하는 방법이 확산되어 있을 것이기 때문이다. 교사별 평가라는 개념도 보편화되어 있을 가능성이 크다. 그러니 과정중심평가라는 다소 생소한 이 개념도 그때는 그다지 이야깃거리가 되지 않을 것이다.

1. 과정(科程): 학교에서 학생들이 공부하는 과목의 내용과 체계
2. 과정(課程):
　1) 일정 기간 중에 교육하거나 학습해야 할 과목의 내용과 분량
　2) 대학 등에서, 일정한 분야의 교수나 연구를 위한 전문적인 절차
　3) 해야 할 일의 정도
3. 과정(過程): 일이나 상태가 진행하는 경로
4. 과정(過政): 한 정치 체제에서 다른 정치 체제로 넘어가는 과정에서 임시로 구성된 정부

　과정의 의미는 이렇다. 그중 4번은 임시 정부를 의미하니 지우자. 그렇다면 1, 2, 3이 남는다. 그런데 교육과정(敎育課程)을 의미하는 단어가 2번이다. 그렇지만 다른 문헌을 살펴보면 과정중심평가를 결과중심평가의 상대어로 쓰기도 한다. 이는 조금 억지스러운 면이 있다. 결과 중심이라는

말은 원인이나 경과는 생각하지 않고, 오직 결과만을 가지고 평가한다는 의미로 사용하는 것으로 보인다. 이러니 과정중심평가를 수행평가의 개념으로 사용하게 되는 것 같다.

다시 한번 교육부에서 규정한 과정중심평가를 살펴보자.

> 과정중심평가란 교육과정의 성취기준에 기반한 평가계획에 따라 교수·학습 과정에서 학생의 변화와 성장에 대한 자료를 다각도로 수집하여 적절한 피드백을 제공하는 평가입니다.(교육부. 2017)

학교에서 학생에게 제공되는 교수·학습은 교육과정 안에서 이루어진다. 이 교육과정에서 학생들이 도달할 기준점이 성취기준이고, 도달했느냐의 여부를 확인하는 것이 평가이며, 이를 통해 피드백이 이루어진다고 본다면, 단순하게 결과중심평가의 반대 개념으로 과정중심평가를 생각해서는 곤란하다.

과정중심평가는 교육과정-수업-평가-기록 일체화(이하 '일체화')라는 큰 테두리 안에서 행하는 평가 활동이다. 일체화의 출발은 교육과정이다. 교육과정은 국가 수준 교육과정이 있고, 지역 수준 교육과정이 있다. 이는 교육과정의 출발점이고 막상 학교에서 교사들은 자신이 마주하는 학생들에 따라 재구성한 교사 교육과정이 있다.

교사는 교사 교육과정을 바탕으로 수업과 평가를 디자인한다. 교사마다 가르치는 방법이 다르니 평가 방법도 다양할 수밖에 없다. 다양한 방법으로 가르치더라도 아이들이 도달해야 할 지점은 성취기준으로 동일하게 만들어놓은 것이다. 이 정도 단계에서는 여기까지는 도달해야 한다는 기준이다.

　그렇다면 이 기준에 도달했는가를 확인하는 방법은 어떤가? 일체화에서 평가는 수업시간 활동 자체를 평가해야 하며, 정답(정해진 답)보다는 풀이 과정을 살핀다. 이런 평가를 하려면 학생 개인에 주목할 수밖에 없다.

　그럼, 이제 또다시 질문을 하나 던져 본다.

　※ 다음 중 과정중심평가의 평가 방법이 아닌 것은?
　① 절대평가　　② 상대평가　　③ 정성평가
　④ 정량평가　　⑤ 지필평가　　⑥ 수행평가

　우리는 그동안 얼마나 많은 시간을 쓸데없는 논쟁을 하고 있었던가. 왜 입으로는 미래 교육을 말하고, 자기주도성이니, 창의성이니 하면서도 평가에서는 오직 하나의 방법만 말했던가.

　절대평가: 학습자의 학업 성취도를 어떤 절대적인 기준에 따라 평가하는 방법
　상대평가: 일정한 집단 내에서 개인의 학업 등 성취도를 다른 구성원과 비교하여 집단 내에서의 상대적 위치로 나타내는 일
　정성평가: 내용, 가치, 전문성 따위의 질을 중심으로 업적이나 연구 따위를 평가하는 일. 또는 그런 평가
　정량평가: 양을 중심으로 업적이나 연구 따위를 평가하는 일. 또는 그런 평가

　우리가 자주 말하는 평가 방법이다. 지필평가와 수행평가는 앞에서 이미 말했기에 여기서는 생략했다. 절대평가는 상대평가와, 정성평가는 정

량평가와, 지필평가는 수행평가와 견주어 사용된다. 그런데 과정중심평가
는 이중 어떤 방법을 사용하더라도 상관없다. 다만 과정중심평가가 정규
수업 안에서 일어나는 학생들의 참여와 도달 정도를 평가하는 것이라는
점에 주목한다면 평가의 절대성이 더 강조될 뿐이다. 학생 개인이 성취기
준에 도달한 것을 평가하고 피드백을 해야 한다는 점에서 과정중심평가
는 구성원 전체보다는 개인이 관심 대상이 된다. 이 점에서 그동안 초·중
등 교육이 오직 구성원들 사이에서 서열을 매겼던 것은 문제가 있다.

평가를 교육과정–수업–평가–기록 일체화의 과정에서 고민하지 않고
평가만 고민하면 왜곡 현상이 나타난다. 사실 과정중심평가만 떼어내 글
을 쓰면서 이 부분이 가장 걱정스럽다. 평가는 반드시 수업과 함께 고민이
되어야 한다. 처음부터 수업 디자인 속에 포함되어야 한다.

이 글은 '과정중심평가'를 마치 새로운 것으로 여기며 수업 디자인과
다르게 생각하는 사람들을 위해 썼다. 절대로 그게 아니라고 강조하고 싶
어서이다.

이제 앞으로 펼쳐질 선생님들의 실제 사례를 본다면 모두들 수업을 디
자인하는 초기에 이미 평가도 함께 고민하고 있다는 점을 배울 수 있을 것
이다.

2장

수업을 고민하는 교사
배움에 몰입하는 학생

- 국어과 -

강민서, 안산 부곡고

교육과정 재구성과 수업 부분에 대한 언급을 최소화하고 평가 부분에 집중하여 쓰다 보니 내용이 조금 건조하지만, 과정중심평가를 고민하며 학기별 실시했던 평가 사례를 다양하게 제시했다.

　　'문학' 과목에서는 '작품 이해'를 시작으로 '창의적·비판적으로 수용하기,' '시 창작하기,' '나만의 문학책 만들기'로 평가계획을 세워 수업을 확장해가면서 감상 능력을 키우고, 작품을 내면화하는 과정에서 삶을 이해하고 성찰하는 활동이 되도록 했다. 그리고 학교에서 배우고 읽은 문학 작품의 매력에 끌려 잠재적 평생 독자가 되면 좋겠다는 생각으로 수업을 고민했다.

　　'독서와 문법' 과목은 지난 학기의 수업을 반성하며 올해 다르게 적용한 평가 방법을 중심으로 소개했다. '조별 프로젝트 과제', '다양한 매체 글 읽고 자기 생각 쓰기', '서평 쓰기', '책 소개하는 말하기' 등으로 수행평가 영역이 연계성을 가지면서도 활동 내용이 심화되도록 계획했다.

　　무엇보다 교육과정-수업-평가-기록의 일체화라는 전체적인 흐름 속에 과정중심평가를 고민하고 실천하려고 노력한 점, 피드백을 통해 아이들의 변화와 성장을 보려고 노력한 점, 더 나은 수업을 위해 무수히 고민하면서 실패와 성공을 오가고 있는 점을 애정 어린 시선으로 읽어주면 좋겠다.

평가의 목적을 생각하다

수업은 늘 힘들고 고민스럽다. 특히 문학 수업은 내게 더 어렵게 느껴진다. 주로 이과반 수업을 들어가서 그런지 문학 수업을 대하는 아이들의 태도가 내 기대와 어긋날 때가 많다. 문학 작품 읽기의 즐거움이나, 다양한 생각을 나누는 토의 · 토론 활동이 때로는 나의 욕심이거나 미숙함이거나 많은 에너지를 필요로 하는 것임을 깨달아야 할 때도 많았다. 야심 차게 시작한 활동 수업이 소란함으로 이어지기도 하고, 교과서에 있는 작품을 생각 없이 나가다 보면 아이들은 흥미를 느끼지 못하고 잠속에 빠지기도 한다. 뿐인가? 작품에 대한 이해나 활동을 끝내고 따분하다는 신호를 보내는 아이가 있는가 하면, 어떻게 읽어야 하는지, 읽었으나 도대체 무슨 소리인지 모르겠다는 아이, 아예 읽기에 흥미가 없는 아이가 학급에 함께 섞여 있다.

2016년, 나는 '일체화(교육과정-수업-평가-기록)' 화두 하나로 머리가 터

질 지경이었다. 말이 쉬워 일체화지 수업에서 일체화를 구현하는 일이 교육과정 재구성에서부터 수업, 평가, 기록에 이르기까지 어느 하나 쉬운 것이 없었다. 일체화를 제대로 이해하고 실천하기 위해서는 각 영역을 통합적으로 이해함과 동시에 각각의 영역이 하나의 덩어리로 수업에 녹아들수 있게 하는 높은 전문성이 요구된다는 것을 알았다. 이전의 수업 고민이주로 교수·학습 방법에 관한 것이었다면, 일체화는 내 수업 철학과 수업방법, 평가관까지, 모든 것을 새롭게 접근해야 함을 의미했다.

이를테면, 교육과정을 재구성하기 위해서는 교육과정에서 제시하고 있는 교과 목표를 정확하게 이해하고 성취기준을 수업에 제대로 녹여낼 수있어야 했다. 학생참여중심의 활동 수업도 마찬가지다. 학생의 주도적 활동으로 교과에서 제시하고 있는 핵심역량을 기르고 협력적 문제해결력을기를 수 있도록 수업을 구안하고, 결과뿐만 아니라 과정 과정을 관찰하고평가하여 이를 사실적으로 맥락적으로 기록할 수 있도록 해야 한다.

그중 평가는 가장 고민되는 해결과제다. 흔히 평가를 바꾸면 수업이 바뀐다고 한다. 맞는 말이다. 무엇을 어떻게 평가할 것인가에 따라 가르치는내용과 방법도 달라야 하기 때문이다. 교육부 자료*에는 과정중심평가의의미를 다음과 같이 제시하고 있다.

교육과정의 성취기준에 기반한 평가계획에 따라 교수·학습 과정에서 학생의변화와 성장에 대한 자료를 다각도로 수집하여 적절한 피드백을 제공하는 평가

---

* 과정을 중시하는 수행평가 어떻게 할까요?(중등) 연구자료 ORM 2017-19-2

즉, 성취기준을 바르게 이해하여 무엇을 어떻게 평가할 것인지에 대한 계획이 필요하며, 다양한 평가 방법으로 학생의 변화와 성장에 대한 자료를 다각도로 수집해야 한다. 또 학생의 수업 활동 과정과 결과에 대한 구체적이면서도 즉각적인 피드백으로 피드백 전·후의 변화 과정과 성장을 읽어내야 한다.

솔직히 과정중심평가를 어떻게 적용해야 하는지 고민이 되었지만, 분명한 것은 학생평가에 대한 패러다임이 바뀌고 있다는 것을, 또 바뀌어야 한다는 것을 깨달았다. 이제까지의 평가가 학생 간 비교나 서열화를 위한 결과 중심의 평가였다면, 학습을 위한 평가로, 변별의 기능에서 개개인의 성장과 발전을 돕기 위한 평가로 패러다임이 바뀌고 있었다.

수업의 본질을 생각하다

2017년 1학기, '문학' 과목을 가르치면서 한 학기 긴 호흡의 프로젝트 수업을 진행했다. 처음으로 수행평가 비율을 60%로 올리고, 다시 평가 영역을 5개 영역으로 세분화하여 평가했다. 수업지도안, 수업 진행, 수업시간 활동지 작성, 수업 진행에 대한 소감문 그리고 교사평가, 상호평가, 자기평가를 하는 수업이었다.

두 명이 한 조가 되어 주어진 작품을 분석하고 이해한 후 한 시간 수업을 직접 진행하는 수업이었는데, 결론부터 말하면 나도 아이들도 무척 힘든 수업이었다. 물론 보람은 있었지만, 아이들이 직접 수업을 진행하기까지의 준비과정에 대한 피드백이 매우 힘들었으며, 과정별로 검토하고 평가해야 할 활동지가 너무 많았다.

수업을 바꾸기 위해 전년도부터 '거꾸로수업'을 진행하기도 하고, 하브루타, 토의 토론, 프로젝트 등 다양한 수업 방법을 적용해보았다. 그런데 중요한 것은 수업 방법이 아니라는 것을 뒤늦게 깨달았다.

먼저 교육과정에서 말하고 있는 교과 목표가 무엇인지 정확하게 이해해야 했다. 그리고 수업 방법보다 먼저 국어 교사로서 나의 철학은 무엇인지, 나는 어떤 수업을 하고 싶은지, 내가 만난 아이들이 어떤 아이들이며, 나는 내 교과를 통해 아이들에게 지속적으로 길러주고 싶은 역량이 무엇인지부터 고민해야 했다.

고민 끝에 다음과 같은 답을 얻었다. 아이들이 배움의 과정에 즐겁게 참여하고, 조금 더 밀도 높은 조별 협력 수업이 가능하며, 토의·토론을 통해 깊은 생각을 나누고 몰입하는 수업을 하고 싶었다. 수업 활동에 대한 관찰과 피드백이 가능하고, 작품 감상을 통해 공감능력을 키우고, 그래서 아이들이 미래 잠재적 독자가 될 수 있는 수업을 하고 싶었다. 무엇보다 일체화 속에서 과정중심평가를 제대로 구현하고 싶었다.

사례 1. 문학 작품 이해하기

"선생님, 문학은 너무 어려워요!"

"선생님, 저는 두 번째 줄을 읽으면 처음 줄의 내용을 까먹어요!"

"생각해도 잘 모르겠어요. 그냥 답을 불러주세요!"

2018년 1학기, 다시 '문학'을 가르치게 되었다. 대체로 아이들은 문학 수업을 어려워한다. 특히 이과반 아이들은 가끔 문학을 왜 배워야 하냐고 묻기도 한다. 성취기준을 놓고 또다시 수업 고민이 시작되었다. 지난해 프로젝트 수업의 힘든 기억이 '무엇을 어떻게 가르치고, 무엇을 어떻게 평가할 것인가'에 대한 고민을 가중시켰다.

'문학' 과목의 내용 체계에서 '문학의 수용과 생산' 영역에 대한 평가 방법 및 유의 사항을 다음과 같이 안내하고 있다.

- 형성평가에서는 학습 목표 성취 여부에 초점을 두더라도 총괄 평가에서는 작품에 대한 전체적인 감상 능력을 측정한다.
- 양적 평가보다는 질적 평가를 도모하여, 평가 결과를 합리적인 기준에 따라 누가적으로 기록, 종합한다.
- 작품의 수용 활동은 감상 내용 발표하기나 비평문 쓰기 등의 영역 통합적인 방법을 활용하여 수용의 창의성과 적절성을 평가하는 한편, 수용 활동의 결과를 상호 공유하여 문학 소통이 활발하게 이루어지도록 안내한다.
- 작품의 생산 활동은 창의성과 진실성을 중심으로 평가하되, 작품의 구성 요소를 분석적으로 평가하는 데 치우치지 말고 총체적인 평가가 이루어지도록 한다.
- 작품의 생산 활동에 대한 평가는 학습자의 수준과 경험의 폭을 고려하고, 문학 활동에 대한 흥미를 떨어뜨리지 않도록 유의한다.
- 문학적 창의성을 평가할 때는 수렴적 사고를 요구하는 문항은 가급적 지양하고 발산적 사고를 요구하는 문항을 활용하도록 한다.

역시 가장 고민되는 지점은 과정중심평가의 구현이었다. 특히 '~알 수 있다'와 '~할 수 있다'의 균형을 어떻게 잡을 것인지, 성취기준 도달을 위한 과정별 학습 계획과 피드백을 어떻게 할 것인지가 고민이었다.

수업과 함께 평가를 고민한 결과 수행평가를 70%, 지필평가를 30% 반

평가 종류	지필평가				수행평가				소계
반영 비율	30%				70%				100%
횟수 / 영역	1차		2차		작품 이해	비판적· 창의적 수용	시 창작	나만의 문학책 만들기	
	선택형	서술형	선택형	서술형	서· 논술형	서· 논술형	창작 하기	읽기· 쓰기	
만점 (반영 비율)	0%	0%	100점 (30%)	0점 (0%)	20점 (20%)	24점 (24%)	16점 (16%)	10점 (10%)	
	0%		100점 (30%)		70점 (100%)				

영하기로 했다.

● 성취기준 재구성

[12문학01-01, 12문학02-02] 작품을 작가, 사회·문화적 배경, 상호텍스트성 등 다양한 맥락에서 감상하고 이를 삶의 의미와 연관 지어 이해한다.

[12문학02-01] 문학 작품은 내용과 형식이 긴밀하게 연관되어 이루어짐을 이해하고 작품을 감상한다.

● 평가기준

상: 다양한 맥락 및 작품의 형식을 내용과 관련지어 이해하는 활동을 적용할 수 있다.

중: 다양한 맥락 및 작품의 형식을 내용과 관련지어 이해하나 적용이 어렵다.

하: 다양한 맥락 및 작품의 형식을 내용과 관련지어 이해하는 것이 어렵다.

● 평가요소

1. 모든 조원이 활동지를 충실하게 작성하여 제출하였다.
2. 작품의 형식을 내용과 관련지어 이해하였다.
3. 작품의 다양한 맥락을 고려하여 감상하였다.
4. 작품 내용을 자신의 경험을 바탕으로 논리적으로 표현하였다.
5. 글의 전개가 짜임새 있고 일관성을 유지하였다.

● 세부 배점

1. [조별평가] 평가요소 1번 적용: 조별 활동지 1점 * 8회 (총 8점)

1. 모든 조원이 활동지 제출	1점
2. 한 명이라도 활동지를 제출하지 않은 경우	0점

2. [개별평가] 평가요소 2, 3, 4, 5번 적용: 3점 * 4회 (총 12점)

내용	1-1차	1-2차	2-1차	2-2차
4가지 항목을 모두 충족한 경우	3점	3점	3점	3점
3가지 항목을 만족한 경우	2점	2점	2점	2점
2가지 이하 항목을 만족한 경우	1점	1점	1점	1점

● '문학' – 작품 이해 영역 교육과정 재구성

학습경험
•작품의 형식과 내용을 유기적 관계에서 이해하고, 다양한 맥락에서 작품을 수용·생산하는 태도를 지닌다. (어떻게 배울 것인가?)

월	교과역량	기본 성취기준	성취기준 재구성 (무엇을 배울 것인가?)
3 ~ 5	자료·정보 활용 역량, 공동체·대인관계 역량, 자기 성찰 계발 역량	[12문학01-01] 문학이 인간과 세계에 대한 이해를 돕고, 삶의 의미를 깨닫게 하며, 정서적·미적으로 삶을 고양함을 이해한다. [12문학02-02] 문학 작품을 작가, 사회·문화적 배경, 상호텍스트성 등 다양한 맥락에서 이해하고 감상한다. [12문학02-01] 문학 작품은 내용과 형식이 긴밀하게 연관되어 이루어짐을 이해하고 작품을 감상한다. [12문학04-01] 문학을 통하여 자아를 성찰하고 타자를 이해하며 상호 소통하는 태도를 지닌다.	[12문학01-01] + [12문학02-02] -> 작품을 작가, 사회·문화적 배경, 상호텍스트성 등 다양한 맥락에서 감상하고 이를 삶의 의미와 연관지어 이해한다. [12문학02-01] 문학 작품은 내용과 형식이 긴밀하게 연관되어 이루어짐을 이해하고 작품을 감상한다. [12문학04-01] 문학을 통하여 자아를 성찰하고 타자를 이해하며 상호 소통하는 태도를 지닌다.

핵심 개념	일반화된 지식	포괄적 핵심질문
• 언어 예술 • 작가와 독자 • 작품의 내재적·외재적 요소 • 자아 성찰 • 타자의 이해와 소통 • 문학의 생활화	• 문학 활동은 다양한 맥락에서 작품을 수용·생산하며 문학문화를 향유하는 행위이다. • 문학을 통해 삶의 다양한 문제의식을 타인과 공유하고 소통할 때 문학 능력이 효과적으로 신장된다.	• 문학 활동의 의미란 무엇인가? • 문학 작품은 어떤 구조로 이루어져 있는가?

발 문	▪ 문학과 삶은 어떤 관계가 있는가? ▪ 작품을 다양한 맥락에서 이해하고 감상할 수 있는가? ▪ 작품의 내용과 형식의 유기적 관계를 파악할 수 있는가? ▪ 작품을 통하여 자아를 성찰하고 타자를 이해하며 상호 소통할 수 있는가?

수 업 디 자 인	▫ [이해] 문학 작품 읽고 이해하기 ▫ [탐구] 다양한 맥락을 통한 작품 감상 및 활동하기, 장르별 형식적 특징 파악 및 내용의 유기적 관계 파악하기 ▫ [표현] 활동지 작성 및 상호 피드백하기

평가 (무엇을 어떻게 평가할 것인가?)		영역, 제재, 단원 등
상	다양한 맥락 및 작품의 형식을 내용과 관련지어 이해하는 활동을 적용할 수 있다.	메밀꽃 필 무렵, 봄, 봄은, 사평역, 사평역에서, 양반전, 사미인곡, 서울1964 겨울, 어느날 고궁을 나오며, 어린왕자, 지리멸렬 (수행평가, 지필평가)
중	다양한 맥락 및 작품의 형식을 내용과 관련지어 이해하나 적용이 어렵다.	
하	다양한 맥락 및 작품의 형식을 내용과 관련지어 이해하는 것이 어렵다.	

→ 학습요소	→ 형식적 특징과 내용의 유기적 관계 파악 다양한 맥락을 통한 감상하기	→ 형식적 특징과 내용의 유기적 관계 파악 다양한 맥락을 통한 감상하기	→ 평가 방법
기록 (과정 속에서 발견한 학생의 성장스토리)	'봄'과, '봄은'에서 화자 및 다양한 표현법을 찾아 시적 상황과 화자의 정서를 이해하고, 이를 작품의 주제와 관련지어 이해하는 활동을 하였음. 김수영과 신동엽 작품을 배운 후 시에서 말하는 껍데기가 우리 사회의 학력차별주의가 해당될 수 있으며, 우리 사회 인식 전환이 아쉽다고 서술함. 과제를 해결할 때 충분히 고민하고 생각을 정리한 뒤 자기 생각을 제시하는 모습이 인상적이며 조별 토의토론 시간에 적극적으로 자신의 생각을 펼치며 토론 활동을 함.		

작품 이해는 총 28차시로 구성하고 점수는 20점을 부여했다. 그런데 실제 수업은 28차시보다 조금 더 길게 진행되었다. 활동을 하다 보니 계획보다 시간이 더 걸렸는데, 그래서 수업 진도 계획은 다소 느슨하게 계획하는 것이 좋다는 것을 깨달았다.

이 영역은 지필평가와 수행평가 모두 실시했으며, 조별평가와 개별평가를 함께 적용했다. 형성평가 성격의 활동지가 3~4차시 정도에 한 번 실시되고(활동지 제출 1점, 미제출 0점), 전체 작품 진도가 끝나면 다시 2회에 걸쳐 평가가 진행된다. 같은 방법으로 작품만 달리하고 같은 평가요소를 적용하여 한 세트를 더 진행한다. 중간 활동지 총 8점, 전체 총괄평가 형식의 평가 4번에 12점, 합쳐 20점을 부여하는 방식이다. 형성평가의 성격이 강한 활동지는 조별로 평가했으며, 2회에 걸쳐 총 4번을 실시하는 서·논술형 평가는 개별평가를 적용했다. 30% 반영하는 지필평가는 모두 선택형으로 출제했다.

이 수업의 피드백은 주로 수업 후 활동지 작성 결과를 보고 이루어졌다. 피드백은 작품의 내용을 바르게 이해했는지, 질문에 대한 자신의 생각을

작품 이해 영역 평가 (조별+개별)

	봄	메밀 꽃 필 무렵	사평역	사평역에서	봄, 봄은	사평역, 어린왕자
평가 종류	수행평가				수행평가	
평가 방법	수업 중, 활동지				수업 중, 활동지	
점수 부여 및 반영	1점, 0점 / 조별				3점, 2점, 1점 / 개별	
총점	4점				6점	

바르게 제시하는지, 활동지 작성에 충실했는지 등을 검토하고 오류가 있으면 간략하게 수정하여 돌려준다. 수업 중에 피드백이 끝나는 경우도 있지만, 질문을 받고 활동을 봐주다 보면 결국 활동지를 교무실로 가져오게 된다. 그렇지만 작품에 대한 이해는 감상에서 가장 기본이기 때문에 이 부분에 대한 피드백은 중요하다. 그리고 교사의 피드백은 아이들의 수업 참여도를 높인다. 물론 개인별로 성장의 정도와 변화가 어떠했는지 수치로 알아볼 수는 없었지만, 성취기준에서 말하는 '~알 수 있는지'와 '~할 수 있는지'를 파악하기 위해 반복해서 평가를 실시했다. 수업을 어떻게 디자인하는가에 따라 달라지겠지만, 특히 중요하게 다뤄 주어야 할 성취기준인 경우에는 같은 평가요소에 작품만 달리해서 여러 번 평가를 실시하는 것도 나쁘지 않다고 생각한다. 다만 교사가 너무 바쁘다는 것이 문제다.

이 영역의 수업이 끝나고 아이들에게 피드백을 받은 결과, 활동지에 작성하는 내용이 많은 데 비해 점수를 1점밖에 안 주니 하고 싶지 않을 때가 있다고 했다. 점수에 상관없이 모든 평가는 아이들에게 스트레스가 된다는 생각에 조금은 미안한 생각도 들었다.

다음은 1점을 부여하는 형성평가 성격의 활동지와 3점을 부여하는 총괄평가 성격의 활동지이다.

● 활동지 예시(1점/0점), 김수영, '어느 날 고궁을 나오며'

> 1. 이 시는 대조적 대상과 상황을 통한 화자의 태도가 중심 내용을 이루고 있다. 아래 표를 완성해 보시오.

조그마한 일 (사소한 일)	중요한 일 (의미 있는 일)
· ·	· · · ·

▶ 화자는 _____
_____ 는
자신에 대하여 _____인
태도를 보이고 있다.

2-1. 이 시에서 시대적 상황을 엿볼 수 있는 시어나 시구들을 찾아보자.

-
-
-

2-2. 위에서 찾은 시구들을 참조하여 당시 시인과 사회의 주된 관심사가 무엇이었을지 적어 보자.

- -
- -
- -
- -

3. 다음의 ㉠과 같은 내용을 담고 있는 시를 각자 쓴다고 가정할 때, 자신이 택할 구체적 주제를 선정하고, 주제 선정의 이유를 간략히 서술하시오. (200자)

'어느 날 고궁을 나오면서'에서 화자의 심리적 갈등은 독자들에게 복합적인 정감을 불러일으킨다. 김수영의 다른 참여시처럼 이 시를 감상하기 위해서는 시가 얼마나 아름다운 언어로 이루어졌나보다는 시를 통해 시인이 얼마나 치열한 정신을 드러내고 있느냐에 관심을 가져야 한다. 이를 통해 시가 가진 다양한 매력의 한 면을 확인할 수 있을 것이다. 또 이 시는 자신에 대한 엄정한 태도가 ㉠우리가 사는 세계에 대한 치열한 고민으로 이어질 수 있다는 점을 되새기게 한다.

● 활동지 예시(3/2/1점), 소설 '사평역'과 '어린 왕자 영상' 평가 문항 중 일부

2. 사막에서 여우는 어린 왕자에게 "사람들 사이에 있어도 외로운 건 마찬가지야!"라고 말한다. 그 말의 의미를 아래 그림을 참고하여 200자 내외로 서술하시오.

3-1. '어린왕자'에 나오는 아래 장면과 시 '사평역에서'의 일부분이다. 두 작품의 내용을 참고하여 '눈물'의 의미에 대한 자신의 생각을 300자 내외로 서술하시오.

"누군가에게 길들여진다는 건 눈물을 흘릴 걸 각오한다는 거야."

자정 넘으면
낯설음도 뼈아픔도 다 설원인데
단풍잎 같은 몇 잎의 차창을 달고
밤 열차는 또 어디로 흘러가는지
그리웠던 순간들을 호명하며 나는
한 줌의 눈물을 불빛 속에 던져 주었다.
– 곽재구, '사평역에서' 中

사례 2. 시 창작하기

어느 과학 선생님과 대화를 나누었다. 수업시간에 2학년 문학 담당 교사 4명이 직접 만들어 활용하는 아이들의 '시 창작 노트'와 '나만의 문학책 만들기' 작품을 보고 감탄을 하며 사진을 찍더니 이렇게 말했다.

"저는 학교에 다닐 때 문학 작품을 너무 어렵고 재미없게 배워서 다시는 문학책을 보고 싶지 않더라고요. 문학을 즐겁게 배웠던 기억이 하나도 없어요."

학교에서 배운 문학 작품 하나로 우리의 정신적 삶이 풍요로워지고, 타인을 이해하는 공감능력을 키울 수 있다면 얼마나 좋을까? 그래서 아이들이 미래에 잠재적 독자가 되는 것, 그것이 문학 수업의 진짜 목적이 아닐까? 자신의 관점에서 작품을 깊이 감상하고 이해할 시간도 없이 시험과 성적을 위해서만 억지로 내용을 외우고 학교를 졸업하면 다시는 시나 소설을 읽고 싶지 않게 만드는 것은 아닌지. 때로는 현실과 이상적 수업 고민 사이에서 자주 길을 잃는다.

이번 학기 처음으로 '시 창작 수업'을 진행했다. 수업시간에 작품을 이해하고 감상한 활동에 그치지 않고 자신이 직접 시 한 편을 창작해보는 수업을 디자인했다. 솔직히 말하면 나도 시 창작의 과정을 체계적으로 배워보지 않아 난감하기는 했지만, 2학년 수업을 함께 진행하는 3명의 선생님과 협력한 결과 용기를 낼 수 있었다.

● 성취기준 재구성

[12문학02-06] 다양한 매체로 구현된 작품의 창의적 표현 방법과 심미적 가치를 문학적 관점에서 수용하고 소통한다.

[12문학02-05] 작품을 읽고 다양한 시각에서 재구성하거나 주체적인 관점에서 창작한다.

[12문학04-01] 문학을 통하여 자아를 성찰하고 타자를 이해하며 상호 소통하는 태도를 지닌다.

● 평가기준

상: 창작 활동에 충실하였으며 다양한 시각에서 작품을 재구성하고, 창작 결과물이 참신하며 적극적인 태도로 소통하고자 하였다.

중: 창작 활동에 충실하며 상호 소통하였으나, 다양한 시각에서 작품을

재구성하는 것이 어려우며 창작 결과물이 평이하다.

하: 창작 활동에 참여하였으나 창작 결과물의 완성도가 떨어지며, 상호
소통하려는 태도가 미흡하다.

● 평가요소

1. 창작을 위한 준비과정에 성실히 참여하였는가

2. 원래의 시 느낌을 살리며 패러디를 하였는가

3. 초안 및 피드백 과정에 성실히 참여하였는가

4. 시적 상황, 정서가 분명하게 제시되고 있는가

5. 형식과 내용이 유기적인 관계를 이루고 있는가

6. 시어의 특징을 살리며 주제를 잘 표현했는가

● 세부 배점

1. [과정평가] 평가요소 1, 2, 3번 적용

3개 항목 모두 만족할 때	6
2개 항목 만족할 때	5
1개 이하 항목 만족할 때	4

2. [결과평가] 평가요소 4, 5, 6번 적용

3개 항목 모두 만족할 때	10
2개 항목 만족할 때	7
1개 이하 항목 만족할 때	4

● '문학' – '시 창작하기' 수업 교육과정 재구성

학습경험
•문학을 통해 삶의 다양한 문제의식을 타인과 공유하고 소통할 때 문학 능력이 효과적으로 신장된다. (어떻게 배울 것인가?)

월	교과역량	기본 성취기준	성취기준 재구성 (무엇을 배울 것인가?)
3 ~ 6	문화 향유 역량, 비판적·창의적 역량, 자기 성찰 계발 역량	[12문학02-06] 다양한 매체로 구현된 작품의 창의적 표현 방법과 심미적 가치를 문학적 관점에서 수용하고 소통한다. [12문학02-05] 작품을 읽고 다양한 시각에서 재구성하거나 주체적인 관점에서 창작한다. [12문학04-01] 문학을 통하여 자아를 성찰하고 타자를 이해하며 상호 소통하는 태도를 지닌다.	[12문학02-06] + [12문학02-05] + [12문학04-01] - 다양한 매체로 구현된 작품의 창의적 표현 방법과 심미적 가치를 수용한다. - 작품을 읽고 다양한 시각에서 재구성하거나 주체적인 관점에서 창작한다. - 창작 활동을 통해 자아를 성찰하고 타자를 이해하며 상호 소통하는 태도를 지진다.

핵심 개념	일반화된 지식	포괄적 핵심질문
• 문학 능력 • 문학문화 • 자아 성찰 • 타자의 이해와 소통 • 문학의 생활화 (문학의 수용과 생산/ 문학에 대한 태도)	• 문학 활동은 다양한 맥락에서 작품을 수용·생산하며 문학문화를 향유하는 행위이다. • 문학을 통해 삶의 다양한 문제의식을 타인과 공유하고 소통할 때 문학 능력이 효과적으로 신장된다.	• 인간의 삶과 문학은 어떤 관계가 있는가? • 문학 작품 속에 나타난 다양한 삶의 모습을 어떻게 수용하고 생산할 것인가?

발문	▪ 일상 언어와 문학의 언어는 어떻게 다른가? ▪ 다양한 맥락에서 작품을 수용·생산할 수 있는가? ▪ 문학 작품을 통해 자아를 성찰하고 타자를 이해할 수 있는가? ▪ 한 편의 시를 창작하고 이를 타인과 공유하며 소통할 수 있는가?
수업디자인	▫ [이해] 시적 언어의 특성 이해하기 ▫ [탐구] 다른 사람의 시 감상하기, 제목 붙여보기, 연 이어쓰기, 패러디하기, 다양한 표현법 익히기, 소재 찾기 ▫ [표현] 한 편의 시 완성하기

평가 (무엇을 어떻게 평가할 것인가?)		영역, 제재, 단원 등
상	창작 활동에 충실하였으며 다양한 시각에서 작품을 재구성하고, 창작 결과물이 참신하며 적극적인 태도로 소통하고자 하였다.	시 창작하기 (수행평가)
중	창작 활동에 충실하며 상호 소통하였으나, 다양한 시각에서 작품을 재구성하는 것이 어려우며 창작 결과물이 평이하다.	
하	창작 활동에 참여하였으나 창작 결과물의 완성도가 떨어지며, 상호 소통하려는 태도가 미흡하다.	

→ 인상적인 시 찾고 이유 쓰기	→ 제목 붙여보기	→ 연 이어쓰기, 패러디하기, 다양한 표현법 익히기	→ 한 편의 시 완성하기

기록 (과정 속에서 발견한 학생의 성장 스토리)	제목 붙여보기, 연 이어쓰기, 패러디하기 등 시 창작의 과정에 충실하였으며, '아쉬움'이라는 제목의 완성도 높은 짧은 시를 완성하였음. 창의적 아이디어가 풍부하며 주어진 과제를 자신만의 시각으로 남다르게 표현하거나 색다르게 재구성하여 표현하는 재능이 있고 창작 활동을 좋아함.

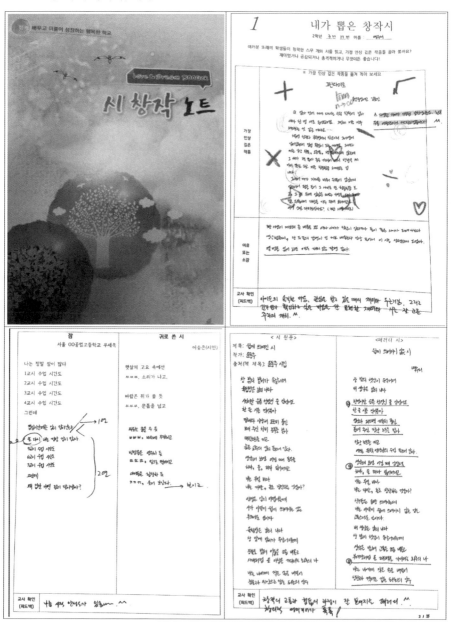

아무런 연습도 없이 무턱대고 시를 창작하기란 쉽지 않다. 그래서 단계적으로 연습의 과정이 필요하다고 생각했다. 주어진 과정을 하나하나 따라가다 보면 부족하나마 한 편의 시를 창작할 수 있을 것이라 생각했다. 그 과정을 단계별로 나누어 보면 다음과 같다.

● '시 창작하기' 수업 진행 과정
1단계: 또래 학생들이 창작한 작품을 읽고 마음에 드는 시를 선정하여 쓰고 감상평 쓰기
2단계: 시에 제목 붙여보기
3단계: 시의 형식과 내용을 따르며 연을 이어쓰기
4단계: 패러디하기
5단계: 다양한 표현법 연습하기
6단계: 소재 찾기 위한 브레인스토밍 및 초고쓰기

이 수업은 도서관에서도 진행하지만, 시집을 실은 수레(카터)를 교실에 가지고 간다. 물론 교과 교실이 있다면 거기서 진행할 수도 있다. 중요한 것은 시집을 마음껏 골라 읽을 수 있는 환경을 마련하는 것이다.

한 편의 시가 완성되기까지의 과정을 6단계로(단계별 1차시로 진행) 나눠 진행하고, 창작을 위한 초고와 피드백 그리고 최종 완성의 과정을 전체 10 차시로 계획하여 진행했다.

주 5차시 문학 수업이 2차시(3, 4교시 블록타임, 90분 수업 진행), 2차시(연속으로 이어져 있음), 1차시(1시간 50분)로 되어 있는데, 1시간으로 편성된 시간에 시 창작 수업을 진행했다. 총 6단계의 과정을 과정평가(6점)로, 초고를 거

처 완성한 자작시를 결과평가(10점)로 평가했다.

시 창작을 하면서 아이들은 시를 더 깊이 이해하고 수업시간에 배운 다양한 표현법을 적용하며 시적 특성을 파악하는 경험을 하게 된다. 행과 연 구분도 못하던 아이는 창작을 하는 과정에서 자연스럽게 시적 형식을 익히고 표현하는 방법을 익히게 된다. 물론 창작의 과정은 다소 고통스럽다.

시 창작 노트는 3명의 국어과 선생님들과 함께 만들었다. 창작 노트는 수업시간에 나눠주고 수업이 끝나면 다시 가져온다. 노트 관리를 잘하는 아이들도 있지만, 잃어버리는 아이들도 있기 때문이다. 그리고 활동 후 평

학생 초고 작품

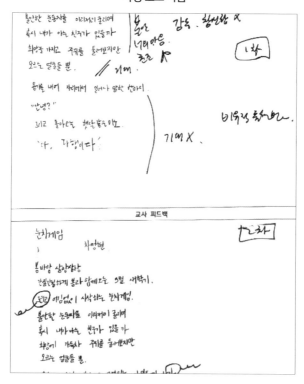

가와 피드백을 해주기 위해서다. 이 수업은 지난학기 '조별 프로젝트' 수업과 마찬가지로 일주일에 한 번씩 돌아오기 때문에 피드백이 그다지 부담스럽지 않았지만, 그래도 시간이 제법 걸릴 때도 있었다. 특히 시의 형식적 특징을 유지하면서 내용을 이어 쓰거나 다양한 표현법 적용, 패러디를 하는 부분에 시간이 많이 든다. 초고를 쓴 이후에도 아이들에 따라서는 여러 번 손이 가는데, 짧은 시간에 시의 언어와 형식을 지키며 자신의 정서를 표현하는 시 쓰기가 쉽지 않기 때문이다.

피드백 내용이 특별하지는 않다. 아이들이 감상한 시에 대한 나의 생각

교사 피드백 후

이나 느낌, 제목의 참신함이나 적절성 여부, 형식적 내용적 특징을 이해하고 연 이어 쓰기, 패러디 할 때의 방법이나 시적 언어의 형상화 방법 등이 피드백 내용이 된다. 전체를 대상으로 말로 하는 피드백도 하지만, 욕심을 내며 상세하게 피드백을 하다 보면 끝이 없고 시간도 많이 든다. 3개 학급 평균 인원이 26명 정도인데, 꼼꼼하게 읽고 소감을 적어주다 보면 2시간 가까이 걸린 때도 있었다.

업무에 밀려 제때 못해주기도 하고 간단하게 확인만 하는 때도 있지만, 최대한 모든 활동을 피드백 해주려고 노력한다. 물론 일과 전후에 시간을 할애하는 것은 당연하고 활동지를 집에까지 가져가거나 주말에 학교에 나가는 일도 있다. 그러나 아이들은 피드백 한 줄에 성장하고 피드백 한 줄에 눈빛이 달라진다.

시 창작 수업은 시도하기 잘했다는 생각이 들었다. 결과물이 대단하지는 않지만, 모든 아이가 다양한 시를 읽고 그 느낌을 표현하는 가운데 언어의 아름다움을 알아간 시간이라고 생각하기 때문이다. 수업이 소란스러울 때도 많지만, 서로 좋은 시를 찾아 읽고 시집을 소개하기도 하고 자신이 창작한 시를 읽어주며 즐거워한다. 자신이 고른 시에 감탄하며 친구에게 낭송도 한다. 스스로 창작한 시에 놀라 우쭐대기도 하고 친구가 쓴 시를 읽으며 키득거리기도 한다. 창작의 과정에서 생각이 막혔다며 아이디어를 달라는 아이도 있다.

사실, 아이들의 그런 모습을 보면 촘촘한 그물 같이 짜 놓은 평가계획이 아이들에게 어떤 의미가 있을까 하는 생각이 들기도 한다. '내가 가르치지 않아도 시를 저렇게 재미있게 읽는데, 진심으로 느끼고 있는데, 깨닫고 알게 된 기쁨에 감탄 하고 있는데…' 라고 생각하면서.

다음은 시 창작 시간에 학생들이 쓴 시다.

작품 1_ 아쉬움

할머니가 깎아 주신 사과
먹으며 가족의 대화

예전에 강남의 땅을
사라했던 권유를
거절한 할아버지

세상에서 가장 아쉽다

작품 2_ 시험

초등학교 때,
내일 시험이다
학원 쉰다 개꿀

중학교 때,
내일 시험이다
일찍 끝난다 개꿀

고등학교 때,

내일 시험이다

큰 일 났다 개꿀은 개뿔

작품 3_ 거북아

그날도 오늘처럼

비가 추적추적 내리고 있었어

유난히 그날따라

빗소리가 요란하게 떠들며

날 깨웠지

비몽사몽한 눈으로 널 봤는데

뒤집힌 채 가만히 있는 너

우산을 쓰고 아빠 등에 엎혀

깊은 잠에 빠진 널 뒷산에 묻고 오는 길에

내 맘에도 하루 종일 비가 내렸어

있을 땐 몰랐는데

없으니 많이 허전하더라

오늘처럼 비가 오는 날이면

아직도 너가 많이 그리워

특히 작품 3의 '내 맘에도 하루 종일 비가 내렸어'라는 구절은 새로 고친 구절이다. 초고에서는 '무척이나 많이 울었단다'였는데, 시적 언어와 일상 언어의 차이를 설명하고 비유적으로 바꿔보는 것이 좋겠다는 피드백을 받은 후 수정을 했다. 이 행을 고치자 시적 느낌이 확 달라진다며 아이는 무척 놀라는 표정을 지었다. 시 창작 수업은 생각보다 즐겁고 의미 있었다.

문학 수업이 끝나면 문학 기행을 준비한다. 대부분 1학기 수업이 끝나면 가지만, 학교 일정이 바쁘면 2학기에 진행할 때도 있다. 기획도 아이들이 하고, 모집도 아이들이 직접 한다. 우수한 기획서를 제출한 팀을 뽑아 답사를 다녀온 뒤 팀별로 학생을 모집하여 진행한다. '시 창작하기' 수업에서 우수한 작품은 교내 문예 대회에 출품하여 시상을 한다. '나만의 문학 책 만들기' 수업의 결과물은 학기 말에 전시를 하고 돌려줄 계획이다.

사례 3. '독서와 문법' 영역 평가하기

수업은 대부분 조별로 이루어진다. 지금 근무하는 학교 아이들은 1학년 때부터 조별 활동 수업의 경험이 많아 조별 수업을 당연하게 생각하며 적극적으로 참여한다. 수업은 조별로 진행하지만, 평가는 개별평가를 적용하기도 하고, 조별평가와 개별평가를 동시에 적용하기도 한다. 평가의 목적에 따라 조별로 평가를 실시할 때도 있는데 물론 학교별 상황에 따라 다를 것이다.

교육과정에서 '독서' 과목은 '초·중·고 공통 '국어'의 읽기 영역을 심화·확장한 과목으로 다양한 주제와 유형의 글을 폭넓게 읽어 삶을 풍성하게 하는 데 그 목적이 있다'고 제시하고 있다. 간단하게 정리하면 아래와 같다.

초·중·고 공통 '국어'의 읽기 영역을 심화·확장한 과목

다양한 주제와 유형의 글을 폭넓게 읽어 삶을 풍성하게 하고자 함

2017년 2학기 '독서와 문법' 과목을 가르치면서 고민했던 것은 '어떻게 하면 읽기 능력을 향상시킬 수 있을까?', '어떻게 하면 피드백을 제대로 할 수 있을까?'였다. 그래서 1학기와 마찬가지로 평가계획에서 수행 비중을 높였다. 지필 40%를 문법 영역으로, 수행을 60%를 독서 영역에서 평가하기로 했다. 이는 올해 2학기도 같은 방법이다. 평가 영역은 '조별 프로젝트 과제(12점)', '다양한 매체 글 읽고 자기 생각 쓰기(24점)', '서평 쓰기(15점)', '책 소개하는 말하기(11점)'이다. 물론 올해는 평가 영역과 점수가 조금 다르다.

'조별 프로젝트 과제'는 조별로 문학 작품 하나를 선정해서 읽고 보고서를 작성해서 발표하는 프로젝트였다. 수업의 과정을 6단계로 나누고 단계별로 평가하여 점수를 부여했다. 수업은 총 16차시로 진행했다. 이 수업의 평가 목적은 조별 협력이었다. 당연히 조별 협력을 중요한 평가요소로 반영했다. 조별평가에 민감하게 반응하지 않을까 하는 내 생각과 달리 아이들은 이 수업을 가장 즐거워했으며, 비교적 평가가 느슨해서 그런지 큰 부담을 갖지 않았다. 수업이 끝나고 아이들은 이런 피드백을 주었다.

조별 독서를 하면서 가장 좋았던 것은 독서를 하고 각각 개인마다 느끼는 점이 다른데 그 생각을 서로 공유할 수 있다는 것이 좋았다. 내 생각으로만 사로잡히지 않고 조원들의 생각들도 고려해보니 독서하는 데 훨씬 수월했던 것 같다.

● '조별 프로젝트 과제' 수업 진행 과정

1단계: 책 선정, 작품 읽기 및 인상적인 부분 찾고 이유 쓰기(2점/1.5점/1점)

2단계: 작품의 이해를 위한 질문 만들기 및 논제 선정하기(2점/1.5점/1점)

3단계: 논제 선정 후 토론 과정에 참여, 자신의 생각 말하고 쓰기(2점/1.5점/1점)

4단계: 논제의 확장 및 비판적 수용(2점/1.5점/1점)

5단계: 작품을 창의적으로 해석한 보고서 제출(2점/1.5점/1점)

6단계: 조별 발표 활동에 적극적으로 참여(2점/1.5점/1점)

이 수업에서도 가장 중요한 것은 피드백이었다. 인상적인 구절 및 그 이유를 제시한 내용, 읽은 내용에 대한 질문, 모둠 내에서 친구가 해준 피드백 내용 등을 확인하고 간단하게 메모한 뒤 돌려주었다. 그리고 모둠 내에서 친구들과 활동지를 돌려 읽고 서로 피드백을 해주도록 했는데, 이 과정에서도 배움이 일어난다는 것을 알 수 있었다.

'다양한 매체 글 읽고 자기 생각 쓰기' 영역은 다양한 매체에서 읽기 자료를 읽고 핵심 문장, 필자의 생각 그리고 자신의 생각을 서술하는 활동이었다. 올해는 '읽기 능력'으로 평가되는 항목인데, 아이들은 이 수업을 가장 힘들어했다. 거의 모든 시간이 평가에 반영되었기 때문이다. 읽기 방법에 대한 기본적인 이론 수업을 한 다음 다양한 주제의 글을 읽고 활동지를

문단별 핵심어	자정능력 : 자연과 치유력, 디지털디톡스, 예방 사회적 자정능력, 디지털회비
문단별 핵심 문장	① 자연은 스스로 균형을 찾는 자정능력이 있다. ② 인간의 몸도 다양한 자정능력을 갖추고 있다 ③ 처럼 디지털 ~ 들고있다고 한다. ④ 디지털 단식을 능력으로 밝혀주는 사회적 자정능력이 생겨났으면. ⑤ 디지털 단식이 더욱 활발해져 심신이 모두 건강한 사람이 됐으면한다
핵심 내용 정리	자연과 같이 인간의 몸도 자정능력이 있다 처럼 SNS로 부터 병들어가는 현대인들이 자정능력을 키우기위해 디지털디톡스를 실천하고 있으며, 사회적으로 이것을 보예한다.
내 생각 쓰기 (자기 생각에 대한 이유, 근거. 글쓴이의 글에 대한 공감, 반박. 문제해결방안 등)	예전에 이런 얘기를 들은적이 있다 'SNS'는 다른사람의 인생 이라는 텀에 하이라이트를 마치 매일의 일상처럼 보여주는 것이다' 우리는 타인의 화려한 한순간이 가득한 사진을 보고 부러워하고, 스스로 비교하며 열등감을 느낀다. SNS가 그 사람 의 모든것을 나타내줄까? 우리는 그것이 아니라는 것을 알면서도 그것들에서부터 쉽게 자유로워지지 못한다. 이런 시점에서 디지털 디톡스는 적극적으로 권장되어야한다. SNS로부터 몸과 마음이 지친 사람들을 구제하기 위해선 그들을 SNS로부터 떨어져 뜨려야 한다고 생각한다 나도 스마트폰을 잠깐 식은하고, SNS로 연락을 끊으니 내의 온전한 내 시간을 가지고 있지 못한다는 것을 깨달았다
질문하기	1. 디지털 디톡스를 통해 이런 효과를 믿을수 있는가? 2. SNS로부터 고통을 받는다고해 단순히 그것을 멀리하는것 만이 해답일까.

피드백	학급 친구	핵심어와 핵심문장을 알맞게 찾아서 썼고 자신의 생각을 잘 쓰고 질문이 좋은것 같다.	참확인
	선생님	맞아. 나도 채현이 생각에 공감. 더불어 자정의 경험과 심화질문까지!	반싸인

작성한 후 개인별 점수를 누적하여 최종 점수를 산출했다.

처음에는 비교적 짧고 쉬운 내용의 자료를 제시하다가 아이들 활동을 봐 가며 조금씩 단계를 높이며 긴 글을 읽혔다. 또 처음에는 핵심 문장을 찾는 활동에서 핵심 문장을 써 보기, 핵심 문장을 찾아 내용을 요약하기에서 글의 흐름에 맞게 핵심 단락을 직접 써 보기 등으로 내용을 심화했다.

그러나 이 수업에서 누적 평가의 형태가 과정중심평가를 제대로 적용한 것인가에 대한 회의감이 들었고, 읽기 능력에 대한 역량이 길러졌는지 의문이 들었다. 무엇보다 매시간 활동에 대한 피드백이 제대로 이루어지지 못해 아이들에게 실질적인 도움을 주지 못하고 평가하기에만 바빴다. 고민 끝에 올해는 전년도와 조금 다르게 계획했다. 성취기준 재구성 및 평가 방법을 제시하면 다음과 같다.

● 성취기준 재구성

[310416] 글의 기본 구조와 전개 방식에 대한 이해를 바탕으로 사고 전개 과정의 특징을 파악하며 읽는다.

[310417] 글의 구성단위 간의 관계를 이해하고 글의 중심 내용을 파악하며 읽는다.

[310418] 필자의 의도나 목적, 숨겨진 주제, 생략된 내용 등을 추론하며 읽는다.

[310419] 글의 내용이나 자료, 관점 등에 나타난 필자의 생각을 비판하며 읽는다.

[310421] 글의 화제나 주제, 필자의 관점 등에 대한 자기의 견해를 논리적으로 구성하여 창의적으로 문제를 해결하는 방법을 발견한다.

[310422]동일한 화제에 대한 다양한 관점의 글을 읽고 비판적으로 재구성한다.

[310425]정보화 시대의 다양한 독서 매체의 특성을 이해하고, 이를 효과적으로 활용하여 읽는다.

● 평가기준

상: 다양한 매체의 글을 읽고 글의 구조파악 및 중심문장을 찾을 수 있으며, 내용을 비판적 · 창의적으로 수용하며 자신의 생각을 논리적으로 표현하는 데 우수하다.

중: 다양한 매체의 글을 읽고 글의 구조파악 및 중심문장을 찾아 자신의 생각을 논리적으로 표현하나, 글의 내용을 비판적 · 창의적으로 수용하는 것이 어렵다.

하: 자신의 생각을 표현하나 논리성이 떨어지며 다양한 매체의 글을 읽고 글의 구조파악 및 중심문장을 찾는 것을 어려워하며 내용을 비판적 · 창의적으로 수용하는 것이 힘들다.

● 평가요소

1. 글의 기본 구조와 전개 방식에 따른 글쓰기를 할 수 있는가
2. 글을 읽고 핵심어, 중심문장, 사실적 내용을 찾고 내용을 요약할 수 있는가
3. 필자의 의도, 숨겨진 주제를 파악하고 생략된 내용을 추론할 수 있는가
4. 다양한 분야의 글을 분석적 · 비판적 · 창의적으로 수용할 수 있는가
5. 자신의 생각을 논리적으로 전개하고 문제해결 방안을 제시할 수 있는가

● 평가 루브릭

[평가 1]

평가요소	평가 내용			
	상(3)	중(2)	하(1)	피드백 내용
1. 글의 기본 구조와 전개 방식에 따른 글쓰기를 할 수 있는가	글의 기본 구조를 이해하고 전개 방식에 맞게 글을 쓸 수 있다.	글의 구조를 이해하고 전개 방식을 찾을 수 있으나 전개방식에 따른 글쓰기가 어렵다.	글의 구조를 이해하지 못하며 전개 방식에 따른 글쓰기가 어렵다.	– 단락 나누기 – 전개 방식 파악
2. 글을 읽고 핵심어, 중심문장, 사실적 내용을 찾고 내용을 요약할 수 있는가	글에서 핵심어, 중심문장, 사실적 내용을 찾고 내용을 요약할 수 있다.	글에서 핵심어나 중심문장을 부분적으로 찾아 내용을 요약할 수 있다.	글에서 핵심어나 중심문장을 찾지 못하며 내용을 요약하는 것이 어렵다.	– 중심문장 찾기 – 핵심문장 찾기 – 내용 요약하기
3. 필자의 의도, 숨겨진 주제를 파악하고 생략된 내용을 추론할 수 있는가	필자의 의도, 숨겨진 주제를 파악하고 생략된 내용을 추론하여 쓸 수 있다.	필자의 의도, 숨겨진 주제를 부분적으로 파악하나 생략된 내용을 추론하여 쓰는 것이 어렵다.	필자의 의도, 숨겨진 주제를 파악하지 못하며 생략된 내용을 추론하여 쓰는 것이 어렵다.	– 필자의 의도 – 글의 주제 – 내용 추론
4. 다양한 분야의 글을 분석적·비판적·창의적으로 수용할 수 있는가	글 내용을 분석하고 비판적·창의적 글쓰기를 할 수 있다.	글 내용을 분석하고 비판적 글쓰기를 하나 창의적 글쓰기가 어렵다.	글 내용 분석이 어려우며 비판적 창의적 글쓰기가 어렵다.	– 글 내용 분석 – 비판적·창의적 수용 방법
5. 자신의 생각을 논리적으로 전개하고 문제해결 방안을 제시하는가	자신의 생각을 논리적으로 전개하며 문제해결 방안을 제시하였다.	자신의 생각을 논리적으로 제시하나 문제해결 방안이 제시되지 않았다.	자신의 생각을 제시하나 논리적이지 못하며 문제 해결 방안이 제시되지 않았다.	– 논리적 전개 – 문제 해결 방안

[평가 2] 위 항목 5가지 요소를 모두 적용

평가 내용	1차 배점	2차 배점	3차 배점
5가지 항목을 모두 충족한 경우	3점	3점	3점
3~4가지 항목을 만족한 경우	2점	2점	2점
2가지 이하 항목을 만족한 경우	1점	1점	1점

평가 1을 적용하여 항목별 평가를 실시하고 다시 같은 평가요소에 평가 2의 방법을 적용하여 전체 영역에 대한 평가를 3차에 걸쳐 평가한다. 점수는 총 24점이 부여된다.

'서평 쓰기'는 지난 학기와 마찬가지로 1회만 평가한다. 독서 계획 및 읽기 활동 그리고 '서평 쓰기'의 모든 과정이 수업시간에 이루어지며 독서 계획과 읽기 활동을 과정평가로, 서평 결과물을 결과평가로 반영한다. 서평 쓰기 역시 초고 평가와 피드백 후 최종 결과물을 반영 비율을 달리하여 평가하는 방법을 제안하고 싶었으나 나부터도 엄두가 나지 않았다. 진로 독서 후 '서평 쓰기'가 끝나면 '책 소개하는 말하기'가 이어진다. 책 소개하는 말하기는 서평을 쓰기 위해 자신이 읽은 책을 소개하는 것이기 때문에 크게 부담을 가지지 않는다. 다만 지난해와 달리 올해는 PPT나 일체의 보조자료 없이 발표하도록 했다. 보조자료를 활용하는 것도 좋은 방법이기는 하지만, 아이들이 PPT를 보고 읽는 경우가 많아 활용하지 않기로 했다.

'문법 영역'에도 변화를 주었다. 지난해 지필평가에서 선택형만으로 실시했던 평가를 올해는 수행평가에도 반영했다. 수행평가에서 서술형 10%를 반영하고 지필에서 선택형 40% 반영하는 방식이다. 수행에서 실시하

평가요소	배점	평가 종류	
1. 음운의 체계 및 음운의 변동을 바르게 이해하고 있다.	2점	수행 (10점, 서술형)	지필 (40%, 선택형)
2. 단어 형성과정, 단어의 의미 관계를 바르게 이해하고 있다.	2점		
3. 단어의 의미 관계와 의미 변화의 양상을 정확하게 이해하고 있다.	2점		
4. 사동, 피동 표현을 정확하게 이해하고 있다.	2점		
5. 문장의 짜임을 이해하고 정확한 문장을 만들 수 있다.	2점		

는 형성평가 형태의 과정중심평가가 좋은 점은 수업에 대한 아이들의 이해 정도를 파악하며 수업을 조절할 수 있다는 것이다.

과정중심평가는 학생의 수업 활동을 평가하는 것이다. 그리고 과정중심평가에서 가장 중요한 것은 학생의 수업 활동에 대한 피드백이다. 피드백이 없으면 아이들의 성장은 보지 못하고 평가에 대한 부담만 안겨줄 수 있다. 수업 활동에 대한 개인별 구체적인 피드백을 해줄 때 학생 성장의 변화를 알 수 있고, 교사의 수업 계획이나 방향에도 도움이 된다. 사실 그러자면 진도에 대한 부담을 떨쳐내야 한다. 교과에 따라 진도를 덜어내기 어려운 교과도 있겠지만, 진도보다는 교과의 핵심역량을 중심으로 수업을 디자인해야 과정중심평가를 제대로 적용할 수 있다.

피드백을 위한 시간 확보도 중요하다. 과정중심평가의 대부분은 시간이 부족하다. 평가 시간이 부족한 것이 아니라 피드백을 할 시간이 부족하다. 결국 교육과정 재구성-수업-평가-기록의 일체화라는 큰 흐름 안에서 최소한 한 학기 단위의 수업을 어떻게 할 것인지, 평가와 피드백을 어떻게 할 것인지를 고민해야 한다.

아이들과 관계 맺는 법을 배우다

교사가 고민한 수업에는 배움에 몰입하는 아이들이 있다. 과정중심평가로 인한 가장 큰 변화는 수업을 대하는 아이들의 태도이다. 아이들이 학교 수업 활동에 충실해진다. 왜냐하면, 학기 중간이나 학기 말에 치르는 한 번의 시험으로 모든 것을 결정하지 않고 수업의 과정을 지속적으로 관찰하고 평가하기 때문에 수업 활동에 충실할 수밖에 없다. 예전에는 "선생님, 이거 성적에 들어가요?"라고 묻는 아이가 많았다. 그 말의 의미는 시험에 들어가지 않으면 별로 중요하게 생각하지 않겠다는 뜻이기도 하다.

수업은 지식을 채우는 것이기도 하지만, 학생이 가지고 있는 잠재력을 발휘하도록 하는 것이다. 그래서 과정중심평가는 학생에게 성장의 경험과 기회를 제공한다. 성장이란 알아가는 과정이다. 자신이 무엇을 아는지, 무엇을 모르는지, 무엇을 할 수 있는지, 무엇을 할 수 없는지, 어떻게 해야 할 수 있는지, 어떻게 하면 실패하는지 앎과 삶을 오가며 알아가는 것이다. 알게 되는 그 순간 우리는 성장하고, 알게 되었을 때 비로소 다음을 결정할 수 있다.

과정중심평가는 교사가 아이들을 이해하는 시간이기도 하다. 피드백 과정에서 무엇을 어려워하는지, 어려움을 어떻게 해결하는지, 어떤 것에 흥미가 있는지, 왜 그렇게 생각하는지 등 아이의 생각을 읽을 수 있고 아이의 현재 삶과도 만날 수 있다. 그 시간은 내가 만난 아이들과 소통하는 시간이며, 아이들을 더 깊이 이해하는 시간이라고 믿는다. 이해하면 사랑하게 된다.

무엇보다 가장 중요한 것은 아이들이 수업에서 학습의 성공을 경험하고, 건강한 관계 맺기를 배우며, 지속적으로 학업역량을 기르는 일이라고 생각한다. 학생의 '학업역량의 성장', 과정중심평가의 목적이 나는 여기에 있다고 생각한다.

끝으로 일체화의 큰 흐름을 이해하면서 과정중심평가를 실천하기가 결코 쉽지 않았다. 만족스럽지 못한 결과도 많았고 그리고 고백하건대, 아직도 헤매고 있다. 그러나 내 수업의 의미와 철학을 고민하면서 수업에서 아이들의 성장과 변화를 보려고 노력했다. 도전하고 실패하는 과정 속에서 나 자신도 성장하고 있다는 기쁨도 컸다. 부족하지만 내가 만난 아이들도 나와 함께하는 수업 속에서 그러하기를 간절히 바랄 뿐이다.

3장
—
긴 호흡의 프로젝트 수업과
과정중심평가

- 국어과 -

박병두, 화성 반송고

2015 개정 교육과정이 시작되며 학생들의 진로에 따른 심화·보충학습 및 진로 탐색·체험을 지원하는 '진로 선택 과목'이 개발되었다. 심화 국어, 고전 읽기, 사회 문제 탐구 등은 2단위 정도의 적은 시수로 한 학기를 꾸려나가야 하는 과목이며, 고전 읽기의 경우는 교과서도 없다. 성취기준만 주어진 한 학기의 수업을 어떻게 디자인하고 평가해야 할까?

학생이 삶과 진로에 필요한 자기관리 역량을 길러줄 한 학기의 조망도 속에서 학교 행사까지 이어지는 긴 호흡의 프로젝트 수업으로 성장통을 겪으며 성장한 과정을 펼쳐본다.

2015 개정 교육과정의 물결과 함께 '과정중심평가'가 수면 위로 떠오르기 전까지는 '수업밀착형 평가'가 더 익숙한 개념이었다. 언젠가부터 '평가계획 컨설팅'이 시작되고 '서술형·논술형 평가 자료집', '수업밀착형 평가 자료집' 등이 만들어져 나오면서 '평가가 바뀌면 수업이 바뀐다'라는 말이 수업 혁신의 구호가 될 정도로 '어떻게 평가할 것인가'라는 고민은 교사들에게 큰 과제였다.

나 또한 이런 과제와 흐름에서 정체되지 않기 위해 경기도교육청의 수업밀착형 평가 자료집 개발이나 교육부에서 주관한 과정중심수행평가 실습형 연수 등에 참여하며 이런저런 도전을 해보았다. 협동학습, 프로젝트학습, 거꾸로수업 등을 디자인해 나름 교육과정-수업-평가-기록의 일체화를 위한 노력을 해왔지만, 평가는 결과 중심의 평가에 머물러 있었고, 기록도 수행평가 결과물에 의존하는 수준이었다.

과정중심평가란 교육과정의 성취기준에 기반한 평가계획에 따라 교수·학습

과정에서 학생의 변화와 성장에 대한 자료를 다각도로 수집하여 적절한 피드백을 제공하는 평가입니다.(교육부, 2017)

위의 개념에 비추어볼 때, 나의 평가에는 '학생의 변화와 성장에 대한 자료를 다각도로 수집'하는 과정이 미흡했고, '적절한 피드백'도 부족했다. 무엇보다도 한 학기나 한 학년의 긴 호흡의 교수 · 학습 과정을 '조망할 수 있는 평가계획'을 준비하지 못한 점이 가장 아쉬웠다.

이런 아쉬움을 채우기 위한 노력이 비교적 의미 있게 진행된 것은 2017년부터이다. '2015 개정 교육과정에 따른 고등학교 국어과 교육과정의 이해' 자료집 개발에 참여하면서부터 조망도를 만들고 과정중심평가가 함께하는 수업에 도전하게 되었다.

시사 독서로 세상 바꾸기 프로젝트

적은 단위의 한 학기 수업과 평가, 어떻게 해야 할까?

2017년에도 3학년 '화법과 작문' 과목을 맡았다. 3학년 담당 국어교사는 3명이었고 문과는 7단위, 이과는 6단위로 편성되어 있었다. 시수분배에 어려움이 있어 의논 끝에 누군가 한 명이 문과 이과 각각 1단위씩 수업을 나눠 들어가기로 했고 내가 그 역할을 맡게 되었다.

다음으로 이어진 협의는 평가 설계였다. 진로와 진학이 가장 큰 삶의 과제로 다가온 고3 학생들이기에 '자신의 진로 발표하기'와 '자기소개서 쓰기'가 한 학기 동안 이어지도록 하고, 시를 매개로 자신의 삶을 고민해볼

지필평가				수행평가			
50%				50%			
1차		2차		진로 발표	자기 소개서 (논술형)	시 대화	생각 기록하기 (논술형)
선택형	서술형	선택형	서술형				
70점 (17.5%)	30점 (7.5%)	70점 (17.5%)	30점 (7.5%)	10점 (10%)	10점 (10%)	15점 (15%)	15점 (10%)
100점 (25%)		100점 (25%)					

수 있도록 시의 내용을 자신의 삶과 연결하여 대화를 나누는 '시 대화'를 꾸준히 해보자는 데 의견이 모아졌다. 동시에 '나의 생각기록장'이라는 워크북을 만들어 학생들의 생각을 꾸준히 기록할 수 있게 했고, 이 영역을 일주일에 한 시간씩 맡아서 진행했다.

일주일 한 시간 한 학기를 어떻게 의미 있게 보낼까?

학생도 교사도 의미 있는, 함께 성장하는 수업을 하고 싶었다. 느리지만 긴 호흡의 프로젝트 수업을 진행하기로 했고 교육과정 재구성을 통해 수업 조망도를 만들어갔다.

교육과정 성격과 목적, 역량 확인 ▸ 학교상황, 학생 특성 분석 ▸ 국어 교육의 철학 반영 ▸ 교육과정 해설을 통해 성취기준 분석과 이해 ▸ 성취기준 중심으로 재구성 ▸ 대략적인 교수학습 평가계획 수립 ▸ 학사 일정 고려하여 조망도 작성 ▸

교육과정 재구성과 수업 조망도를 만드는 데는 몇 가지 당연한 전제가 있었다.

1. 학생들의 삶과 관련이 있는 수업을 해야 한다

국가교육과정이 추구하는 인간상은 '전인적 성장의 기반 위에 개성의 발달과 진로를 개척하는 사람'이다. 굳이 이것을 떠올리지 않더라도 고등학교 3학년 학생들이 당면한 삶의 과제는 진로와 진학이다. 자신의 삶과 밀접할 때 학생들은 흥미를 갖고 좀 더 노력하는 모습을 보인다.

화법과 작문의 소재를 자신의 진로와 관계있는 분야에서 찾게 하고, 이를 깊이 알아가며 지식을 쌓는 과정이 수업에서 이뤄져야 한다. 본교 학생 대다수가 수시 입학의 길을 택하고 있었기에 이 방향이 맞다고 생각했다.

여기에 세상을 바라보는 비판적인 시각과 세상의 문제를 해결할 수 있는 역량이 더해진다면 충분히 의미 있는 수업이 될 것이다.

2. 화법과 작문의 목표에 맞게 질문하고 대화하고 글로 표현하는 활동이 이뤄져야 한다

'화법과 작문'에서 학습자는 학문과 직업 분야의 미래를 준비하면서, 자신의 사고와 정서를 다른 사람들과 나누는 의사소통 행위이자 창의적 의미 구성 행위가 수반되는 화법과 작문 활동을 통하여 자신을 성찰하고 공동체에 이바지하는 태도를 기른다.

'화법과 작문'은 화법과 작문 활동을 통해 일상생활이나 학습 상황에서 필요한 의사소통 능력, 문제 해결 능력, 사고 능력, 대인 관계 능력 등을 함양하고 개인적인 소통 행위를 넘어 사회적 의사소통 행위로서의 화법과 작문의 특성을 이해하여 언어 공동체의 관습에 부합하는 언어 행위를 유도함으로써 올바른 의사소통 문화를 형성하도록 기여하는 것을 목표로 한다. (2009 개정 국어과 교육과정 중)

'화법과 작문'의 목표를 설명한 부분이다. 미래를 준비하면서 자신의 생각을 나누는 의사소통 행위에 창의적 의미 구성 행위가 더해지고 나아가 공동체에 이바지하는 그런 활동이 수업에서 이뤄져야 한다. 공동체의 문제를 다루는 글을 읽고 질문하고 답하는 과정에서 학생과 학생, 교사와 학생 간 상호작용이 일어나고 문제의식을 공감하며 해결책을 마련하는 활동을 경험할 수 있어야 한다.

3. 평가는 학생의 성장을 돕는 과정중심평가가 되어야 한다

평가의 목적이 학생을 서열화하거나 성취 정도를 확인하는 데 그쳐서는 안 된다. 비율과 점수로 규정되는 정형화된 방법에만 의존해서 수치화된 양적 정보를 낳는 데 머무르지 않고 관찰과 면담을 통해 학생들의 정의적 능력도 평가하여 질적인 평가까지 이어져야 한다.

학생들이 수업을 통해 배우고 경험한 내용이 평가의 재료가 되어야 하며, 좌절감보다는 성취감을 느끼게 하는 것이 필요하다. 몰랐던 답을 찾거나, 적극적으로 참여하는 모습을 보이거나, 친구에게 도움을 주거나 질문할 때, 칭찬해주고 기억해주고 기록해주어야 한다. 수업과 평가는 학생이 성장의 기쁨, 즉 성취감을 맛볼 수 있게 해야 한다.

이런 전제들을 고려한 결과, 학생들이 진로와 관련한 지식을 얻을 수 있고, 사회 공동체 나아가 세계의 문제를 들여다보고 공감하고 해결책을 마련할 수 있으며, 그 과정에서 질문과 대화가 있는 의미 있는 수업을 만드는 것이 한 학기 수업의 목표가 되었다.

학생들에게 무엇으로 다가갈까?

이 목표를 위해 필요한 것은 우리 학생들에게 맞는 수업 재료였다. 이 과정에서도 전문적 학습공동체 안에서의 협의가 도움이 되었다. 각자 수업 아이디어를 내보았고, 그중에서 수업 목표에 가장 적합한 것으로 신문 칼럼이 눈에 띄었다. 칼럼은 인문, 사회, 과학기술, 예술 등 여러 영역의 전문가들이 쓰는 글로, 학생들이 진로·진학과 관련된 다양한 영역의 지식과 정보를 얻을 수 있고 세계의 문제를 함께 고민하고 해결해보는 시간을 만

차시	단계	관련 성취기준	수업의 과정	평가 방법
10	칼럼 읽고 대화 하기	310420-1. 글에서 공감하거나 감동적인 부분을 찾고 그 이유를 설명할 수 있다. 310310-2. 효과적으로 질문하여 필요한 정보를 얻을 수 있다. 310326-2. 말이나 글에 자신의 진솔한 마음을 담아 표현할 수 있다.	자기 생각 쓰기	포트폴리오
			질문을 만들기	포트폴리오
			짝과 대화하기	상호평가 관찰평가
			전체 생각 나누기	관찰평가
			내용 요약하기	지필평가 포트폴리오
5	칼럼 쓰기	310322-2. 주장하는 내용과 관점이 명료하게 드러나도록 글을 쓸 수 있다. 310323-3. 언어 공동체의 사회 문화적 관습을 고려하여 적합하고 타당한 논거가 제시된 글을 쓸 수 있다. 310324-3. 적절한 표현 전략을 활용하여 다양한 유형의 주장하는 글을 쓸 수 있다.	진로 관련 주제 정하기	포트폴리오
			자료를 수집하고 분석하기	포트폴리오
			개요를 작성하기	포트폴리오
			설득력 있게 칼럼 쓰기	포트폴리오
3	발표 하기	310318-2. 이성적 설득 전략을 사용하여 논리적인 연설을 할 수 있다. 310318-3. 감성적 설득 전략을 사용하여 감동을 주는 연설을 할 수 있다.	보조자료를 준비하기	포트폴리오
			발표하기 '강연 19세'	관찰평가 상호평가

들 수 있을 것으로 생각했다.

일주일 한 시간 칼럼을 읽고, 내용을 이해하고, 질문을 만들어 대화하고, 자기 생각을 정리하며, 나아가 한 편의 칼럼을 써보는 수업을 해보기로 마음먹었고 '시사 독서로 세상 바꾸기 프로젝트'라는 거창한 이름을 짓고 수업 조망도를 만들어보았다. 수업의 결과를 '강연 19세'라는 교과 행사로 이어지게 해 발표하기 과정도 덧붙였다.

학생들의 노력과 성장의 과정을 어떻게 담아낼까?

프로젝트의 모든 과정을 워크북에 담아내어 포트폴리오로서 평가하고자 했다. 일 년간의 자신의 노력이 담겨 있기에 학생들은 졸업 때까지 보관한다.

수업과 평가의 모든 과정을 포트폴리오 워크북에 담을 수 있도록 진로독서 일지와 독서기록, 칼럼 독후활동 서식을 모아 '나의 생각기록장'을 제작했으며 표지 디자인은 학생에게 맡겨 학생들에게 더 친숙하고 더 소장하고 싶게 만들었다.

칼럼 독후활동 서식은 한 면은 칼럼을 붙일 수 있게 했고, 다른 한 면은 '문단별 요약', '전체 요약', '내 생각 쓰기', '어려운 어휘 정리' 순으로 이해한 내용과 상호 소통한 내용을 바탕으로 자기 생각을 정리할 수 있게 구성되어 있다.

또한 학생들의 모습을 매시간 관찰하고 기록하는 수업 일지를 작성했다. 누가 어떤 질문을 만들어 전체 대화를 이끌어냈고, 어떤 의미 있는 발표를 했으며, 냉소적이던 학생이 언제 적극적으로 참여하는 모습을 보였는지 등을 수업 중에도 수시로 기록했다.

생각기록장의 내용과 관찰하고 기록한 내용은 평가기준의 3단 척도를 평정하는 근거 자료로 활용했고, 학생들에게는 사전에 어떤 경우에 '우수'의 배점을 얻을 수 있는지를 안내했다.

성취 기준	310326-2. 말이나 글에 자신의 진솔한 마음을 담아 표현할 수 있다.+[310310-2.] 독서 310420-1.글에서 공감하거나 감동적인 부분을 찾고 그 이유를 설명할 수 있다.				
성취 수준	상	말이나 글에 자신의 진솔한 마음을 표현하여 상대방과 긍정적으로 상호 작용할 수 있다. 글을 읽고 공감하거나 감동적인 부분을 찾고 그 이유를 자신의 삶과 관련지어 설명할 수 있다.			
	중	말이나 글에 자신의 진솔한 마음을 일부 표현하여 상대방과 상호 작용할 수 있다. 글을 읽고 공감하거나 감동적인 부분을 찾아 그 이유를 설명할 수 있다.			
	하	말이나 글에 자신의 마음을 표현할 수 있다. 글을 읽고 공감하거나 감동적인 부분을 한 가지 이상 찾을 수 있다.			
평가 기준	평가요소		평가척도별 배점		
			우수	보통	미흡
	1. 글의 내용을 간결하게 요약 제시하였는가?				
	2. 글쓴이의 의도를 정확하게 파악하였는가?				
	3. 공감하거나 감동적인 부분을 찾아 이유와 함께 제시하였는가?				
	4. 성실하고 깊이 있게 작성하였는가?				
	5. 진솔한 마음과 자신의 생각을 담아 표현하고 있는가?				

칼럼 읽고 대화하기

이 수업 재미있을까?

첫 수업시간에 시사 독서 수업의 필요성과 방법을 안내했다. 칼럼은 인문, 사회, 과학기술, 예술 등 여러 영역의 전문가들이 쓰는 글이며, 이를 읽음으로써 자신의 진로·진학과 관련된 다양한 영역의 지식과 정보를 얻을 수 있음을 설명했다. 안내 중에 학생이 안내 자료에 적어놓은 글을 보았다. '이 수업 재미있을까?' 라는 짝에게 던지는 질문이었다. 재미없을 거라 생각하는 것 같아 가슴 한쪽이 무거워졌고, 동시에 학생들의 흥미와 관심을 끄는 것도 소홀히 하지 않아야 한다는 다짐을 하게 되었다.

어떻게 흥미와 공감을 이끌어낼까?

어떤 칼럼을 같이 읽는가는 수업의 성패를 좌우할 정도로 중요하다. 뉴스나 칼럼을 선택하기 위해 사건이나 정보가 학생들에게 미치는 영향이 얼마나 큰가(영향성), 최근에 일어난 사건인가(시의성), 기사 내용이 흥미가 있는가(흥미성)를 고려했고, 이에 덧붙여 공감하고 질문을 만들고 대화를 이끌어나갈 수 있는 공감 주제도 고민해보았다. 그렇게 해서 정한 것이 다음의 표와 같다.

공감 영상은 학생들의 집중과 흥미와 진지함을 유도하는 데 중요한 역할을 했다. 몸을 움직이기를 꺼리는 고3 학생들에게 간단한 아이스 브레이크 활동보다 더 효과적이었다.

어떻게 대화를 이끌어낼까?

화법과 작문 과목의 중요한 목표가 학생들이 의사소통 역량을 함양하는

차시 (시기)	제목	내용	공감 주제	공감 영상
1 (3월)	어떤 질문도 타당하다-왜요?	질문이 빠진 교육의 문제점과 하브루타	질문과 교육	EBS, <왜 우리는 대 학에 가는가> 오바 마 대통령에게 질문 하지 못하는 한국 기자
2 (4월)	시리아의 희망 '하얀 헬멧'	시리아 민간구조대 하얀 헬멧의 박애정신	평화와 공존	지식채널 e <하얀 헬멧을 쓴 시리아의 영웅들>
3 (4월)	세월호 참사를 어떻 게 기억할 것인가	세월호 참사를 기억하는 방법	상처와 기억	경기도교육청 '미디 어 경청' <세월호 기 억 영상>
4 (5월)	가족의 수요와 공급	인공지능 시대의 가족의 역할	인공지능과 인성	god, <어머님께> 뮤직비디오
5 (5월)	대기오염은 인류의 적	대기오염을 대하는 세계와 우리나라	자연과 환경	뉴스 영상 -인도와 중국의 대기오염 대 처법
6 (6월)	인류를 위협하는 '항생제 내성'	항생제 오남용의 부작용	약의 양면성	KBS 생로병사의 비 밀, <항생제 내성의 공포>
7 (6월)	현대를 만든 물건들_최루탄	최루탄의 역사에 비춰보는 민주화운동사	민주주의와 시민	TBS 영상 <운동화 를 잃은 지 30년_이 한열 열사>
8 (8월)	아이스크림, 오래 보관해도 안전	아이스크림의 유래와 안전성	식품과 안전	뉴스 영상 <아이스 크림엔 유통기한이 없다?>
9 (8월)	두 개의 시선	핵을 바라보는 한·일의 입장차	과학과 인간	과학동아 영상 <에 너지원과 핵폭탄 사 이, 핵분열>

것이기에 단순히 칼럼을 읽고 마는데 그치면 안 된다고 생각했다.

글을 비판적으로 깊이 이해할 수 있고 동시에 대화할 수 있는 방법으로 글 내용과 관련한 질문을 만들며 읽기 활동을 진행했다. 우선 질문의 필요성을 다룬 공감 영상을 함께 보았다. 오바마 대통령이 한국 기자에게 특별히 질문 기회를 줬지만, 한국 기자들은 아무도 질문하지 못하고 결국 중국 기자에게 질문권이 넘어가 버리는 영상을 보고 아이들은 망연자실한 모습이었다. 이어서 하버드생 최민우가 트럼프 대통령과 아베 총리에게 돌직구 질문을 던져 비판하는 영상을 보여주자 탄성이 나왔다.

이어 질문하지 못하는 교육 현실을 비판하는 칼럼을 읽고 질문을 만들고 발표하도록 해보았다. 어떻게 만들어야 해요? 이런 질문도 괜찮나요? 등의 질문이 이어졌고, 좋은 질문(핵심 질문)의 특징과 사례를 들어주며 우선 '왜', '어떻게'로 시작하는 질문을 만들어보라고 하자 학생들은 질문의 깊이가 깊어졌다.

핵심 질문*의 특성

- 개방형이다. 즉, 하나의 최종적인 답이 없다.
- 사고를 촉발하고 지적으로 몰입하게 하며, 종종 토론과 논쟁을 유발한다.
- 분석, 추론, 평가, 예측과 같은 고차원적인 사고를 요구한다. 단순 암기만으로 효과적인 답을 얻어낼 수 없다.
- 한 과목 안에서(혹은 하나의 과목을 초월해) 중요하고 다른 분야까지 적용 가능한 생각을 유도한다.
- 부가적인 질문을 제기하고 추가적인 탐구활동을 촉발한다.
- 단지 답만이 아니라 정당한 근거와 지지를 요구한다.

---

* 『핵심 질문』, 제이 맥타이, 그랜트 위긴스 저, 사회평론아카데미. 참조

처음에는 아이들이 핵심 질문을 만들어내는 것을 어려워했다. 칼럼 안에서 찾을 수 있는 답이 있거나 '예', '아니오' 정도의 대답을 이끄는 데 그치는 닫힌 질문을 만드는 경우가 많았다. 핵심 질문 만들기 활동을 매 차시 반복했고 아이들은 곧잘 의미 있는 질문을 만들어냈다.

· 대기 오염의 피해는 어떻게 최소화해야 할까?
· 대기 오염이 심각한데 계속 개발에 매달리는 이유는 무엇인가?
· 정말 아이스크림은 많이만 먹지 않는다면 건강을 해치지 않을까?
· 대규모 시위가 벌어지지 않게 하려면 어떻게 해야 하는가?
· 인류는 왜 누군가를 죽이기 시작했을까?

학생들의 질문이 공감 주제에 이르지 못하거나, 꼭 생각해보게 하고 싶은 내용이 있을 때는 내가 직접 질문을 만들어 제시하고 학생들이 발표할 수 있게 했다. 질문은 대체로 글쓴이의 의도를 파악했는지 묻는 '왜', 문제의 해결방안을 묻는 '어떻게', 글쓴이의 의견을 비판하는 '하지만 난'의 3단계로 이뤄졌다. 단계마다 학생들의 대화 장면이나 발표 내용에 대해 실시간으로 피드백해주고 수업 일지에 정리했다.

<가족의 수요와 공급> 중심문장 찾고 내 생각 쓰기

○○이와 ○○가 열심히 질문을 했다.

<왜 이 글을 썼을까?>
- 이름을 개명한 이○○이 미래에 대한 대비가 필요하다는 의도로 썼다고 말함.
- 최○○이 인간관계가 로봇으로 인해 사라질 수 있다는 인지를 하여 로봇에 대한 경계심을 갖게 하기 위해 썼다고 대답함.
- 송○○ 인공지능으로 인해서 인간성을 잃으면 안 된다고 대답함.

<어떻게 해야 할까?>
- 현○○이 인공지능을 더 이상 발전시키지 말아야 한다고 말함.
- 사람이 할 수 있는 것은 사람이 하도록 해야 한다고 김○○가 말함.
- ○○가 다른 직업군을 형성할 수 있는 분야를 좀 더 육성해야 한다함.

<하지만 난!>
- 최○○이 실업을 걱정 안 해도 된다고 했는데 특정 직업에만 해당되는 것이고 실업을 걱정해야 하는 직업군은 여전할 것이라고 다른 의견을 제시함.

1차시에서 함께 읽었던 '어떤 질문도 타당하다—왜요?'라는 칼럼은 질문이 빠진 교육의 문제점을 지적하며 유대인의 '하브루타' 교육을 높이 평가한다. 학생들에게 이 내용을 강조하며 자신이 만든 질문을 짝에게 질문하고 대화한 내용을 바탕으로 자기 생각을 정리하게 한다. 이를 발표하며 반 전체 학생들과 생각을 공유하게 했다.

1. 질문 만들기	한국 경찰은 왜 최루탄을 사용해야만 했을까? 왜 학생이 이른 죽음을 맞이해야만 했던 것인가?
2. 친구와 묻고 답하기	왜 이 글을 썼을까? 우리나라의 역사를 다시 한번 떠올리게 하고, 잊지 말자는 말을 하고 싶어서
3. 자신의 생각 정리하기	무분별한 최루탄 사용으로 인한 학생의 죽음이 한국 민간인을 분노하게 했고 일어서게 했다

쟁점이 있는 질문과 답이 나올 경우 자연스럽게 토론으로 이어지기도 한다. 영화 '군함도'와 관련해 핵을 바라보는 한국과 일본의 입장 차를 다룬 '두 개의 시선'이라는 칼럼을 읽고, '우리나라도 핵무기를 보유해야 하는가?'라는 핵심 질문을 제시한 후 생각을 정리하고 전체 공유하기 활동을 진행했다.

칼럼 읽고 요약하기

본래 활동지는 요약하기가 먼저 제시되어 있었으나 공감 영상을 보고 글을 읽은 후 바로 요약하기에 들어가니 영상과 글을 읽고 얻는 감동이나 생각이 식어버린다는 생각이 들었다. 그래서 칼럼을 읽고 생각을 정리한 후 요약하기 수업을 진행했다.

요약을 제대로 하려면 글의 핵심 내용과 글쓴이의 의도를 파악할 수 있

1단계		2단계		3단계		4단계
글 전체를 읽고 글쓴이의 의도 파악해보기	➡	문단별로 읽으며 중심 문장 밑줄 긋기	➡	중심 문장 요약하여 옮겨 쓰기	➡	문단별 중심 내용 정리하여 전체 요약하기

어야 한다. 칼럼에서 글쓴이의 의도는 결론 부분에 있는 경우가 대부분이며, 글쓴이의 의도를 파악했다면 의도와 가장 밀접한 내용을 담은 중심 문장을 각각의 문단에서 찾도록 안내한다.

중심 문장은 보통 문단의 처음이나 마지막에 있다는 것을 알려주고, 사실과 의견 중 '의견'을 담은 문장이 대체로 중심 문장이 됨을 시범을 통해 익힐 수 있게 했다.

6개의 문단으로 구성된 칼럼이라면, 3개 정도는 시범을 보이고 나머지는 학생 스스로 하게 한다. 중심 문장이 명료하지 않은 어려운 글의 경우에는 마지막 단락만 학생 스스로 해보게 했다.

문단별로 요약하는 활동은 글의 개요를 작성할 때 도움이 된다는 점을 강조하여, 요약하기 활동은 결국 쓰기 실력을 키우는 방법이라는 것을 알게 했다.

어떻게 평가할 것인가?

:: '나의 생각기록장'과 관찰이 함께 한 수행평가

평가계획의 평가요소는 5가지였으나 프로젝트 과정에 따라 좀 더 세밀한 평가를 하기 위해 채점 기준을 더 세분화하여 루브릭을 만들었다.

칼럼 읽고 대화하기 활동은 크게 '질문하며 생각 기록하기'와 '공감하

과정	평가요소		세부 채점 기준	배점
질문하며 생각 기록 하기	성실하고 깊이 있게 작성하였는가?(질문)	A	질문을 깊이 있는 열린 질문으로 제시한 경우, 전체 질문으로 선정된 경우	3
		B	질문을 제시하였으나 본문에서 찾을 수 있는 질문이거나 열린 질문이 아닌 경우	2
		C	질문을 제시하였으나 본문과 관련이 없고 불성실한 경우	1
	진솔한 마음과 자신의 생각을 담아 표현(상호작용)하고 있는가?	A	짝의 질문이나 전체 질문에 진솔하게 대답하고 자신의 생각을 담아 답한 경우	3
		B	짝의 질문이나 전체 질문에 진솔하게 대답했으나 자신의 생각이 아니라 본문에 있는 내용일 경우	2
		C	질문에 진솔한 마음으로 생각을 담아 답변하지 않은 경우	1
공감하며 생각 기록 하기	글쓴이의 의도를 정확하게 파악하였는가?	A	글쓴이의 의도를 정확하게 파악해 제시한 경우	3
		B	글쓴이의 의도를 제시했으나 정확하지 않은 경우	2
		C	글쓴이의 의도를 제시하지 않은 경우	1
	공감하거나 감동적인 부분을 찾아 이유와 함께 제시하였는가?	A	공감하거나 감동적인 부분을 이유와 함께 기록하고 그 해결책을 함께 제시한 경우	3
		B	공감하거나 감동적인 부분을 이유와 함께 기록했으나 해결책은 제시하지 못한 경우	2
		C	공감하거나 감동적인 부분과 해결책을 제대로 제시하지 못한 경우	1
요약 하기	글의 내용을 간결하게 요약 제시하였는가?	A	글을 읽고 문단 내용과 전체 내용을 핵심 내용을 포함하여 간결하게 요약 제시한 경우 발표한 경우	3
		B	문단 내용과 전체 내용 중 핵심 내용이 요약되었으나 전체 내용 요약이 문단 내용 요약을 그대로 옮겨 적은 경우	2
		C	문단 내용과 전체 내용 중 핵심 내용 일부가 요약 제시되지 않은 경우	1

며 생각 기록하기' 두 과정으로 평가가 진행되었다. '질문하며 생각 기록하기' 과정은 질문을 만들고 질문을 주고받은 후 자기 생각을 정리하는 활동을 평가한 것이고, '공감하며 생각 기록하기' 부분은 글쓴이가 왜 이 글을 썼는지, 어떻게 해결하면 좋을지, 공감하는지 혹은 비판하는지를 정리하는 활동을 평가한 것이다.

누가 어떤 질문을 만들었고 어떤 생각을 끌어냈는지는 '나의 생각기록장'을 통해 파악할 수 있었다. 자신이 만든 질문과 친구의 답을 함께 적게 했기 때문이다. 짝과 대화 후에 전체 공유할 만한 질문을 선정해 전체 대화로 이끌어가는 과정에서 전체 질문으로 뽑힌 학생들은 '우수(A)' 점수를 부여하는 식이었다.

그러나 '나의 생각기록장'에 기록된 내용만으로 짝과 대화하는 과정을 평가하기에는 한계가 있었다. 대화에 소극적으로 참여하는 학생도 있고 다른 이야기를 하는 경우도 있다. 그래서 '수업 일지'를 활용해 관찰과 기록을 함께 진행했다. 관찰한 내용을 컴퓨터를 활용해 수업 일지에 바로 적었고, 이를 가끔 텔레비전 화면에서 실시간으로 보여주면 학생들의 활동 참여도가 높아졌다.

이 방법은 자칫 학생들이 심리적으로 압박을 받거나 상대적인 소외감을 느낄 수도 있다는 단점이 있다. 그렇기 때문에 학생과 교사 사이에 충분한 래포가 형성되어 있으며, 기록의 목적과 내용이 지적이 아니고 격려와 칭찬이라는 것을 학생들이 충분히 이해하고 있을 때 적용해야 효과를 얻을 수 있다.

<내 생각 쓰고 대화하기>

– 유○○⇄김○○: ○○이가 '짝이 잘 안 들어줘요~' 라고 말했다. ○○이 '잘 들을게요!' 라고 한다.

– 오○○♥윤○○: ○○이가 왼쪽 눈에 안대를 하고 열심히 말한다.

– 이○○♥고○○: ○○ 목소리가 좋음

– 최○○♥○○: ○○이가 '저희도 했어요' 하며 손을 흔듦

– 이○○♥이○○: ○○이가 반짝반짝 손을 흔들며 '저희도 했어요' 함

<질문하기>

우리나라의 대기오염이 나아질까?

– 이○○: 중국에서 오는 미세먼지가 많기 때문에 바람을 막을 수 있는 초대형 선풍기를 서해안 앞바다에 놓고 맞바람을 치도록 해 막는다. ○○가 이야기하며 자신도 웃었다.

<요약하기>

– 최○○: 환경오염문제 전담 경찰을 창설하거나 폭죽 금지하는 등 국민의 경각심을 높이는 조치도 나오고 있다. 단락의 핵심어와 중심내용을 잘 파악해 요약함.

글쓴이의 의도를 정확하게 파악했는지, 공감한 이유와 비판하는 이유가 잘 제시되었는지, 간결하게 요약했는지도 '나의 생각기록장'을 통해 파악할 수 있었다.

이 과정에서 매 차시 학생들의 활동지에 찍어주는 칭찬 도장이 중요한 역할을 했다. 칭찬 도장에는 날짜도 찍으며, 제날짜에 도장을 받고 활동지 작성을 꾸준히 한 학생은 좋은 점수를 얻을 수 있다. 모든 평가를 수업 안에서 이뤄지게 해보자는 것이 목표였으므로 수업시간에 아이들이 모든 과정을 소화할 수 있게 충분한 시간을 주었고, 수업과 관련된 활동만을 집중해서 한 학생들은 대부분 도장을 받을 수 있었다. 간혹 깨알 같은 글씨로 자기 생각을 정리하느라 수업 안에 다 마치지 못하는 학생들에게는 완성 후에 도장을 받을 수 있도록 시간을 더 주었다.

:: 지필평가도 과정중심평가

함께 요약하고 내용 파악을 하며 숙지한 칼럼을 지문으로 삼아 지필평가 문항을 출제했다. 평소 칼럼을 읽고 요약하며 글쓴이의 의도를 파악했고, 글쓴이가 사용한 전략을 설명하며 수업을 했기에 글의 내용을 파악하는 문항, 글의 내용을 요약하는 문항, 글을 쓰는 전략 찾기 문항 3문항을 출제했다. 평소 수업시간에 꾸준히 한 학생들은 정답률이 높았다. 평가는 성취감을 맛보게 해주어야 한다.

교과서 밖의 지문을 지필평가에 가져오는 것에 대해서는 미리 3학년을 담당한 국어과 선생님과 협의해 동의를 얻었으며, 수업시간에 함께 요약하고 대화하며 깊이 이해한 글을 출제했고, 출제할 지문의 범위를 미리 안내했기에 학생들은 불만 없이 평가에 임했다.

2. 다음은 윗글의 요약문 초고이다. <보기>를 참고하여 [A]를 작성한 내용으로 가장 적절한 것은?(3.7점)

> G20 정상회담 기자회견장에서 질문 기회를 놓친 한국 기자들의 모습은 우리에게 충격을 안겨주었다. 하브루타로 인해 성공한 유대인들에 비해 질문이 빠진 우리 교육의 결함은 크다. 질문이 빠진 교육은 우리를 대답에 익숙해지게 만들었다. 이를 해결하기 위해서는 질문하는 사람에 대한 부정적인 견해를 버리고, 질문을 통해 자신의 주체성을 갖도록 해야 한다. 나아가 [A]

> ─────── < 보 기 > ───────
> 요약은 단순히 글의 분량을 줄이는 것이 아니라 글의 핵심 내용을 명확하게 전달하는 것이다. 그래서 요약하려는 글의 주제나 핵심 내용이 담겨 있는 문장을 찾아 활용하는 것도 좋은 방법이다.

① 미래교육의 청사진으로 보면 우리의 미래가 환하게 열리는 기분이다.
② 어떤 질문도 타당하다는 생각으로, 질문을 수용하는 사회가 되어야 한다.
③ 앞으로 릴리와 같은 꼬마철학자를 만나거든 친절하고 진지하게 답해주자.
④ 질문이 있는 교육을 실천하여 사고력과 올바른 판단력을 길러주어야 한다.
⑤ 유연화, 자율화, 개별화, 전문화, 인간화의 다섯 가지 교육 방향을 향해 매진해야 할 것이다.

:: 자기평가와 동료평가는 정의적 능력 평가로

참여도나 성실한 태도 등의 정의적 능력 평가 부분은 학생의 자기평가나 동료 학생의 상호평가를 통해서 이뤄졌다. 상호평가에 부담을 느끼는 학생이 많아 친구를 칭찬하고 조언을 덧붙이는 방법으로 평가하도록 했으며, 자기평가의 경우 '미흡'이라는 부정적인 평어를 '보통'으로 고쳐 자기 존중감을 조금이라도 가질 수 있도록 했다.

친구 칭찬하기를 쓰면서 학생들의 분위기가 좋아지는 것을 보았다. 서로 칭찬하는 과정에서 웃고 고마워하는 모습이 좋았다. 칭찬을 받은 내용은 학생부 기록에 반영했다.

더 넓은 세상을 알기 위한 꿈틀!, 세상을 바꾸는 힘!
세상 바꾸기 프로젝트 수업 되돌아보기

( )학년 ( )반 ( )번 이름 ( )

✿ 나의 모습 되돌아보기

항목		내용	나의 노력과 참여도		
			매우 우수	우수	보통
활동 과정	칼럼 읽기	내용 요약하기 활동에 자기주도적으로 참여했는가?			
		자기 생각 쓰기 활동에서 자신의 생각을 진지하게 정리해보았는가?			
		깊이 있는 질문을 만들어보았는가?			
		짝과 대화하기 활동에 적극적으로 참여하였는가?			
		전체 생각나누기 활동에서 스스로 발표를 해보았는가?			
		자신의 진로나 관심사와 관련한 칼럼을 찾아 추천해보았는가?			
	칼럼 쓰기	자신의 진로나 관심사와 관련된 주제를 정하였는가?			
		주제와 관련된 다양한 자료를 수집하고 분석하였는가?			
		주제를 효과적으로 드러낼 수 있게 개요를 작성해보았는가?			
		타당한 근거를 들어 설득력 있게 칼럼을 썼는가?			
	발표 하기	내용을 효과적으로 표현할 수 있는 보조자료를 준비하였는가?			
		공감적 설득 전략을 사용하여 자신감 있고 명료하게 발표하였는가?			
배운 점과 느낀 점					

✿ 친구 칭찬하기(지금까지 대화를 나눈 짝이나 발표를 한 친구 중에서 선택해보세요)

친구 이름	칭찬 내용 + 조언 내용

✿ 선생님께 바라는 점

칼럼 쓰기

시사 독서로 세상 바꾸기 프로젝트의 다음 단계는 칼럼 쓰기였다. 칼럼 읽고 대화하기가 세상을 이해하는 단계라면, 칼럼 쓰기는 세상 속 쟁점을 찾아 비판적으로 문제를 해결해보려는 표현의 단계이며 개인별 관심사 또는 적성과 진로를 보다 잘 드러낼 기회라고 학생들에게 설명했다.

1단계		2단계		3단계		4단계
사회적 쟁점 찾기	➡	쟁점 분석하기	➡	개요 작성하기	➡	초고 쓰기

먼저 단계별로 구성된 활동지를 배부했다. 이어 자신의 적성이나 진로와 관련된 사회적 문제를 찾아오라고 사전 안내를 한 뒤, 수업시간에 휴대전화나 개인 노트북을 이용하여 자료 수집과 선정을 할 수 있게 했다.

고등학생, 특히 고3 학생의 경우 적성이나 진로와 관련된 문제를 찾아 분석하고 해결 방안을 고민하게 하는 것은 자기관리 역량 함양에 큰 도움이 된다고 생각한다.

진로	사회적 문제(칼럼 제목)
자동차공학자	자율 주행 자동차의 명과 암, 그리고 미래
간호사	간호사 태움 문화 사라져야
생명공학연구원	줄기세포를 활용한 신약 개발의 필요성
법조인	청소년 범죄 처벌 강화 Yes or No
항공승무원	승객들이 누려야 할 당연한 권리

문제 상황(쟁점) 분석하기

1단계 사회적 쟁점 찾기 단계에서만 한 차시가 소요되었다. 이어 인터넷 검색 사이트를 활용하여 쟁점에 대한 여러 사람의 생각과 쟁점과 관련된 자료를 찾아 적게 했다. 이때 학생들이 쉽게 자료를 검색할 수 있게 자신들의 휴대전화를 이용할 수 있게 했으며, 교실에 이동식 공유기를 설치해 통신비에 대한 부담도 덜어주었다. 학생들은 이 과정을 통해 자신의 의견을 정리하고, 글을 쓸 때 근거자료를 확보할 수 있었다.

개요 작성하고 초고 쓰기

칼럼 읽고 문단별 요약했던 경험을 환기시키며 전체 글의 문단별 핵심 내용을, '처음-중간-끝'의 짜임 속에 정리해 넣을 수 있게 안내했다. 요약하기 단계에서 지금 문단별로 요약하고 구조를 정리한 것이 곧 쓰기 단계에서 개요를 작성하는 것과 다를 바 없다는 것을 지속적으로 안내했다. 칼럼 읽기 단계에서의 문단별 요약이 개요표의 사례가 되었고 학생들은 자신이 쓰고자 하는 칼럼의 성격에 가장 알맞은 구조를 찾아 글쓰기를 해 나갔다.

작성한 개요를 바탕으로 초고를 쓰도록 안내한 후, 순회하며 글의 시작 방법이나 내용 전개 방식을 안내했다. 가장 기본적인 방법으로 두괄식, 미괄식 구조를 안내했고, 본인이 생각하는 더 효율적인 구조도 허용했다.

미안하지 않은 피드백

글쓰기에서 피드백은 꼭 필요한 단계이다. 피드백의 여부에 따라 학생의 생각과 글은 큰 격차를 보인다. 중요한 것은 피드백의 시기인데, 단계별로 피드백을 하는 것이 가장 좋다. 가장 어려웠던 단계는 초고 쓰기 단계였다. 피드백은 보통 평가 후, 즉 점수를 산출한 후에 이뤄지지만 점수를 부여하기 전 초고 쓰기 단계에서 제대로 피드백을 해주면 학생들의 성취도는 더 올라간다. 이를 알기에 충분히 피드백을 해주지 못할 때는 미안한 마음이 생긴다. 늘 미안하지 않은 피드백을 위해 애쓰지만 역시나 미안함은 남는다.

교실을 둘러보며 우선 도움이 필요한 학생들부터 챙기기 시작했다. 사회적 쟁점을 찾는 단계부터 헤매는 학생이 적지 않았다. 한복디자이너가 되길 원하는 학생이 있었다. 관련된 사회적 쟁점을 찾지 못해 망연자실해 있었다. 일단 한복에 대한 생각을 주변 학생들에게 물어보게 했다. 몇몇 학생이 '불편해요'라고 했고, 이런 반응에 본인은 어떻게 생각하는지 물었다. 그 학생은 개량된 한복은 불편하지 않다고 했다. 그렇다면 '한복은 정말 불편한가?'라는 제재로 글을 써보는 게 어떻겠냐고 제안하자 곧 글쓰기를 시작했다.

하지만 이런 피드백은 한계가 있었다. 적게는 40명, 많게는 46명의 학생이 한 반에 있었고 3학년 1학기 2차 지필평가가 끝난 후에 칼럼 쓰기가 이뤄졌다. 현실적으로 이 많은 학생들에게 피드백하는 데 많은 시간을 들여 충분히 해줄 수는 없었다. 다 썼다며 초고를 들고 오면 그 자리에서 빨리 훑어 읽고 '이 점은 좋지만, 이런 내용을 더 보완하면 좋겠다'라는 식의 짤막한 구두 피드백이 차선이었다. 고맙게도 아이들은 대부분 다 보완을 해왔고, 글은 조금씩 더 설득력을 갖추게 되었다.

칼럼 읽기 단계에서는 시들한 반응을 보였던 한 여학생이 있었다. 특채를 통해 경찰이 되려고 태권도를 꾸준히 하는 학생이었는데, 칼럼 쓰기 활동에는 열의를 갖고 참여했다. 글쓰기에 많은 도움이 필요한 학생이었고, 단계마다 개별적으로 교무실로 몇 번씩 찾아와 피드백을 받아가며 검경 수사권 논쟁에 대한 글을 완성해나갔다. 프로젝트 수업이 끝난 후 이 학생의 소감문에는 이렇게 적혀 있었다.

여러 사회 문제를 간단히 볼 수 있어서 유익했다. 꿈이 경찰이니 사회 문제에 관심을 가져야 한다. 그러므로 여러 가지 칼럼을 찾아봐야겠다. 칼럼 수업은 우리 사회를 쉽고 재미있게 알아가는 유익한 수업이다.

어떻게 평가할 것인가?

칼럼 쓰기 활동의 평가는 4단계로 진행되는 쓰기 과정에서 관찰평가 위주로 이루어졌고, 관찰한 내용은 성적에는 반영하지 않았으며 학생부 교과세부능력 및 특기사항란에 기록해주었다. 2차 지필평가가 끝난 후까지 진행되었고, 다른 영역의 수행평가에 대한 학생들의 부담도 컸기 때문이다. 하지만 앞에서 언급했듯이 학생부 기록이야말로 평가의 종합이다.

- 사회적 쟁점과 관련한 글쓰기 활동에서 간호사 태움 문화에 대한 문제의식을 갖고 다양한 매체에서 적절한 근거 자료를 찾아 태움 문화는 근절해야 한다는 내용의 칼럼을 설득력 있게 씀.
- 사회적 쟁점과 관련한 글쓰기 활동에서 성폭력 범죄자의 화

학적 거세에 대한 쟁점에 관심을 갖고 해외 사례를 포함한 구체적인 근거 자료를 수집 · 정리하여 화학적 거세 등의 처벌을 강화하여 성폭력 범죄를 근절시켜야 한다는 내용의 칼럼을 논리적이고 설득력 있게 씀.

친구끼리 돌려 읽고 고쳐 쓰기를 하며 동료평가를 하려고 했으나 공통 주제가 아니고 각각 자신의 글을 쓰는 데 집중하고 있었고 시간도 촉박하여 진행하지 못한 아쉬움이 있다.

강연 19세

강연 19세는 국어과 수업과 연계한 말하기 대회이다. 수업시간에 칼럼 쓰기까지 진행하고 발표하기는 행사화하여 칼럼 쓰기 활동에 좀 더 열의를 갖고 참여하게 유도할 수 있었다. 같은 기간 '화법과 작문' 시간에 배운 강연의 설득 전략(이성적 설득 전략과 감성적 설득 전략)을 잘 살릴 수 있게 PPT, 동영상 등 보조자료를 활용하여 강연 19세를 진행했다.

강연을 들은 학생들에게 강연이 끝난 후 1인 3장씩 나눠준 스티커로 자신이 가장 공감하는 강연을 한 친구 이름에 스티커를 붙이게 해 동료평가를 진행했다. 그리고 강연을 촬영하여 국어과 학습공동체 회원들이 모여 심사를 했고, 각자가 관찰평가 한 내용을 참고하여 수상자를 선정했다. 비록 수상 인원이 한정되었지만, 참여한 모든 학생이 평가를 받는다는 점에서 수업과 연계한 대회는 또 다른 형태의 과정중심평가라고 생각한다.

세상을 바꾸기 위해 칼럼을 썼다면 누군가가 함께 읽는 과정이 필요하다. 연간 4회 발간되는 학교 소식지에 우수 칼럼을 기고해 게재했으며, 경기도교육청 청소년 온라인 방송국 '미디어 경청'에도 기고했다. 미디어 경청의 경우 회원가입을 하면 1일 후에 기사를 쓸 수 있다.

과연 학생들의 성장에 도움이 되었을까?

평소 늘 마음에 품고 사는 철학이 있다. '누구에게나 배울 점이 있다!' 이 믿음은 늘 배우려는 의지를 갖게 했고, 동시에 누구든 나의 스승이 될 수 있으므로 존중하자는 마음을 갖게 했다. 늘 이 마음을 선생님들을 대할 때도, 학생들을 대할 때도 지니고 살았다.

하지만 의지를 갖고 살지만, 의지에 그쳐버리지는 않았는가 하는 반성을 한 경험이 있다. 언젠가 학생들에게 이런 철학을 이야기한 적이 있었다. 그러자 한 학생이 물었다.

"선생님, 저는 어떤 배울 점이 있나요?"

이 질문은 내 마음을 크게 울렸다. 내가 말만 그럴듯하게 하고 실천은 못한 것은 아닌가? 학생들도 내 배움의 스승이 될 수 있다고 하면서 그 학생의 '배울 점', '장점', '남다른 점', '성장 가능성'을 찾아보려고 진정으로 노력을 했던가? 오히려 '누구에게나 배울 점이 있다'는 것을 가르치려고만 한 것은 아닌가?

'누구에게나 배울 점이 있다'는 신념은 '학생들로부터 그들의 배울 점을 찾아내 주자'는 새로운 의지로 나아가게 되었다. 다른 누군가에게 가르침을 줄 수 있으려면 그만큼의 앎이 있어야 하고 실천이 있어야 한다고 생각하기에 수업을 할 때나 평가를 할 때, 이것이 학생들의 앎과 실천을 통한 성장을 이끌어낼 수 있는가, 이끌어냈는가에 대해 항상 고민하고 걱정하게 된다.

시사 독서로 세상 바꾸기 프로젝트를 진행하면서도 이 고민과 걱정으로부터 자유로울 수 없었다. '이 수업 재미있을까?' 라고 적은 학생의 글을 봤을 때, 이 학생에게 재미를 주어 성장을 경험하게 할 수 있을까 하는 큰 고민이 생긴 것도 같은 맥락이다. 다행히도 그 학생의 수업 소감에는 이렇게 적혀 있었다.

처음에는 칼럼이 뭔지 몰랐다. 대충 논문이나 신문 같은 것인 줄 알았다. 그래서 되게 지루할 것 같았는데 되게 재미있었다.

우리 학교 학생들은 대다수가 수시로 대학진학을 했다. 하지만 소수지만 정시를 준비하는 학생도 분명 있었다. 이 학생들에게 일주일 한 시간 의미 있는 도움이 될 수 있을까도 하나의 고민이었다. 역시 다행히도 이런 수업 소감을 읽게 되었다.

칼럼 수업을 하면서 내용을 어떻게 요약하고, 중심 생각은 어느 부분에서 드러나는지 등을 배울 수 있었다. 이런 경험은 독해 문제를 풀 때도 도움이 되었다. 특히 비문학 독서 영역에서 글을 체계적으로 확인하거나 중심 내용을 파악하는 데도 도움이 되었다. 처음에는 칼럼을 읽고 요약하기가 많이 어려웠는데, 매시간 하다 보니 늘었던 것 같다. 칼럼을 작성할 때도 힘든 점 없이 술술 쓸 수 있었다. 글쓰기에 도움이 많이 되었다.

어려운 글에 대한 두려움을 잊게 되었고, 발표를 떨지 않고 할 수 있었고, 진로 탐색에 도움이 되었으며, 생각의 관점이 넓어졌다는 학생들의 소감에서, '그래도 이 수업이 헛되지는 않았구나' 하는 생각이 들었다.

그럼에도 불구하고 한계는 있었다. 여전히 질문 만들기를 어려워하는 학생이 있었고, 짝과 자신 있게 대화하지 못하는 학생도 있었고, 생각 기록을 충실하게 잘하고도 선뜻 발표하지 못하는 학생도 있었고, 칼럼을 완성하지 못한 학생도 있었다.

하지만 학생들이 성장한 만큼 기록을 해주었고 몇 줄의 기록에 의지하여 자기소개서를 써 나가는 학생이 많았다. 자기소개서에 담을 내용이 생겼다는 것은 남에게 소개할 만큼의 남다른 점을 찾았다는 것이며, 이는 곧 남이 배워갈 점이 생겼다는 것이라 할 수 있지 않을까?

누구에게나 배울 점은 있다. 학생들에게 배울 점을 찾아주는 노력은 2018년에도 계속되었다.

새로운 도전. 꿈으로 세상 바꾸기 프로젝트

2018년에는 2015 개정 교육과정이 처음 적용되는 1학년을 맡아 보고 싶었다. 다행히 1학년 담임 중에 국어과가 한 명만 배정되어 둘이서 함께 네 반씩 맡아 수업을 진행하게 되었다. 수행평가 비중을 더 늘리고 싶었으나 같이 1학년을 맡은 선생님의 의견을 존중해 1학기에는 일단 40%만 진행하기로 했다.

진로와 진학이 가장 큰 삶의 과제라는 사실은 고1 학생들에게도 해당된다고 생각했다. 때문에 1학기 수행평가는 '꿈으로 세상 바꾸기'라는 주제로 '한 학기 한 권 진로독서'와 '세상을 바꾸는 토론'이라는 두 가지 소주제로 나눠 진행하기로 했다.

지필평가				수행평가			
60%				40%			
1차		2차		한 학기 한 권 진로독서		세상을 바꾸는 토론	
선택형	서술형	선택형	서술형	생각 기록하기 (논술형)	진로 수필 쓰기	입론 쓰기 (논술형)	토론하기
70점 (21%)	30점 (9%)	70점 (21%)	70점 (21%)	10점 (10%)	10점 (10%)	10점 (10%)	10점 (10%)
100점 (30%)		100점 (30%)					

2월 중에 한 학기의 조망도를 만들면 염려되는 바도 있다. 신입생들의 입장이나 상황을 예측해서 반영할 수밖에 없다는 점이다. 하지만 조망도는 큰 흐름을 계획하는 것이고 수업 방법과 피드백 방향은 그 안에서 충분한 변화를 주며 적용할 수 있다고 생각한다. 올해도 역시 교과 행사와 연계하여 조망도를 만들어보았고 수행평가 부분만 정리하면 다음에 나오는 표와 같다.

첫 수업시간에 학생들에게 수업에 대한 의견을 물었다. 전년과 다른 점이라면 국어 과목의 목표와 국어가 추구하는 역량을 함께 읽었다는 것이다. 2015 개정 교육과정이 적용되면서 고교학점제 정책이 추진되는 상황에서 학생들도 자신의 적성과 진로에 따른 과목을 선택하려면, 각 교과와 교육과정에 대한 이해가 필요하다는 생각에서였다.

차시	단계	관련 성취기준	수업의 과정	평가 방법
10	진로 독서	[10국02-05] 자신의 진로나 관심사와 관련된 글을 자발적으로 찾아 읽는 태도를 지닌다.	• 진로 찾고 발표하기	관찰평가 포트폴리오
			• 진로와 관련된 도서 선정하기	포트폴리오
			• 독서 일지 작성하기	포트폴리오
4	진로 수필 쓰기	[10국02-01] 읽기는 읽기를 통해 서로 영향을 주고받으며 소통하는 사회적 상호 작용임을 이해하고 글을 읽는다. [10국03-03] 자신의 경험과 성찰을 담아 정서를 표현하는 글을 쓴다.	• 진로 독서 경험 나누기	관찰평가 포트폴리오
			• 개요 작성하기	관찰평가 포트폴리오
			• 수필 쓰기	자기평가 상호평가
7	세상을 바꾸는 토론	[10국03-02] 주제, 독자에 대한 분석을 바탕으로 타당한 근거를 들어 설득하는 글을 쓴다. [10국01-03] 논제에 따라 쟁점별로 논증을 구성하여 토론에 참여한다. [10국01-05] 의사소통 과정을 점검하고 조정하며 듣고 말한다.	• 반대 신문식 토론 이해하기	지필평가
			• 진로 관련 쟁점 찾기	포트폴리오
			• 자신의 입장 정하기	관찰평가
			• 입론 쓰기	상호평가
			• 토론하기	관찰평가 상호평가 자기평가
	교과 연계 행사		발표하기 '강연 17세'	시상
			창작하기 '향남 신춘문예'	시상
			토론하기 '사회탐구토론 대회'	시상

'국어 수업을 통해 기를 수 있는 역량 중 가장 중요하다고 생각하는 것은 무엇이라 생각하는가'라는 질문에 학생들은 '공동체·대인 관계 역량'과 '자기 성찰·계발 역량'을 조금 더 중요하게 여겼다. 국어 수업 방법에 관한 질문에는 '독서가 함께하는 수업', '자신의 삶과 연계되는 수업', '친구와 상호 협력을 통해 문제를 해결하는 수업' 순으로 희망했다.

다행히 '꿈으로 세상 바꾸기'라는 대주제의 방향이 학생들의 바람과 어긋나지 않는다는 결론을 얻었다.

한 학기 한 권 읽기

일주일 한 시간 책 읽기

일 년 동안 주당 4시간의 수업에서 한 시간은 독서 활동을 진행하되 1학기에는 진로독서, 2학기 때는 문학 읽기 시간을 갖도록 협의했다. 이번에도 '나의 생각기록장'을 만들어 배부했고 진로 관련 도서를 읽고 독서일지를 쓴 후 도장을 찍어주는 식으로 진행했다.

평가는 진로 맞춤 도서 선정하기, 진로 맞춤 도서 읽기, 독서일지 작성하기, 친구와 공유하기의 4단계로 과정을 나누어 배점을 부여했다. 진로독서 영역의 평가는 학생에게도 부담이 적고 교사도 부담이 적었다. 제시간에 도장만 받으면 대부분 좋은 점수를 얻을 수 있는 평가 영역도 필요하다고 생각한다. 평가가 학생과 교사에게 너무 큰 부담으로 다가오면 서로 지치고 만다.

독서일지는 다음 단계의 진로 수필 쓰기와 연계가 되기 때문에 간단한 피드백은 필요하다. 독서일지에 적은 내용 일부를 인용하여 수필 쓰기를 진행했기 때문에 인상 깊은 부분과 자기 생각을 가능하면 구체적으로 적

등급	평가 척도		
성취기준	[10국02-05] 자신의 진로나 관심사와 관련된 글을 자발적으로 찾아 읽는 태도를 지닌다.		
평가기준	상	자신의 진로나 관심사와 관련된 다양한 글을 자발적이고 적극적으로 찾아서 독서 계획을 세우고 꾸준히 읽는 태도를 보인다.	
	중	자신의 진로나 관심사와 관련된 글을 자발적으로 찾아서 독서 계획을 세우고 읽는 태도를 보인다.	
	하	자신의 진로나 관심사와 관련된 글을 찾아 읽는 태도를 보인다.	

평가요소		채점 기준		배점
진로 맞춤 도서 선정하기	진로나 관심사와 관련된 글을 자발적으로 찾았는가?	A	진로를 충분히 고려하여 자발적으로 적절한 글(도서)을 선정하였다.	2
		B	자발적으로 글(도서)을 선정하였으나 진로에 적절하지는 않다.	1
진로 맞춤 도서 읽기	독서계획을 세우고 꾸준히 읽었는가?	A	독서계획을 세우고 계획에 따라 꾸준히 읽었다.	3
		B	독서계획은 세웠으나 계획에 따라 꾸준히 읽지는 않았다.	2
		C	독서계획을 세우지 않고 꾸준히 읽지도 않았다.	1
독서일지 작성하기	독서 일지를 꾸준히 작성하였는가?	A	인상 깊은 부분과 자신의 생각을 정리하며 독서 일지를 꾸준히 작성하였다.	3
		B	독서 일지를 꾸준히 작성하였지만 인상 깊은 부분이나 자신의 생각을 작성하지 않았다.	2
		C	독서 일지를 꾸준히 작성하지 않았다.	1
친구와 공유하기	인상 깊었던 부분을 친구와 공유해보는가?	A	인상 깊었던 부분을 친구와 공유하는 대화에 적극적으로 참여했다.	2
		B	인상 깊었던 부분을 친구와 공유하는 대화에 적극적으로 참여하지 않았다.	1
위 평가요소별 배점을 합산한 결과를 점수로 부여함.(최하 4점~최고 10점)				
학업성적관리규정 제15조 ③항(장기무단결석)에 의한 수행평가 미응시자				3

으라고 독려했다.

그리고 남는 시간에는 관찰하고 기록을 했다. 교실에 들어가면 미리 책을 펴놓고 책을 읽고 있는 학생도 있고, 남들은 두세 줄 적는 일지를 다섯 줄 이상 빼곡히 적는 학생도 있다. 반면에 독서일지만 후다닥 써 놓고 다른 과목 공부를 하는 학생들도 있고, 엎드려 자려는 학생들도 있다. 이를 기록하고 칭찬하고 독려했다.

진로 수필 쓰기

진로독서를 한 달 진행한 후 진로 수필 쓰기를 진행했다. 이때는 문학의 갈래를 배울 때였고 수필의 갈래적 특성을 먼저 배운 후에 수필 쓰기를 진행했다.

모든 시간에 단계별 활동지를 직접 만들어 활용했고 수필 쓰기 역시 단계별로 활동을 디자인했다.

1단계	내용 생성하기	1. 진로 독서 시간에 읽었던 책 제목과 글쓴이 적기
		2. 책의 내용 중 인상 깊었던 부분을 골라 적고 생각과 정서 적기
		3. 책의 내용과 관련하여 경험한 내용 적기
		4. 2, 3번의 경험이 자신의 삶에 끼친 영향 성찰해보기
2단계	내용 조직하기	5. 주제 적어보기
		6. 처음, 중간, 끝으로 나누고 개요 작성해보기
3단계	초고 쓰기	7. 개요표에 따라 초고 작성하고 제목 정하기
4단계	고쳐 쓰기	8. 피드백 받은 내용 반영하여 고쳐 쓰기

책을 읽고 관련된 자신의 경험을 떠올려 글을 쓰는 활동이기 때문에 단편적인 독서감상문 형식의 글을 쓰는 학생이 여럿 있었다. 때문에 예시 글을 보여주고 거꾸로 글쓴이가 어떻게 내용을 조직하고 생성했을까를 유

등급	평가 척도		
성취기준	[10국03-03] 자신의 경험과 성찰을 담아 정서를 표현하는 글을 쓴다.		
평가요소		채점 기준	배점
인상 깊은 경험의 생각과 정서 정리하기	인상 깊은 경험의 생각과 정서를 진솔하게 제시하였는가? (A)	자신이 경험한 내용과 생각과 정서를 정리하는 활동에 적극적으로 참여해 정리하였다.	2
	(B)	자신이 경험한 내용이나 생각과 정서를 정리하는 활동에 적극적으로 참여하지 않았고, 생각과 정서가 뚜렷하게 정리되지 않았다.	1
내 삶에 끼친 영향 성찰하기	경험한 내용이 자신의 삶에 끼친 영향을 성찰해 제시하였는가? (A)	자신이 경험한 내용이 자신의 삶에 끼친 영향(깨달음)을 깊이 있게 성찰해 제시하였다.	3
	(B)	자신이 경험한 내용이 자신의 삶에 끼친 영향(깨달음)이 깊이가 없고 단편적이다.	2
	(C)	자신이 경험한 내용이 자신의 삶에 끼친 영향(깨달음)이 뚜렷하게 제시되지 않았다.	1
내용 조직하기	자신의 경험과 생각이 잘 드러나게 내용을 잘 조직하였는가? (A)	내용 조직하기 활동에 적극적으로 참여하였고, 글의 짜임이 자신의 경험과 생각을 효율적으로 드러내도록 조직하였다.	3
	(B)	내용 조직하기 활동에 적극적으로 참여하지 않았거나, 글의 짜임이 자신의 경험과 생각을 효율적으로 드러내지 않는다.	2
정서 표현의 글쓰기	자신의 정서나 의도가 잘 드러나게 개성 있게 잘 표현하였는가? (A)	개성 있고 참신한 표현을 사용하여 자신의 정서나 의도가 잘 드러나게 잘 표현하였다.	3
	(B)	자신의 정서나 의도가 드러나 있지만 개성 있고 참신한 표현이 부족하다.	2
	(C)	자신의 정서나 의도가 뚜렷하게 드러나 있지 않다.	1
위 평가요소별 배점을 합산한 결과를 점수로 부여함.(최하 4점~최고 10점)			
학업성적관리규정 제15조 ③항(장기무단결석)에 의한 수행평가 미응시자			3

추해보며 이해하는 활동이 필요했다.

학생들이 중학교 때 교과서를 통해 배웠던 법정 스님의 <무소유>가 좋은 자료가 되었다. <무소유>는 내용의 짜임이 <간디 어록>의 한 부분을 서두에 제시하고, 그 부분에서 느낀 점을 서술한 후, 관련된 자신의 경험을 제시하고, 교훈과 깨달음을 정리하는 순서로 구성되어 있다. 때문에 학생들이 읽은 책의 인상 깊은 한 부분을 제시하고 관련된 경험을 되살려 수필을 쓰는 활동에 매우 적합한 자료였다. 이 활동을 거치자 학생들은 비슷한 짜임으로 수필을 써 나가기 시작했다. 이 역시 단계별로 루브릭을 작성하여 평가를 진행했다.

루브릭 형식이 학생들에게 미리 수업과 평가의 과정에서 집중해야 하는 목표를 안내해줄 수 있다는 장점은 있지만, 평가해야 할 요소가 새로 생기거나 기존의 평가요소가 부적절한 경우가 생겼을 때 수정하기 쉽지 않다는 단점도 있다. 이미 정보공시한 평가계획을 수정하기는 쉽지 않으므로 루브릭 평가요소를 정할 때 신중해야 한다.

역시 어려운 부분은 학생들이 쓴 초고를 피드백해주는 부분이었다. 수업시간이 끝날 무렵에도 학생들은 교탁 옆에 길게 줄을 서 있었다. 안타까운 점은 피드백 후에 그것에 맞게 고쳐나가지 못하는 학생들에 대한 추후 지도는 못 해준 점이다.

실제 채점은 고쳐 쓴 작품을 대상으로 진행했다. 점수를 부여하며 잘된 부분은 칭찬을 적어주었고, 부족한 부분은 수정 방향을 제시해주었다. 여름방학 동안 수정하여 제출한 학생들의 작품은 수필집으로 만들어 배부할 계획이다. 2학기 시조 창작하기 수업이 끝나면 '향남 신춘문예' 행사를 진행하는데, 수필 영역 부문에서의 학생들의 선전을 기대해본다.

세상을 바꾸는 토론

 토론 수업을 하기 전에 조사를 해보니 중학교 때 토론을 해본 학생이 의외로 많지 않았다. 한 모둠 정도 대표로 시연하거나 영상을 보여주는 정도의 간접 경험을 한 학생이 많았다. 그래서 차근차근 단계를 밟아 나가야 했다. 4인 기준으로 모둠을 구성하여 논제를 정하고, 논제의 등장 배경과 용어의 개념을 정리한 후 찬성 2명, 반대 2명으로 역할을 나누고, 논증을 구성하여 입론서를 작성하는 입론 쓰기의 과정을 밟아 나갔다.

 논제 정하기 단계부터 많은 안내가 필요했다. 모둠별로 논제를 의논해서 정하되 우선 민주시민 교과서에서 정책 논제만을 찾아보자고 안내했다. 경기도교육청의 민주시민 교과서는 소단원마다 문제 상황을 제시하고 쟁점 토론 논제를 제시해 찬성과 반대 측의 입장이 잘 정리되어 있다. 학생들이 논제를 정하거나 근거를 제시할 때 참고하기에 좋은 교재이다. 민주시민 교과서 외에 다른 논제를 원하는 모둠도 허용을 해줬다. 중요한 것은 논제가 아니라 토론을 직접 해보는 것이기 때문이다.

- 청소년범죄 처벌을 강화해야 한다.
- 학교에서의 스마트폰 휴대를 허용해야 한다.
- 사전연명의료결정제도는 폐지되어야 한다.
- 낙태죄는 폐지해야 한다.
- 사형을 집행해야 한다.
- 18세 이상 청소년에게 선거권을 부여해야 한다.
- 두발규제는 폐지해야 한다.
- 양심적 병역 거부자에 대한 대체복무제를 도입해야 한다.

등급	평가 척도
성취기준	[10국01-03] 논제에 따라 쟁점별로 논증을 구성하여 토론에 참여한다.

평가요소			채점 기준	배점
논제 정하기	정책토론 논제를 조건에 맞게 제시하였는가?	A	정책 논제를 정하는 활동에 적극적으로 참여하였고, 조건에 맞게 잘 제시하였다.	2
		B	정책 논제를 정하는 활동에 적극적으로 참여하지 않았거나, 일부 조건에 어긋나게 제시하였다.	1
논제의 등장 배경과 용어의 개념 정리하기	논제의 등장 배경과 용어의 개념을 잘 정리하였는가?	A	논제의 등장 배경과 용어의 개념을 잘 정리하였다.	2
		B	논제의 등장 배경이나 용어의 개념이 잘 정리되지 않았다.	1
논증 구성하기	논증 구조를 필수 쟁점에 따라 잘 정리하였는가?	A	논증 구조를 필수 쟁점(문제의 심각성, 문제의 해결 및 실행 가능성, 효과 및 이익)에 따라 이유와 근거가 드러나게 잘 정리하였다.	3
		B	논증 구조를 필수 쟁점에 따라 정리하였으나 이유나 근거가 잘 드러나지 않는다.	2
		C	논증 구조를 정리하였으나 필수 쟁점 일부가 누락되었고, 이유나 근거도 잘 드러나지 않는다.	1
입론 작성하기	입론의 내용을 논리적으로 작성하였는가?	A	주장을 뒷받침하는 이유와 근거가 신뢰할 만하고, 충분하며, 주장과 이유, 이유와 근거의 연결이 논리적이고 설득력이 있다.	3
		B	주장을 뒷받침하는 이유와 근거가 신뢰성이 부족하거나, 근거의 수가 부족하거나, 주장과 이유, 이유와 근거의 연결이 비논리적이다.	2
		C	주장을 뒷받침하는 이유와 근거가 신뢰성이 부족하며, 근거의 수가 부족하고, 주장과 이유, 이유와 근거의 연결도 비논리적이다.	1

성취기준		[10국01-03] 논제에 따라 쟁점별로 논증을 구성하여 토론에 참여한다.	
평가요소		**채점 기준**	**배점**
토론 준비 하기	토론의 형식과 역할을 이해하고 적극적으로 준비하였는가?	A 토론의 형식과 참여자의 역할을 이해하고 준비과정에 적극적으로 참여했다.	2
		B 토론의 형식과 참여자의 역할은 이해하였으나 준비과정에 적극적으로 참여하지 않았다.	1
논증 전개 하기	논리적이고 설득력 있게 논증을 전개하였는가?	A 주장에 일관성이 있고 주장을 뒷받침하는 이유나 근거를 설득력 있게 제시하였다.	3
		B 주장에 일관성이 부족하거나, 주장을 뒷받침하는 이유나 근거가 설득력이 떨어진다.	2
		C 주장에 일관성도 부족하고, 이유나 근거도 설득력이 떨어진다.	1
논리적으로 반박하기	상대측의 주장을 논리적으로 반박하였는가?	A 상대측 주장의 핵심을 정확하게 파악하고 근거의 불충분함, 부적절함을 지적하며 논리적으로 반박하였다.	3
		B 상대측 주장의 핵심을 정확하게 파악하지 못했거나, 근거의 불충분함, 부적절함을 지적하지 못하였다.	2
		C 상대측 주장의 핵심을 정확하게 파악하지 못했고, 근거의 불충분함, 부적절함도 지적하지 못했다.	1
상대방을 존중하는 태도	상대방을 존중하는 태도로 토론에 참여하였는가?	A 언어 예절을 잘 지키고 상대방을 존중하는 태도로 토론에 참여하였다.	2
		B 언어 예절을 지키지 않거나 상대방을 존중하는 태도를 보이지 않았다.	1
위 평가요소별 배점을 합산한 결과를 점수로 부여함.(최하 4점~최고 10점)			
학업성적관리규정 제15조 ③항(장기무단결석)에 의한 수행평가 미응시자			3

- 착한 사마리아 인 법을 도입해야 한다.
- 최저임금을 10,000원 이상으로 인상해야 한다.

학생들이 가장 어려워한 부분은 논증을 구성하는 것이었다. 중학교 때는 근거를 몇 가지 제시하면 되었지만, 고등학교에서는 필수 쟁점(문제의 심각성, 문제의 해결 및 실행 가능성, 효과 및 이익)에 따라 이유와 근거가 드러나게 제시해야 했기 때문이다. 수업시간 동안에만 휴대전화로 직접 근거를 찾아보도록 하고 모둠별로 일일이 피드백을 하다 보니 3차시나 소요되었다.

입론 쓰기 단계의 평가는 단계별 활동지 평가와 관찰평가를 병행했다. 모둠별로 모둠장을 별도로 지정해주지 않았지만, 자연스럽게 이끌어가는 학생들이 나왔고 그 학생들을 메모해 교과세부능력 및 특기사항에 기록했다.

토론하기 단계에서는 모둠별로 완성된 입론서를 토대로 연습할 기회를 먼저 주었다. 연습을 통해 다른 입장의 입론을 듣고 반대 신문 내용을 만들어보고, 마지막 반론까지 추가로 만들어보도록 안내했다.

입론과 반대 신문, 반론할 내용이 만들어지니 토론에 난색을 표했던 학생들이 조금은 자신감이 더 생기는 듯했다. 그러나 실제 토론을 해보니 이미 만들어진 입론서를 읽는 것에 급급한 학생이 많았다. 모둠이 토론을 마치면 짧은 평가가 필요했다.

토론하기 평가는 교사 평가, 상호평가, 자기평가를 모두 적용했다. 한 모둠이 앞에서 토론을 진행하면 나머지 학생은 배심원이 되어 상호평가를 했고, 토론을 진행한 모둠은 토론을 마친 후 자기평가를 하도록 했다.

토론을 마친 모둠에게는 피드백을 한 후 재도전의 기회를 주었고 재도전 결과를 점수에 반영했다.

'논증 전개하기'와 '논리적으로 반박하기', '상대방을 존중하는 태도'는 토론 진행 중에 바로 평가를 해야 하므로 토론 순서에 따라 평가 항목을 제시하고 관찰 내용을 기록할 수 있는 란을 만든 토론 평가표를 활용했다. 관찰 내용을 정리하면 곧 피드백 내용이 되었다. 배심원들에게도 비슷한 항목을 만들어 평가하게 했다. 배심원 평가표의 결과는 참고용으로만 사용했지만, 학생들은 배심원으로서의 책무성을 갖고 진지하게 토론을 경청했다.

수업과 연계된 행사 '사회탐구 토론대회'

국어 시간에 토론 수업을 진행하는 동안 학교 행사로 '사회탐구 토론대회'를 진행했다. 예선을 거쳐 준결승에 오른 팀이 모두 네 팀이었는데 그중에 두 팀이 토론 수업을 함께했던 1학년 학생들이었다. 비록 2, 3학년에 밀려 장려상에 그쳤지만, 수업시간에 배운 논증 구조를 활용해 작성한 논리적인 입론과 예리한 반대 신문은 학생들의 성장을 보여주는 것 같아 보람을 느꼈다.

피드백의 다른 방법─또래교사 문법 수업

수행평가는 듣기, 말하기, 읽기, 쓰기, 문학의 영역에서 실시했다. 문법 영역은 지필평가와 관찰평가 위주로 진행했다. 문법 영역은 학생들이 가장 어려워하고 흥미 없어 하는 영역이었다. 실제 현상을 보고 탐구를 통해 원리를 터득하는 것이 문법 수업의 이상적인 방향이지만, 국어 지식을 이해하기 쉽게 풀어 설명하거나 암기하기 쉬운 기발한 방법을 제시해주는 식의 수업에 그치는 경우가 많다. 이렇게 하는데도 수업시간에 들은 국어 지식을 이해하지 못하고 포기해버리는 학생이 많다.

그동안 기초학력보장 계획을 수립하고 추진하는 업무를 담당했기에 교사–학생 멘토링, 또래 멘토링, 기초 영어, 기초 수학 주문형 강좌 등을 운영해보았다. 이를 통해 갖게 된 생각은 정규 수업 밖에서 운영되는 프로그램은 한계가 있다는 것이었다. 수업 안에서의 보정이 이뤄져야 한다는 생각을 늘 갖고 있었고 이번에 실천에 옮기게 되었다.

그 방법은 또래교사와 함께 노력형 학생들을 지도하는 것이었다. 우선 배경 지식 다지기 단계에서는 교사가 중학교 과정에 있는 내용을 환기시키며 개괄적인 설명을 한다. 음운의 변동에 대해 기억하는 바를 질문했더니 '음절의 끝소리 규칙', '구개음화' 등이 아이들의 입에서 흘러 나왔다. 그러나 '음절'이 무엇인지, '끝소리'는 무엇인지, '구개음'이 무엇인지를 아는 학생은 없었다. 발음기관 단면도를 먼저 그리고 자음체계도를 옆에 그려 실제 발음을 해보게 하며 발음되는 원리를 이해하도록 안내했다.

배경 지식 다지기 과정에서 8가지의 음운의 변동 현상을 개괄적으로 정리한 후 또래교사를 선발했다. 8개 모둠이었기에 자발적으로 지원한 학생 8명을 선발했는데 자원자가 8명이 초과되어도 모두 선발했다. 한 모둠 안에 두 명의 또래교사가 있으면 일대일 지도도 가능하기 때문이었다.

또래교사에게는 미리 모둠활동지를 나눠주고 숙지할 수 있게 지도했다. 모둠활동지는 발음 현상을 먼저 제시하고, 규칙을 만들어보게 한 후, 모음체계도, 자음체계도를 통해 원리를 파악하도록 구성했다.

수업 방법으로 전문가 집단 모형을 응용해보았다. 음절의 끝소리 규칙, 비음화, 유음화, 구개음화를 맡아서 지도할 또래교사를 안내하고, 4명의 모둠원에게 각각의 음운 변동을 한 가지씩 배정하고 자기가 배정받은 또 래교사가 있는 모둠으로 이동해서 배운 후, 다시 자기 모둠으로 돌아와 자 신이 배운 음운 변동을 모둠원들에게 설명하는 방식이었다. 설명을 잘 못 하는 학생이 있을 때는 해당 모둠의 또래교사가 도움을 주도록 했다.

배경 지식 단계에서 집중하지 못하고 무기력해 보이던 학생들이 모두 깨어나서 나름 이해한 바를 설명하고 활동지를 조금씩 채워가는 모습은 감동이었다.

중요한 것은 이 과정이 피드백의 한 방법일 수 있다는 것이다. 학생들 자 신이 교사로부터 배운 내용을 또래에게 다시 배우고 설명하면서 오개념 을 바로 잡고 개념과 원리를 조금씩 더 이해해갈 수 있기 때문이다.

학생들의 성장에 도움이 되었을까?

2018년 1학기 '꿈으로 세상 바꾸기 프로젝트'를 마치고 역시 수업 되돌 아보기 활동을 했다. 아래는 늘 수업에 진지하게 참여했던 한 학생의 소감 이다.

독서 활동을 통해 진로를 더 고민하고 영감을 얻을 수 있게 되었다. 또한 수필을 쓰 면서 내 진로와 꿈을 이루기 위해 어떻게 해야 할지 알게 되었고 타인에게도 진로와 꿈 에 대한 조언을 어느 정도 해줄 수 있다는 자신감이 생겼다. 토론을 통해 타인을 존중 하며 나와 다른 의견을 수용하며 합당한 결론을 이끌어내는 방법을 알게 되었다. 또 한 여러 자료를 조사하며 내 주장에 대한 근거를 찾아내는 과정에서 내 주장의 결함 이 무엇인지, 옳고 그름이 무엇인지 알게 되었다.

이 학생은 '선생님께 바라는 점'에 '독서 활동이나 수업 중 활동의 과정을 더 살펴보고 조언해주시면 좋겠습니다'라고 적었다. 따끔한 지적이다. 조망도를 만들어보고 활동 과정에서 많이 관찰하고 피드백하려고 애썼지만, 역시나 한계는 있었다. 부족한 학생들에게 집중했던 시간이 상대적인 소홀함을 가져왔다. 스스로 잘할 거라 생각했던 학생들도 관찰과 피드백을 갈구했던 것이다.

함께하는 성장과 성장통

학생들에게 국어 조망도를 안내하며 '함께 성장하는 국어 시간'이 되도록 하자는 말을 했다. 학생과 학생 간에 가르쳐주며 배우는 과정에서 성장이 일어나며, 그 장면을 연출하는 교사 또한 고민과 실패와 개선의 과정을 반복하며 성장할 수 있다. 지금까지 조망도를 그리고 학생들과 뒤엉켜 수업을 만들어가면서 보람도 있었지만 한계도 느꼈다. 여전히 '피드백'은 어렵고 부담된다. 아직도 겪고 있는 성장통 몇 가지를 정리해본다.

학생도 교사도 부담되지 않는 평가?

2017년에 15점짜리 수행평가 한 영역을 칼럼 읽기 칼럼 쓰기 등의 과정으로 평가하면서 점수에 비에 활동량이 많지 않았나 하는 생각이 들었다. 학생은 물론 교사에게도 평가에 대한 부담이 커졌고 제대로 된 피드백과 성장이 이루어지는 데 한계가 있었다. 학생들의 평가에 대한 부담을 덜어주고 피드백에 더 집중하기 위해서 도장만 찍고 점수를 부여할 수 있는 영역을 만드는 것도 괜찮다고 생각한다.

수행평가는 수업시간에?

경기도교육청 학업성적관리 시행지침에는 '수행평가는 정규 수업시간 중에 실시하는 것을 원칙으로 하고 과제형 평가를 지양한다'라고 명시되어 있다. 수업시간 안에 모든 수행평가를 진행하는 것에 어려움이 많았다. 평가 영역이 많고 관찰과 기록을 피드백을 해가며 수업시간 안에 해결하다보니 예상한 차시보다 더 많은 시간이 소요되었다.

재미있고 흥미로운 평가?

첫 시간에 함께 성장하는 국어 시간 수업 함께 만들기 활동을 했다. 학생들에게 수업시간에 바라는 점을 적게 했더니 재미있고 흥미 있는 수업을 해달라는 의견이 가장 많았다. 학생들이 평가를 받으면서 재미있을 수 있을까? 여기에 과정중심평가의 묘미가 있는 듯하다. 즐겁게 수업하며 그 과정에서의 노력과 성장의 정도가 평가 결과에 반영이 될 수 있다면 말이다.

아마도 성장통은 계속될 듯하다. 하지만 조금은 더 이해하고 조금은 더 자신감을 얻어가는 학생들에게 느꼈던 기대와 고마움, 대견함을 되새기면 잠깐씩 통증을 잊는다. 그리고 학생들의 따끔한 일침은 또 다른 각오를 다지게 한다.

4장

관계를 성장시키는
과정중심평가

- 영어과 -

김진영, 경기 오산중

20년째 교직 생활을 하고 있다. 하지만 소개할 때는 5년 차 교사라고 한다. 수업에 눈뜬 지 5년이라는 의미이다. '수업'을 잘하기 위해 쉼 없이 달려왔다. 다양한 연구회 활동, 공개수업, 수업 성찰을 통해 수업의 질을 높였고 수업에 대한 내 만족도 또한 높아졌다.

어느 날 문득 학생들을 바라보았다. 학생들의 배움은 어떨까? 학생들은 과연 내 수업에서 성장하고 있었을까? 나는 나의 성장에 도취되어 정작 중요한 아이들은 보지 못했다.

수업 그 이상의 것이 필요했다. 그것이 바로 '과정중심평가', 평가의 본질을 찾는 것이었다. 과정중심평가를 공부하면서 성취기준, 평가 척도안, 교육과정 재구성을 넘어 '학생'을 바라보게 되었다. 학생들의 성장은 잘 짜인 수업 지도안이나 교육청의 지침에 들어 있지 않다는 것을 알게 되었다. 배움에서 가장 중요한 것은 '관계'라는 것도 깨닫게 되었다.

평가의 본질을 찾고 그 속에서 학생과 교사가 함께 성장하기를 꿈꾼다.

앞만 보고 달려가는 수업 '일 년만 버티자'

중학교 2학년 교실. 학생들과 여느 때처럼 즐겁게 수업을 하고 있었다. 학생들은 모둠을 이루어서 영어 수업을 진행하고 있었다. 다른 때처럼 모둠을 통해 주어진 활동지를 협력하여 해결하고 있었다. 그중에 한 과제는 간단한 영어 작문이었다. 학생들은 각자 자신의 문장을 만들기 시작했다. 물론 대부분 학생들에게는 사전이 제공되어 다양한 어휘와 방법으로 문장을 만들 수 있었다.

그러던 중 한 학생이 'I loveed my family' 라고 쓴 문장을 보았다. 영어뿐만 아니라 다른 과목도 잘하는 편이었고 학교뿐만 아니라 학원에서도 많은 시간을 투자하며 공부하는 학생이었다. 그래서 실수로 그렇게 썼나 해서 물어보았다.

"여기 과거형이 틀린 것 같은데…."

그 학생은 무엇이 잘못됐는지 모르겠다는 표정으로, "그냥 과거는 'ed'

만 붙이면 되는 거 아니에요?"라고 말했다.

　나중에 개인적으로 이야기하면서 알게 된 사실이지만, 정말로 그 학생은 동사의 과거형을 그렇게 알고 있었다. 분명히 이 학생은 초등학교 때부터 시작해서 중학교 2학년이 될 때까지 학교나 사교육을 통해 영어 교육을 많이 받았을 것이다. 최소한 중학교 1학년 과정에서 동사의 과거를 배웠을 것이고, 여러 시험에서 이와 관련한 문제도 풀어보았을 것이다. 하지만 어떤 과정에서도 이 학생에게 'e'로 끝나는 동사는 'd'만 붙이면 된다는 사실을 일깨워주지 않았다. 아니 분명 수업시간에 배웠을 것이다. 하지만 그 학생이 알고 있는지는 평가되지 않았을 것이다. 너무나 당연하고 쉬운 내용이지만, 이런 것을 모른 채 이 학생은 계속 상위권을 유지하고 있었다. 한편으로 수업이라는 것이 허망하게 느껴지는 순간이었다.

　이 학생의 오류가 수정되지 않은 것은 단지 수업의 문제가 아니었다. 과거형을 묻는 평가는 주로 선택형이었고 거기에서 학생의 실수를 찾아내는 과정은 없었을 것이다. 단지 맞았는지 틀렸는지의 평가만 있었지 그에 대한 적절한 피드백이 없었기 때문에 지금에 이르렀을 것이다.

　이것이 바로 '평가'에 대한 고민이 시작하게 된 계기가 되었다. 현재 학교에서 실시하는 선택형 위주의 시험과 한계가 있는 서술형 평가로는 학생의 배움에 대해 구체적인 평가나 피드백을 줄 수 없다. 지필고사의 서술형 문제도 주로 중요한 표현 위주나 채점하기 쉬운 방향으로 출제되므로 시제나 스펠링처럼 기본적인 내용을 평가하기에는 한계가 있다. 어떻게 보면 작은 일이지만, 나에게는 수업에 큰 변화를 가져다준 일이었다. 수업에만 집중하고 1, 2차 지필평가로 학생들의 성적만 내면 되었던 지난 날이 부끄럽게 느껴졌다. 학생들의 성장이나 과정은 전혀 보지 못하고 점수와 서열화에만 집중하지 않았나 하는 생각이 들었다. 작은 일처럼 보이지만, 수업에만 집중했던 나에게 좀 더 다른 측면, 즉 '평가'를 고민하게 한 큰 사건이었다.

나무보다는 숲을 보려 했던 수업

나는 수업의 질적 향상을 위해 많은 고민을 했고 그러던 중 배움의 공동체를 만났다. 배움의 공동체는 내게 수업에 대한 관점, 학생과의 관계, 배움의 의미 등 많은 것을 알려주었다. 배움의 점프와 모둠 협력의 중요성 등 수업의 전문성을 키우는 데 대학교에서 배운 것보다 더 많은 도움과 영감을 주었다. 동료와 함께하는 수업 공개와 성찰은 내 수업을 돌아보게 하고 질적으로 향상시켜 주었다. 또한 다른 훌륭한 선생님들의 수업을 보고 함께 이야기를 나누며 내 수업의 발전 방향을 얻기도 했다. 이러한 흐름에서 나는 일 년에 한 번 이상 수업을 공개했고 여러 컨설턴트와 멘토 선생님으로부터 많은 배움과 영감을 얻었다. 한창 수업이 재미있을 때였고 수업을 잘한다는 말을 들을 때면 우쭐한 마음이 들곤 했다.

내 수업은 모둠과 협력 수업을 기본으로 하고 있다. 학생들은 내게서 배우는 것도 있지만, 모둠원들과 주제를 탐색하고 협력하며 과제를 해결해 나간다. 겉으로 보기에 학생들이 협력을 잘하고 서로의 생각을 자유롭게 표현하는 꽤 괜찮은 수업이었다. 대부분의 동료 교사도 그렇게 생각했다.

하지만 동사의 과거형에서 작은 실수를 한 학생의 모습을 보면서 내 수업에서 무언가 빠져있다는 것을 알게 되었다. 그것은 바로 수업에서 큰 숲만 보려 했지 그 숲을 이루는 나무 하나하나의 특성과 성장을 보지 못했다는 것이었다. 전체를 보면 괜찮아 보이지만, 그 속에서 학생의 작은 변화와 의미 있는 성장이라는 측면에서는 적절하게 대처하지 못한 것이었다. 바꿔 말하면 수업 디자인은 괜찮았지만, 수업에서 학생들이 성장하거나 멈춰있는 모습을 잘 보지 못했고 그것에 대한 적절한 피드백을 주지 못했다. 수업이 끝나면 그날 수업에 대한 전체적인 이미지만 성찰했고 전체 속에서 일어난 특정한 의미 있는 변화만 관심을 두었을 뿐이었다.

이렇게 수업하고 평가는 어떻게 하나요?

후배 영어 교사에게 들었던, 지금도 잊히지 않는 말이 있다. 수업에 대한 자신감 아니 자만심이 깨지던 순간이었다. 수업에 대해 고민하던 후배 교사는 처음으로 영어를 가르치면서 내 수업을 보게 되었고 자신이 생각했던 수업 방식이었다고 했다. 학생들이 모둠을 이뤄 자유롭게 생각을 나누고 그것을 다양한 방식으로 표현하는 것이 너무 멋져 보였다고 했다. 그 속에서도 배움의 질적 수준을 담보하기 위해 많은 노력을 하는 수업 디자인이 돋보였다고 했다. 그리고 이렇게 질문했다.

"선생님, 수업이 정말 훌륭한데 이런 것을 어떻게 시험으로 평가하나요?"

"수행평가와 지필고사를 통해 교실에서 진행한 과정이 평가로 이어지고 있어"라고 자신 있게 말했지만, 속으로는 많은 생각을 했다. 가령 환경에 관한 수업을 할 때는 학생들에게 환경을 살리기 위한 방법을 영작하게 하고 생활에서 실천할 수 있는 방법을 나누게 했다. 하지만 이것을 지필고 사로 보기에는 채점 면에서 어려움이 있다. 학생들의 창의력이나 표현을 맘껏 발휘하는 수업을 진행하지만, 결국 지필평가에서는 단답형이나 제 한적 작문을 하는 것이 일반적이었다. 나 또한 '수업'과 '평가'를 따로 보 았기 때문이다. 평가는 점수를 주고 학생들을 서열화할 수 있는 도구가 되 어야 한다는 생각이 지배적이다. 수업이나 활동에서 아이들의 여러 표현 (표상)이 추상적이거나 주관적이면 그것을 점수하는 데 어려움이 있다.

구체적인 매뉴얼이나 표를 만드는 것도 중요하지만, 더 중요한 것은 방 향이었다. 학생들의 성장을 위해 과정을 평가하고, 그 과정에서 일어난 것 들에 대해 적절한 피드백을 학생과 교사가 주고받으며, 학생은 자신의 역 량을 키우고 교사는 이를 통해 수업의 질적 향상과 교육과정 전문가로 성 장할 기회를 가질 수 있을 거라 믿는다.

나무의 성장을 보자

1학기가 진행 중이었지만, 내 수업과 평가 방법을 다시 한번 돌아볼 필 요를 느꼈다. 지금의 방식으로는 학생 개개인의 성장과 발전에 대해 피드 백을 주기 어려웠다. 전체적인 수업의 모습은 그리 나쁘지는 않았지만, 그 속에서 학생들의 성장이나 과정에 대한 평가를 하기에는 무언가 부족함 을 느꼈다. 내 영어수업은 주로 모둠, 협력 수업으로 진행한다. 학생들은 무작위로 짜인 모둠에서 서로 협력하고 교과서와 사전을 가지고 과제를 해결한다. 물론 모든 학생이 잘 참여하는 것은 아니지만, 내 수업 방식을 이해하고 잘 따라주고 있다.

하지만 이 속에서 학생 개개인에 대한 피드백은 조금 부족했다. 결과물을 모았다가 평가 기간에 일괄적으로 채점하고 점수를 줄 뿐이었다. 좀 더 학생들의 성장 과정을 보기 위해서는 다른 평가 방법이 필요했다. 일회성이 아닌 긴 호흡의 과제와 축적된 성과물이 필요했다. 그것을 통해 성장하는 학생들에 대한 피드백을 주어야 했다. 영어의 쓰기에 대한 큰 주제를 정하고 그 주제(목표)에 도달하는 과정에 내 역할을 하고 그것을 통해 학생들이 각자 목표로 하는 산의 정상에 오르게 하고 싶었다. 그것이 내 과정중심평가의 시작이 되었다.

일기 쓰기의 시작

영어의 모든 영역을 고루 학습해야 하지만, 나는 쓰기와 말하기에 좀 더 치중했다. 결국 영어 교과의 마지막 단계는 자기 생각을 글과 말로 표현하는 것이라고 생각했기 때문이다. 쓰기는 주로 활동지에서 이루어지고 있었다. 매 수업 활동지를 모둠으로 해결하면서 마지막 단계에서는 수업 주제와 관련된 자신의 생각을 적는 활동을 했다. 이 활동을 통해 학생들은 자신이 배운 내용을 정리하고 심화하는 단계로 삼았다.

하지만 이러한 활동지의 포트폴리오를 보는 것은 일 년에 두세 번에 지나지 않아 학생들에게 적절한 피드백을 주지 못했고, 단지 점수를 주는 방법에 그쳤다. 남는 것은 그 학생이 얼마나 성장했고 어떠한 면에서 부족했는지가 아니라 단순히 점수와 서열이었다. 수업시간의 작문 활동에서 작은 변화에도 칭찬을 해주었지만, 그것이 자세한 기록으로 남아있지 않아 지속적인 피드백은 불가능했다.

이를 깨기 위해 영어 일기를 쓰게 했다. 하지만 학기를 시작하기 전에 계획한 것이 아니어서 작문 노트를 따로 만들기도 어려웠고 개별 구입하려고 하니 여러 문제가 생길 것 같았다. 고민하던 중 함께 연구회를 하는 도덕 선생님의 '감사 일기'가 눈에 들어왔다. 그 분은 학교에서 행복수업을 정말 열심히 실천하시는 선생님이었다. 그 선생님에게 감사 일기의 반을 영어 일기와 작문 노트로 쓸 수 있게 해달라고 부탁했고 선생님은 흔쾌히 허락해주셨다. 학생들에게 너무 많은 부담을 주기 싫었기에 감사 일기에 함께 쓴다면 그나마 부담이 적을 것이라고 생각했다. 학생들은 주 1회 정도 일기나 영작을 하게 되었고 학생들의 영어 문장들이 일기장에 축적되어 갔다. 이것을 통해 학생들이 목표에 어느 정도 도달했는지를 볼 수 있고 그 과정에 대한 평가와 피드백을 줄 수 있으리라 생각했다. 또한 학생들이 자신의 수준에 맞는 개별 목표를 정하고 그것에 도달하기 위해 수업 시간에 함께 노력할 수 있다고 생각했다.

영어 일기의 역습

학생들에게 앞으로 시작할 일기 쓰기에 대해 설명해주었다. 일기 쓰기를 통해 학생들이 성장하고 변화하는 모습을 미리 생각해보았고 장미빛 순간들이 눈앞에 그려졌다. 하지만 현실은 그리 녹록지 않았다.

학생들의 일기를 평가하는 날 내 책상은 180개의 일기장이 쌓였고 그것을 의미 있게 평가하고 피드백을 주는 것은 불가능했다. 할 수 없었다. 집으로 가져가는 수밖에. 대부분 선생님이 공감하겠지만, 집으로 가져간 형태 그대로 다시 다음날 학교로 가져왔다. 다음 주 학생들에게 나누어줘야 하는데, 아직 첨삭과 피드백을 다 써주지 못했다. 학생들이 축적된 결과물을 통해 자신의 수준을 스스로 알아가고 교사와 함께 그것을 평가하면서 나아갈 방향과 발전 과제에 대해 학생들에게 구체적인 피드백을 해주리라는 내 계획은 끝이 났다.

학생들에게 돌려줄 시간이 되니 의미 있는 개별적인 피드백이 아니라 '참 잘했어요' 도장을 찍어야 했다. 그나마 영어 교사로서 자존심에 'Good job' 도장을 찍어 주었다. 아이들에게 미안했고, 다시 방법을 생각했다. 이런 결과가 벌어진 것은 수업과 평가를 따로 생각했기 때문이다. 좀 더 즉각적으로 줄 수 있는 피드백이 필요했다.

학생들의 일기를 보면서 많은 반성을 했다. 학생들이 쓴 일기에서 보이는 실수는 공통점이 많았다. 시제 관련된 것이 가장 많았고 주어와 동사의 연결, 단수, 복수 등 기본적인 것들로 2학년 교육과정의 흐름에서는 좀처럼 다루지 않는 내용이다. 1학기 내 수업에서도 이전 학년에서 다 했으리라는 생각으로 그냥 넘어갔었다. 이처럼 학생들은 다양한 신호로 자신들의 수준을 드러냈지만, 나는 단지 이러한 과정을 그냥 점수로만 생각했다. 이런 것들을 진단하고 수업에 반영했다면, 1학기의 수업은 좀 더 탄탄해지고 학생들 또한 많이 성장했을 텐데 하는 아쉬움이 남았다.

하지만 성과도 있었다. 학생들의 영어 수준을 일기를 통해 좀 더 자세하게 진단할 수 있었던 것이다. 보통 수업시간이나 지필고사 등으로는 학생들의 영어 수준을 정확하게 진단하기 어렵다. 하지만 일기를 통해 학생들의 기본 실력과 부족한 점, 앞으로 발전할 수 있는 점들을 찾게 되었다. 2학기에는 좀 더 자세하게 그리고 준비를 해서 다가선다면, 학생들의 과정을 평가하고 성장을 도모할 수 있으리라 믿었다.

수업의 주인공은 너야 너

수업에서 학생들은 다양한 방식으로 자기 생각과 배움을 표현한다. 우리 학교에서도 여러 과목의 선생님들이 강의식 수업보다는 협동학습, 토론학습 등 다양한 방식으로 수업을 진행하다 보니 학생들도 수업시간에 자신의 의견을 스스럼없이 잘 표현한다. 물론 영어 시간에는 '영어'라는 장벽에 가로막혀 표현하고 싶어도 못 하는 친구도 많다. 배움 중심 수업이 되면서 수업의 주인공은 교사가 아니라 학생이 되고 있다. 교실이라는 무대에서 교사는 연출가나 코디네이터의 역할일 뿐이고 결국 주인공은 학생들이 되어야 한다.

수업에서 학생들이 그날 배운 내용과 알게 된 것을 이용하여 다양한 과제를 모둠을 통해 해결한다. 그다음에는 발표나 칠판에 적기, 나와서 설명하기 등의 방법으로 배운 내용을 확인하게 된다. 내가 주로 이용하는 방식은 칠판에 자기 생각을 적는 것이다. 30여 명의 학생 중에서 많을 때는 20여 명, 적을 때는 10명 안팎의 학생이 나와서 그날 배운 내용을 이용하여 작문을 한다. 학생들에게는 정답보다는 오늘 배운 것을 자신 있게 표현하고 자신의 문장을 쓰도록 요구한다. 맞는 것이 중요한 것이 아니라 자신의 배움을 표현하는 것이 중요하다고 강조하다 보니 많은 학생이 조금 틀리더라도 자신의 생각을 칠판에 쓴다. 나에게 칠판이라는 '무대'는 교사가 아이들에게 지식을 전달해주는 매개체가 아니라 학생들의 배움이 표현되고 그것을 이용하여 다시 한번 강조하고 서로 생각을 공유하는 장이다.

학생들이 칠판에 문장을 쓸 동안 자리에 남은 학생들을 돌아보며 어느 정도 이해했는지를 보고 짧은 코멘트를 해준다. 학생들의 답을 다 적고 나면 정답과 오답 중에 오답을 쓴 친구들의 문장을 가지고 왜 이 친구는 이러한 문장을 썼을까? 이 친구의 답에서 어떤 실수가 있을까? 그리고 우리는 이러한 것에서 어떠한 배움을 얻을 수 있을까? 등을 함께 이야기한다. 그리고 마지막으로 오답을 쓴 친구들 덕분에 우리는 오늘 더 큰 배움을 얻었고 그 친구들에게 감사한다는 말로 끝낸다. 그래야 다음번에도 자신감을 갖고 자기 생각을 표현할 수 있기 때문이다.

학생들이 수업시간에 표현한 의미 있는 내용은 다른 친구들과 공유한다. 실수를 하거나 이해를 하지 못하는 학생에게는 개별 지도를 조금씩 해준다. 물론 30여 명의 학생을 상대하다 보니 조금은 버거움이 있다. 모둠활동을 하는 동안 나는 교실을 돌아다니면서 학생들의 협력 과정과 과제 수행에 도움을 준다. 어려워하는 학생을 다른 모둠원들과 함께 도와준다.

어느 날 모둠 활동 시간에 한 친구의 활동지를 보다가 작은 실수를 발견했다. 과거 시제를 사용해야 하는데 현재 시제를 사용했다. 실수한 문장에서도 3인칭이므로 현재 시제를 쓸 경우에 단수형을 써야 하는데 그 점에서도 실수가 있었다. 나는 친절하게 그 내용을 알려주었고 다음에는 이것을 유념해서 정확한 문장을 써보자고 했다. 그 말을 들은 학생은 나에게 "지난번에도 똑같이 말씀해 주셨는데요"라고 의아한 표정으로 말했다.

내 수업에서는 대부분의 학생이 그 날 배운 내용을 활동지와 칠판에 표현현다. 나는 그것을 가지고 잘하고 있는지 평가하며 어려워하는 학생들에게 피드백을 주었다. 하지만 기억에만 의지하다 보니 이런 일이 발생한 것이다. 학생들은 내 수업에서 의미 있는 행동과 배움의 표현을 맘껏 보여주었지만, 나는 그것을 단지 점수나 발표 등으로 체크만 하고 있었던 것이다. 부끄러웠다. 학생들의 성장과 관계를 중요시한다고 말을 했지만, 막상 내 수업은 체계적이지도 못했고 아이들의 변화와 발전을 축적시키지도 못하고 있었던 것이다.

교학상장(敎學相長). 배움과 가르침은 함께 성장해야 하는데, 내 욕심으로 수업에서 학생들을 배움의 대상으로만 생각했지 나 또한 그들로부터 배움을 받을 수 있는 존재라는 것을 잊을 때가 많았다. 학생들이 활동지나 모둠 칠판, 교실 칠판에 자기 생각을 쓴 문장들을 보면 나에게 큰 영감과 창의성을 줄 때가 많이 있었다. 내가 미처 생각하지 못한 표현과 문법을 이용하여 문장을 만들어내고, 친구들의 문장을 나름대로 분석해보고 자기들끼리 그 과정을 복기해보기도 한다. 하지만 나는 학생들에게 받은 피드백을 제대로 나의 발전에 반영시키지 못했다.

1학기의 반성

1학기 동안 내가 한 실수들을 정리해볼 필요가 있었다. 사실, 1학기 동안의 실수가 아니라 20년 동안 있었던 문제점들일 것이다. 나에게 드리워진 잘못된 프레임을 벗어나기는 정말로 어려운 것 같다. 기본적으로 수업을 바라보는 관점에서 변화가 필요하다. 교사와 학생의 관계를 정립하는 것도 필요하다. 나의 수업을 통해 학생의 변화를 도모하는 것도 필요하지만, 교사인 나의 성장과 수업의 향상도 병행되어야 한다.

모둠 활동−과제 수행−표현−평가의 고리가 약했다

수업은 그 날 배울 내용에 대해 모둠을 이루어 과제를 수행하는 형태로 이루어졌으며 교실의 분위기는 나쁘지 않았다. 자신들의 문장을 자연스럽게 표현하는 분위기였다. 하지만 나는 학생들이 다양한 표현과 활동을 단지 발표 횟수, 점수 등으로만 연결 지으려고 했다. 학생들에게 자기 생각을 맘껏 표현하라고 했지만, 나는 학생들이 표현한 내용보다는 단지 발표 횟수만 기록했다. 또한 의미 있는 변화들을 기록해두지 않았기에 축적된 피드백을 주지 못했다. 단순히 잘했어, 노력해보자 등의 의미 없는 피드백은 오히려 학생들에게 무성의해 보일 수 있고 실제로 어떠한 변화도 이끌어낼 수 없었다. 수업시간의 배운 내용을 표현하고 평가하는 것은 좋았지만, 아직도 서열의 프레임과 점수, 숫자가 내 수업을 지배하고 있었다.

쓰기 능력 향상을 위한 일기 쓰기는 결국 도장 찍기로 끝이 났다

큰 목표를 가지고 시작한 일기 쓰기는 결국 나와 학생들에게 모두 짐이 되고 부담이 되어버린 활동으로 끝이 났다. 학생들의 오류를 고쳐주고 축적된 활동을 통해 아이들의 성장점을 짚어주고 싶었지만, '참 잘했어요' 라는 무의미한 도장으로 끝났다.

평가는 피드백이고 이것이 다시 환류되어 학생들이 목표를 설정하고 배움을 이끌어가는 원동력이 되어야 한다. 하지만 결국 서로 영향을 주지 못하고 평가는 배움의 무덤이 되어버렸다. 축적되지 않은 일회성의 결과에 대한 평가는 무의미하다. 수업시간에 이루어지는 다양한 활동을 축적하고 기록하지 않으면 결국 헛된 것이 되어 버렸다. 학생들의 수업 중의 행동을 잘 기록해두면 그것으로 의미 있는 피드백을 줄 수 있는데, 활동을 충분히 기록하지 않은 탓에 적절한 피드백을 줄 수가 없었다.

수업시간에 일어난 다양한 활동과 학생들의 성장을 기록하고자 했던 학생부는 예전과 같이 한 반의 몇 명 정도만 기록하게 되었다. 물론 의미 있는 활동이 있었고 그 속에서 성장을 기록했지만, 그 기록은 오로지 나와 오타를 점검하는 동료 교사만 보았다. 중학교 학생부는 외고나 특목고를 가는 학생들을 제외하고는 잘 보지 않는다. 물론 신청을 하면 NEIS를 통해 볼 수 있지만, 내가 근무하는 학교에서는 대부분의 학생이나 학부모는 열람을 하지 않는다. 그리고 교과세부능력 및 특기사항은 학생부가 중요한 외고나 국제고를 진학하는 학생들 조차도 볼 수가 없기 때문에 대부분의 학생은 자신의 활동과 성장에 대한 피드백을 받기는 거의 불가능했다. 분명 수업에서 학생들의 다양한 주제를 탐색하고 활동하고 표현했지만, 그것이 공유되고 환류되고 그것이 기반이 되어 새로운 목표를 설정하는 사이클링은 일어나지 않았다.

다시 시작하는 2학기

2학기를 시작하기 전에 1학기를 되돌아보고 2학기 교육과정을 다시 계획하기로 했다. 기본 틀을 완전히 바꾸기보다는 좀 더 계획적인 교육과정을 운영하기로 했다. 1학기에 어색한 부분들도 있었지만, 나름대로 새롭게 시도했던 일기 쓰기에서 많은 깨달음이 있었고 이를 반영한다면 2학기에 좋은 성과가 있으리라 믿었다. 또한 평가 연구회를 통해 새로 배운 지식을 내 수업에 적용하기로 했다.

1학기를 돌아보다 보니 애초 계획했던 2학년 영어 교육과정이 우리 학교 학생들의 특성을 많이 반영하지 못한 것 같았다. 우리 학교는 사립학교로 이곳에서 20년 정도 근무한 나로서는 당연히 학생들의 수준과 특성을 정확히 알고 있다고 자만했던 것 같다. 우리 학교와 학생들을 정확하게 진단하지 않고 세운 내 수업 계획은 그냥 학교 교육과정에 들어가는 글로서만 존재하고 말았다.

교육과정은 나에게 한 학기 또는 일 년 동안 영어 수업을 통해 아이들과 함께 배우고 싶고 학생이 미래에 행복하기 위한 역량을 키우는 과정이라고 본다. 학생들이 나와의 수업을 자신의 삶과 연계하여 새로운 역량을 배우고 이를 바탕으로 미래를 설계하고 살아가는 데 도움을 주는 것이 내 수업의 목표이다.

수업 디자인

영어는 단순히 말을 하고 듣는 것이 아니라 세상, 타자와 만나는 중요한 도구라고 생각한다. 학생들은 영어 학습을 통해 다른 사람을 만나고 다른 세상을 만나면서 자신을 돌아보고 자신의 역량을 계발할 수 있다. 그러므로 수업시간에 가장 중요한 것은 영어를 통해 세상의 정보와 문화를 받아들이고 그것을 이용하여 자신을 표현하는 것이다. 그러므로 대인 관계 능력이나 다른 문화에 대한 이해는 매우 중요한 역량이 된다. 나는 이를 위해 수업에서 어떠한 디자인을 했는가 생각했다.

가령, DIY에 관한 글을 읽고 활동을 하는 단원이 있었다. 환경 보호를 위해 재활용하여 새로운 패션 아이템을 만들어보는 내용이었다. 본문을 통해 새로운 표현을 배우고 환경에 대해 생각해보는 주제로 진행했다. 나는 이 부분을 재구성하여 환경이라는 주제와 우리 삶을 연결시키는 과정을 만들었다. 또한 표현 활동을 강조하기 위해 모둠별로 만든 패션 아이템을 이용해서 패션쇼를 해보는 것도 학생들에게 제안했다. 학생들은 모둠을 이루어서 환경을 해치는 것이 무엇이고 우리가 할 수 있는 것은 무엇인지 탐색하고 토론했다. 이런 과정을 거쳐 학생들은 재활용의 중요성에 대해 알게 되었고, 이를 바탕으로 자신들이 할 수 있는 재활용 아이템 만들기를 했다. 이러한 과정에서 학생들은 영어를 단순한 언어로 보지 않고 새로운 세계, 정보와 만나는 매개체로 인식하게 되었다. 각자 자신들이 쓰지 않는 물건을 가져와 다양한 방법으로 그것을 꾸미고 발표하는 시간을 가졌다. 비록 학교 사정으로 패션쇼를 진행하지는 못했지만, 나와 학생들에게 모두 만족스러운 프로젝트였다.

이처럼 한 학기 동안 진행된 개별 프로젝트는 그리 나쁘지는 않았다. 하지만 각각의 프로젝트와 단원의 연결성이 조금은 부족했다. 각 단원이 끝나면 나오는 결과물에 대한 평가가 그때그때 이루어지지 않고 책상과 사물함에 쌓여만 갔다. 나중에 수행평가 입력 시기에 맞춰 한꺼번에 채점되고 점수로 매겨질 뿐이었다.

결국 자연스럽게 교육과정-수업-평가 일체화로

수업과 평가를 연결하는 수업 방식을 디자인하고 이를 실현하는 방법들을 좀 더 세밀하게 설계하기로 했다. 수업시간에 일어난 학생들의 표현과 활동을 평가하고 기록하기로 했다. 평가는 숫자가 아닌 의미 있는 행동을 쓰기로 했다. 기록에서 횟수, 정답, 오답을 체크하는 것이 아니라 '시제, 동사, 어휘' 등 구체적인 부분을 메모하기로 했다.

세계의 학교의 모습에 대한 단원을 수업할 때였다. 학생들은 세계의 학교에 대한 글을 읽고 모둠별로 각 학교의 특징을 정리하는 활동을 했다. 사전과 서로의 지식을 이용해서 본문을 해석하고 과제를 수행했다. 심화 과제는 자신들이 생각하는 이상적인 학교의 모습을 영어로 표현해보는 것이었다. 학생들은 학교의 이름을 정하고 교육과정의 특징을 영어로 나타냈다. 어떤 모둠은 'Farm School'이라고 이름을 짓고 자연 속에서 농업을 배우는 학교를 설계했다. 학교 모습도 채소와 과일 모양으로 했고 그 속에서 자연과 함께 살아가는 학생들의 모습을 그렸다. 이런 활동을 하면서 학생들은 상호간의 관계 능력을 향상 시킬 수 있었으며 서로의 생각을 나누는 토론 능력 또한 강화할 수 있었다.

하지만 이렇게 의미 있는 프로젝트 수업이었지만, 평가에서는 단지 발표 점수로만 체크하고 그 속에서 일어난 학생들의 창의적인 표현에 대해서는 큰 피드백을 주지는 못했다. 수업이라는 큰 틀에 너무 집중하다 보니 그 속에서 일어나는 학생들의 작은 모습에는 집중을 못 하는 경향이 있었다. 또한 문법과 작문에서 적절하고 즉각적인 피드백이 부족했다. 수업의 흐름을 강조하다 보니 학생들의 문법적 오류가 있더라도 이해에 방해되지 않는 선에서는 그냥 지나가는 경우가 많았다. 이것이 잘못된 것은 아니나 따로 기록하거나 간단하게 메모를 해두어서 다음에 개별적인 지도를 하는 것이 필요했다.

이러한 점을 수정하기 위해 학생들의 답에 대해서는 즉각적인 피드백과 수정을 해주기로 했다. 물론 그것이 자기 생각을 표현하는 데 걸림돌이 되어서는 안 된다. 또한 오류의 수정을 교사가 하는 것도 있지만, 모둠에서도 할 수 있게 했다. 교사가 30명 이상의 학생을 돌봐야 하는 한계를 극복하기로 했다. 20년의 경험으로 볼 때 학생 전체를 대상으로 하는 설명은 개인에게 전달되기 어렵다. 문법 설명도 전체를 대상으로 하면 다 알아듣는 것처럼 보이지만, 막상 설명이 끝나면 옆 친구한테 '선생님이 뭐라고 하시는 거야?' 라고 묻는다. 그리고 옆 친구도 '나도 몰라, 그냥 들어' 라고 하는 경우가 대부분이다. 이처럼 개인적으로 주어지지 않는 오류 수정이나 피드백은 큰 의미가 없다고 본다. 물론 그렇다고 전체를 대상으로 하는 설명이나 피드백을 아예 무시하는 것은 아니다.

일기 쓰기의 재도전

2학기에 일기 쓰기를 하면서 다시 한번 계획과 원칙을 세웠다.

1. 일기의 내용은 자유로 하되 수업에서 배운 내용을 활용할 수 있게 지도하기
2. 일기는 일주일에 한 번 30분 정도의 쓰기 시간을 통해 진행할 것

3. 개별 상담은 수업시간의 쓰기 활동 시간에 진행할 것
4. 개별 상담(평가) 시 교사의 피드백뿐만 아니라 학생 또한 자신의 개별 목표 세우기
5. 한 학기에 3번 정도의 개별 상담(평가)을 통해 학생의 성장뿐만 아니라 내 수업에 대한 피드백 받기

무엇보다도 수업시간을 좀 더 활용하여 학생들의 축적된 내용을 평가하고 좀 더 즉각적인 피드백을 주고받기로 했다.

이러한 원칙하에 좀 더 체계적인 교육과정을 만들기로 했다. 영어과의 성취기준은 듣기, 읽기, 말하기, 쓰기의 4가지 영역으로 구분되어 있다. 이 중에서 쓰기에 관련된 성취기준은 주로 자기 생각이나 의견을 표현하는 것이다. 2009 개정 교육과정에서 내가 집중한 쓰기와 관련된 성취기준은 아래와 같았다.

[영중9452-2] 일상생활이나 친숙한 일반적 주제에 관한 글을 읽고 자신의 의견을 간단히 쓸 수 있다.
[영중9451-1] 일상생활에 관한 자신의 과거 경험에 대해 간단히 쓸 수 있다.
[영중9441-1] 주변의 친숙한 대상의 특징적인 모습을 간단한 문장이나 글로 묘사할 수 있다.

2015 개정 교육과정에서도 쓰기에 관한 성취기준은 크게 변하지 않았다. 이러한 성취기준을 분석하고 2학기에도 자기 생각과 느낌을 글과 말로 표현하는 활동에 집중하기로 했다.

[9영04-01] 일상생활에 관한 주변의 대상이나 상황을 묘사하는 문장을 쓸 수 있다.

[9영04-01] 일상생활에 대한 자신의 의견이나 감정을 표현하는 문장을 쓸 수 있다.

[9영04-01] 일상생활에 관한 그림, 사진 또는 도표 등을 설명하는 문장을 쓸 수 있다.

[9영04-01] 개인 생활의 경험이나 계획에 대해서 문장을 쓸 수 있다.

[9영04-01] 자신이나 주변 사람, 일상생활에 관해 짧고 간단한 글을 쓸 수 있다.

[9영04-01] 간단한 초대, 감사, 축하, 위로, 일기, 편지 등의 글을 쓸 수 있다.

2017학년도 2학년 2학기 쓰기 평가기준안

영역 (만점)	등급	평가 척도	배점
쓰기 (논술형) (20점)	성취 기준	영중9452-2. 일상생활이나 친숙한 일반적 주제에 관한 글을 읽고 자신의 의견을 간단히 쓸 수 있다.	
	평가 기준	• 평가요소 1: 세 가지 소원 글쓰기에서 주제에 대해 적절한 어휘를 사용하는가? • 평가요소 2: 세 가지 소원 글쓰기에서 자신의 생각을 참신하게 표현하였는가? • 평가요소 3: 세 가지 소원 글쓰기에서 문법적으로 맞는 문장을 사용하는가? • 평가요소 4: 세 가지 소원 글쓰기에서 주제를 정확히 이해하고 표현하였는가? • 평가요소 5: 세 가지 소원 글쓰기에서 글의 흐름이 논리적으로 전개되는가?	
	A	위의 평가요소 모두를 만족하는 경우	20
	B	위의 평가요소 중 4가지를 만족하는 경우	18
	C	위의 평가요소 중 3가지를 만족하는 경우	16
	D	위의 평가요소 중 2가지를 만족하는 경우	14
	E	위의 평가요소 중 1가지를 만족하는 경우	12
	F	위의 평가요소 모두 미흡한 경우	10
	G	미응시자 및 장기 결석생	8

1학기의 일기 쓰기 활동은 내게 패배감만 안겨 주었다. 세밀하게 계획되지 않은 교육 활동은 적용이 어렵다는 것을 알게 되었다. 그래도 축적된 성과물을 이용해 일상적인 피드백과 평가를 줄 수 있는 장점이 있기에 절대로 일기 쓰기를 포기할 수 없었다. 몇 가지 오류를 고치고 수업에서 과정중심평가를 실현해보고 싶었다. 영어과에서 쓰기 평가는 20점 만점으로 시행했다.

논술평가는 보통 1회 정도 실시하고 그것을 점수화한다. 물론 평소에 학생들은 영어에 대한 전반적인 것을 배우지만, 과정에 대한 평가나 자신의 실력을 가늠하기는 어렵다. 일기를 쓰면서 학생들은 짧은 글을 쓰는 연습을 하게 되었고 이러한 축적되는 과정을 통해 자신의 작문 실력을 알게 되고 또한 지속적으로 성장할 수 있게 되었다. 이를 통해 최종 쓰기의 단계인 논술평가를 준비하는 과정을 갖게 되었다. 그것을 평가하고 피드백을 주면서 교사인 나 또한 성장의 시간을 가질 수 있었다.

학생들이 어려워하거나 실수하는 부분에 대해 수업시간에 풀어나가는 방법을 생각하고 이를 바탕으로 수업 지도안을 설계하게 되었다. 또한 학생들의 개별 실력을 진단할 수 있게 되었고 각자의 실력에 맞는 개별 목표를 정하고 그것에 도달하는 데 노력을 할 수 있는 과정을 갖게 되었다. 일기를 쓰면서 학생들은 문법적으로 자신이 부족한 부분을 알게 되었고 보충할 부분을 나와 함께 체크하며 채워갔다. 또한 다양한 어휘를 스스로 찾아 교과서를 넘어 실생활에서 자기 생각을 표현하는 데 필요한 어휘를 많이 알게 되었다. 이러한 과정을 거쳐 학생들은 한 주제에 관한 글을 쓸 수 있는 실력을 갖출 수 있으리라 보았다.

1학기에 진행된 다양한 평가를 통해 나는 학생들의 수준을 좀 더 정확히 알게 되었다. 그리고 그 과정에서 학생들이 내게 보내주는 신호를 좀 더 잘 받아들이고 이를 바탕으로 수업에 피드백을 받고 또한 개별 학생에게 피드백을 주고 싶었다.

삶과 수업의 연결

일기는 수업과 학생들의 생활을 연결하여 쓰기로 했다. 수업 따로, 배운 내용 따로, 일기의 내용 따로 진행하면 수업과 연관성이 떨어지게 된다. 학생들도 수업과 관련 없는 또 하나의 숙제로 받아들이기 때문에 자신의 성장을 위한 것으로 생각하지 않는다. 수업에서 배운 내용과 어휘, 표현, 문법 사항들을 이용하여 자신의 생활을 표현하면 영어 시간에 배운 것을 복습하고 심화할 뿐만 아니라 이를 통해 자연스럽게 수업과 삶이 일치하는 배움이 일어날 수 있다.

다음은 한 친구가 쓴 일기의 예이다.

I played badminton with my brother.
My brother is better than me.
I played badminton very hard.
But my brother feels bad.

이 학생도 학업 성적이 꽤 높은 편이다. 하지만 시제에서 어려움을 겪고 있다. 개별 상담을 통해 시제에 대해 좀 더 설명을 해주었다. 그리고 문장을 좀 더 만들며 구체적인 글을 쓰는 것을 함께 목표로 잡았다. 이보다 더 중요한 것이 있다. 이 학생과 나는 우리 학교 배드민턴 자율 동아리에서 함께 운동을 했다. 수업시간 뿐만 아니라 방과 후 시간에도 일기를 통해 관계가 더 나아졌다. 그리고 일기에 나왔던 남동생은 우리 학교에 입학해 나와 만나게 되었다. 이처럼 평가가 단순히 학생의 수준을 진단하고 처방하는 것뿐만 아니라 서로의 삶에도 영향을 끼치는 점이 나에게는 큰 보람이었다.

한 달 정도 지나 다시 한번 이 학생과 상담을 했다. 지난번보다 시제를 고민하고 좀 더 정확한 문장을 구사하기 위해 노력한 것이 보였다. 이에 대해 서로 발전한 점을 나누고 앞으로 계획과 목표를 좀 더 나누었다. 무엇보다도 학생의 영어 실력이 나아지고 있는 것과 그것을 함께 공유한다는 것과 그 과정을 함께 이루어나가는 것이 좋았다.

아래는 그 학생의 한 달 후 영어 일기와 도덕 시간에 함께 쓰고 있는 감사 일기이다.

<영어 일기>

Today was Apple Day.
It was held by my school volunteers.
I wrote letter to my friends, and stuck them on the apple tree.
I received three letters. I was moved by them.

<감사 일기>

오늘 3교시 때 김진영 선생님과 영어 일기 상담을 받았다. 내가 한 단계 더 영어 실력이 업그레이드 될 수 있게 도와주신 선생님께 감사합니다. 영어 일기와 감사 일기를 쓸 수 있게 노트를 주신 오란주 선생님께 감사합니다.

피드백은 수업시간에

가장 큰 고민은 쓰기에 대한 평가 시간과 피드백이다. 이것을 잘 조절하지 않으면, 1학기 때처럼 도장 찍기로 끝날 수 있다. 더 이상 학생들의 일기장을 싸 들고 집으로 가기는 싫었다. 이런 고민을 하고 있을 때 우리 학교 국어 시간의 독서 활동이 생각났다. 국어 시간에는 일주일에 한 시간 정도를 할애하여 추천 도서를 읽고 독서 기록장을 쓴다. 학생들은 자신의 한 학기 동안의 독서 계획에 따라 책을 읽고 독서록을 작성한다. 영어 시간에도 학생들은 영어 일기를 쓰고, 나는 개별 학생들과 면담하며 피드백을 주는 시간을 확보할 수 있을 것 같았다. 최대한 학생들에게 부담을 주지 않으면서 수업과 평가가 이루어져야 한다고 본다. 영어 쓰기에 대한 피드백은 1학기 때처럼 전체적으로 걷었다가 점수를 체크하고 도장 찍어서 돌려주는 식으로는 절대 하지 않기로 했다. 일대일 면담으로 피드백과 평가를 주어야 학생의 성장과 발달을 제대로 볼 수 있다고 생각했다.

쓰기 평가의 일환으로 시행하는 일기 쓰기에서 2학년만 실행하는 것보다는 1, 2, 3학년 연계를 하는 것이 좋겠다고 생각했다. 다른 학년 영어 교사들도 흔쾌히 동의해주었다. 1학년은 어휘 위주의 단순한 글을 쓰기로 했다. 문장보다는 품사에 대한 인식을 높이는 쪽으로 진행하는 것이 발달 수준에 맞는다고 생각했다. 2학년은 문장의 구조를 파악하고 단문과 복문을 만드는 형식으로 하기로 했다. 3학년에서는 주제와 맥락이 있는 글쓰기를 하기로 했다. 내년에도 이런 활동을 지속하기로 했으니 3년 동안 우리 학교의 영어 수업을 들은 학생들은 작문에 대한 자신감과 자기 생각을 영어로 표현하는 데 뛰어난 능력을 갖게 될 것으로 기대했다.

쓰기에 집중된 평가지만, 쓰기는 말하기와 같은 개념이다. 글을 잘 쓰는 사람이 말도 잘한다고 본다. 학생들과의 일대일 면접을 통해 수업시간에 보여준 다양한 활동에 대한 피드백을 주고 그것을 학생들과 공유해야 한다. 피드백은 수업과 평가의 마지막 단계가 아니라 학생들의 성장 과정에서 일어나는 활동이어야 한다. 피드백을 받은 학생은 다시 한번 자신의 목표를 돌아보게 되고 학습 활동의 변화를 끌어낼 수 있다.

대부분의 교사는 배움 중심 수업을 하고 있다. 하브루타, 거꾸로수업, 배움의 공동체, 토론 수업, 비주얼씽킹 등 다양한 방식으로 하고 있다. 나는 배움의 공동체 철학을 실천하려고 노력하고 있다. 수업에서 학생들의 모둠 활동과 표현 활동이 활발하게 일어나고 있다. 배움 중심 수업에서 학생들의 활동은 중요한 요소이다. 학생들의 활동을 관찰하고 기록하는 것이 병행되었을 때 그 효과가 커진다. 수업시간의 활동을 관찰하고, 간단하지만 그것을 기록하고 개인 면담 시간에 그것을 평가하고 공유한다면 큰 효과가 있을 것이다.

새로운 마음으로 2학기를

2학기에 달라진 것은 수업에서 학생들의 활동을 기록하는 것이다. 예전에는 명렬표에 발표 횟수와 A, B, C 등급을 적었지만 이제는 간단하게 학생들의 특이사항을 메모한다. 모둠 활동이나 발표 활동에서 일어나는 사소한 것을 기록하기 시작했다. 수동태, 능동태의 이해 부족, 동사의 시제 실수, 어순이나 관계 대명사 등 학생들의 어려움을 적기 시작했다.

배움 중심 수업으로 진행하니 학생들은 다양한 활동을 하게 되었다. 모둠 활동에서 친구를 잘 도와준다거나 참여하는 데 어려움이 있는 학생들에 관한 내용도 기록했다. 예전에는 교실이라는 전체 모습만 보였지만, 이제는 큰 그림과 작은 그림을 함께 볼 수 있게 되었다.

문법 수업은 항상 작문과 함께해야 한다. 그렇지 않으면 지식 위주의 수업으로 흐르기 때문이다. 활동지나 칠판에 자신의 문장을 쓰고 그것을 가지고 친구들과 분석하고 공유하는 방식은 서로에게 큰 도움이 된다. 이것을 간단하게라도 메모하다 보면, 학생들이 부족하거나 성장한 것에 대해 잘 알 수 있다. 한 학생은 to 부정사에 대한 약점이 문장에서 보였고 이를 개인적으로 설명해주고 다음 활동에서 이 부분을 고쳤을 때 칭찬을 해주면서 학생이 성장하는 모습을 볼 수가 있었다.

수업에서의 평가는 교사도 하지만, 학생 상호 간의 평가가 좀 더 효과적일 수 있다. A, B, C로 등급을 매기는 것이 아니라 그날의 수업에서 배운 것을 나누고 평가하고 부족한 면을 서로 가르쳐주는 것이 바로 학생들의 상호평가라고 본다. 피드백이 없이 단순히 점수로 나열하는 것 또한 결과 위주의 평가이다.

2학기에도 학생들은 영어 작문 노트를 받게 되었다. 1학기 때의 오류를 수정하고 제대로 활동하고 싶어 큰 의욕을 가지고 운영했다. 한 달에 3~4번 정도의 작문 시간을 가졌다. 교과서 진도의 문제가 있을까 걱정도 했지만, 나름의 재구성으로 충분한 시간을 확보했다. 작문은 수업의 주제와 연관 지어 활동을 하는 것이니 시간을 내는 것은 문제가 되지 않았다.

학생들에게는 그 주에 배운 문법 지식이나 새로운 표현에 대한 예를 주고, 이를 이용하여 자신의 생활을 일기나 에세이 형식으로 글을 쓰게 했다. 20~30분 정도 학생들은 모둠을 이루어서 사전이나 친구들의 도움을 받아 글쓰기를 진행했다. 나는 그 시간에 학생들과 개인 면담을 한다. 처음에는 학생들이 떠들거나 일종의 자습 시간처럼 운영되지 않을까 하는 걱정도 했다. 하지만 모둠 활동에 익숙한 학생들은 의미 있게 작문 시간을 스스로 잘 운영했다. 모든 학생이 열심히 참여한 것은 아니지만, 기존의 수업 참여율과 거의 비슷했고 모둠별로 주도하는 활동이니 그 효과는 교사가 주도하는 활동보다는 더 컸다.

일대일 면담을 통해 학생의 작문 노트를 보며 문장에 대한 평가와 피드백을 준다. 학생들의 작문은 처음에는 단순히 문장 몇 개를 적는 수준이었다. 'I go home.' 'I play game.' 가장 많이 쓰인 문장이었다. 중학교 2학년인데 이 정도밖에 안 되는가 하는 생각도 있지만, 우리 학교 학생들의 상황을 잘 알고 있기 때문에 앞으로의 발전 과제에 더 집중하기로 했다. 이렇게 상황에 맞게 올바른 시제를 사용하지 못하는 학생은 당연히 영어 일기를 처음 써보고 어떻게 쓸지도 모르며 영어 실력도 중간 이하였다. 이 학생과 면담을 하면서 몇 가지 설명을 해주었다. 먼저 일기를 쓰는 것이므로 날짜, 요일을 영어로 쓰기, 다음으로 시제는 과거로 써보기. 이 학생과 같은 수준에서는 과거 동사를 잘 모르는 경우도 많아서 이런 과정이 과거 시제에 대해 스스로 연습할 수 있는 좋은 기회가 되었다. 다음은 학생에게 목표를 정하라고 했다. 일주일에 몇 번 정도 쓸 수 있는지와 한 번 쓸 때 몇 문장 정도 쓸 것인지를 스스로 정하게 했다. 학생은 조금 생각하더니 일주일에 두 번 정도에 문장은 3문장 정도 쓸 수 있다고 했다. 나는 이것을 일기장에 써주면서 학생과 내가 정한 목표를 다시 한번 공유했다.

예전 같으면 A, B, C, D 중에 하나 골라 점수만 주었을 텐데, 짧지만 이런 이야기를 학생과 나누다 보니 좀 더 학생의 모습이 보이기 시작했다. 나 또한 학생들이 시제를 어려워하는 것은 알고 있었지만, 개인 면담과 일기장의 영어 문장을 보면서 더 정확히 알 수 있었다. 다른 학생들과의 면담도 이어졌고 30분 동안 10명 정도의 학생과 면담을 할 수 있었고 그 내용은 파일에 기록을 해두었다.

수업시간에 있던 내용과 일기를 쓰면서 평가한 내용의 기록은 내가 진행하는 수업에서도 큰 영향을 주었다. 학생들의 일기를 보다 보니 몇몇 학생이 'I'm meet my friend.' 처럼 be 동사와 동사를 함께 사용했다. 분명 다른 학생들도 이러한 오류를 가지고 있으리라 생각했다. 이를 확인하기 위해 수업시간에 not A but B 문장을 가르칠 때 학생들에게 각자의 문장을 만들고 칠판에 쓰게 했다. 이때는 일부러 학생들을 독려하여 가급적 많은 문장을 쓰게 했다. 역시나 학생들 문장에서 20% 정도에서 be 동사와 일반동사를 혼용하는 현상이 일어났다. 왜 이런 오류를 범하는지 함께 이야기를 나누면서 오류를 수정했다. 물론 한 번의 설명으로 고쳐지지 않겠지만, 나 또한 학생들의 활동을 통해 수업의 피드백을 받을 수 있어서 다행이었다. 수업시간에 작문을 할 때는 이러한 오류에 대해 전체적으로 설명하고 좀 더 주의할 것을 당부했다. 이후에는 학생들의 문장에서 실수가 많이 줄어든 것을 볼 수 있었다.

수업, 평가, 기록을 함께 하다 보니 수업의 흐름을 잡기가 쉬워졌다. 전체적인 목표와 과정뿐만 아니라 각 과정을 평가하고 기록하다 보니 각 수업에서 학생들의 이해도를 알게 되었고 개별적인 피드백을 줄 수 있게 되었다. 나도 이러한 과정을 통해 수업의 변화를 꾀할 수 있게 되었다. 학생들의 성장이 눈에 보이니 그것을 더 촉진하기 위한 수업 방식을 더 많이 고민하게 되었다. 2차 평가를 하면서 학생들과 함께 세운 4~5가지의 목표를 점검했다. 과연 학생들은 1차에 이어 2차 평가에서 얼마나 성장과 발달을 이루었을지 기대되었다. 수업시간에도 중요한 표현이나 문법 사항은 작문 노트에 꼭 적어보고 직접 만들 수 있도록 했다.

1차와 같은 방식으로 개별 면담을 했고 대부분의 학생은 1차 때 자신이 정한 목표를 이루기 위해 많이 노력한 것이 보였다. 일단 보기에도 문장의 수가 많이 늘었고 글의 수준에서도 질적인 발전이 있었다. 영어를 어려워하는 친구들도 짧고 단순한 문장이지만 그 수를 늘리고 수업시간에 나온 표현을 사용하며 자신의 생활을 표현했다. 영어를 잘하는 학생들에게는 다른 방법으로 접근했다. 이 학생들에게는 세부적인 사항뿐만 아니라 주제를 잘 표현할 수 있는 표현이나 논리성을 가질 수 있게 지도했다. 이 학생들은 문장 만들기에는 어느 정도 자신이 있었고 단순 생활의 기록이 아니라 나름대로 주제를 잡고 쓰려고 했다.

한 친구는 1차에서 함께 목표를 정했다. 영어 실력이 뛰어난데도 3인칭 단수 현재형에서 실수를 많이 했다. 그래서 동사의 현재 시제 바르게 쓰기와 과거와 현재 완료의 사용을 헷갈려하는 경우도 있었다. 학생도 자신의 부족한 면을 발견하게 되었고 이를 수정하기 위한 목표를 설정했다. 또한 글의 제목을 정하고 그 제목에 따른 주제가 있는 글을 쓰자고 했다. 다음으로는 일주일에 두세 번 글을 쓰고 분량은 5문장 이상으로 하기로 했다.

2차 면담 때 이 학생은 주제에 따른 글을 잘 써왔다. 본인도 자신이 지난번보다 많이 발전한 것을 보며 만족했다. 무엇보다도 교사와 함께 설정한 목표를 이루었다는 성취감을 얻었다. 이 학생은 오류를 줄이려다 보니 문장이 단순해지는 경향이 있었다. 그래서 사전이나 교과서 등의 표현을 이용해서 좀 더 새로운 문장에 도전해보자고 했다. 글의 내용도 일상이 아니라도 생각나는 주제에 대해 제목을 쓰고 자유롭게 표현하도록 했다. 또한 수업을 통해 배운 표현이나 문법을 이용해서 문장을 만들기로 했다. 학생들의 수준차를 이전에는 단순히 점수 차이로 이해했던 것을 직접 학생들의 결과물과 면담을 통해 실질적으로 이해하게 되었다.

자기 수준에 맞게 설정된 개별 목표를 이룬 학생들에게는 더 높은 단계의 목표를 제시했고 개별 목표에 다다르지 못한 학생들은 좀 더 쉬운 목표를 잡고 성취할 기회를 주기로 했다. 상위권 학생들은 자신의 문장이 점점 좋아지는 것을 알게 되었고 좀 더 구체적인 목표를 정하고 그것을 달성하기 위해 노력했다. 하위권 학생들 또한 비록 낮은 수준의 성과지만, 큰 성취감을 가질 수 있었다.

수업과 연결된 논술평가

1학기 때는 논술평가를 위해서 주제를 주고 글쓰기를 했다. 2학기 때는 버킷리스트와 관련된 단원이 있어 자신의 꿈 3가지를 쓰는 주제로 진행했다. 수업을 진행하면서 자신의 꿈을 생각해보고 일기에도 적도록 했다. 물론 긴 글이 아니라 단순한 몇 문장으로 표현하게 했다. 그다음에 정식으로 논술평가를 보았다. 1차 때와 양적으로 비교하기는 무리가 있을 수 있지만, 2차 논술에서는 학생들의 발전과 성장을 볼 수 있었다.

먼저 양적으로 큰 변화가 있었다. 보통 학생들이 A4 반 장을 쓰는 것도 어려워했지만, 2차 때는 대부분 한 장을 채웠다. 양이 늘어난 것은 내게 상당히 고무적이었다. 학생들이 내가 2학년 영어 교육과정에서 목표로 했던 자기 생각을 영어로 표현하는 성취기준에 도달하고 있기 때문이다. 다음으로 내용적인 면을 보았다. 한국 문화를 소개하는 글을 쓰는 1차 때보다 이번 주제는 수업시간과 일기를 쓰면서 연습을 많이 해서 그런지 글의 흐름도 괜찮았다. 문법이나 표현적인 면에서도 동사의 시제와 태, 어휘 등에서도 많은 발전을 이루었다.

3차로 일기 평가와 논술평가를 함께 피드백을 주었다. 학생들은 자신이 보여준 성장에 대해 교사인 나와 공유하는 시간을 가졌고 자신의 점수에 대해서도 수긍했다. 더 중요한 것은 앞으로 3학년이 되었을 때 노력해야 할 부분을 알게 된 것이다. 2학년의 마지막 평가로 끝나는 것이 아니라 이것이 환류되어 다음 학년까지 넘어갈 수 있게 되었다. 보통 수행평가에서 낮은 점수(10점 만점에 8점 이하)를 받은 친구들은 그냥 자기 점수에 서명만 하고 넘어간다. '영어는 역시 안 돼' 하는 체념과 함께. 하지만 이번에는 달랐다. 영어의 파닉스조차 잘 몰라 단어를 읽는 데 어려움이 있던 학생도 일 년 동안 쓰기를 하면서 이제는 최소한 동사의 의미를 알게 되었고 단순하나마 주어, 동사, 목적어의 문장을 만들 수 있게 되었다. 3학년 올라가기 전에 찾아와 '저도 영어를 조금 할 수 있을 것 같아요'라고 말하는 모습을 보며 대견했다. 이젠 그 학생도 어휘를 많이 공부해서 자신의 문장을 좀 더 윤택하게 만들면 되는 것이다. 그 모습이 기대되기도 한다.

아래 일기를 쓴 학생은 일 년간 많은 발전을 보여주었다. 성장을 많이 하였지만, 여전히 문장에서 오류가 발견되곤 한다. 하지만 중요한 것은 자신

일기 쓰기 피드백과 개별 상담 예

May 10, 2017 I drank juice. May 12, 2017 Instead of playing soccer, I read a book in the library.	· 나의 피드백: 열심히 문장을 만들었구나. 앞으로 좀 더 많은 문장을 써보렴. ※ 개별 면담이 아니라 그냥 일기장에 피드백을 써줌.
July 7, 2017 I am very happy because I finished final test. July 11, 2017 Yesterday I ate chicken.	· 진행 방법: 학생과 함께 개별 면담을 진행하고 평가를 공유함 · 학생 개별 목표: 4~5문장 만들기, 다양한 단어와 표현 사용해보기 · 교사의 피드백: 제목을 써서 주제에 따른 글쓰기, 문법적으로 시제에 대해 좀 더 고민하여 쓰기
September 11, 2017 **Test** Thesedays, I was tired. I have to do my homework everyday. So, I will take a rest. I was so sleepy. Good night.	· 진행 방법: 학생과 함께 개별 면담을 진행하고 평가를 공유함 · 학생 개별 목표 : 실수 줄이기, 시제와 동사 바르게 쓰기 · 교사의 피드백: 사전, 교과서 등 다양한 표현 사용할 것. 실수를 피하기보다는 다양한 문장을 작성하여 자신의 문장 발전시키기
Nov. 8, 2017 **My Puppy** My puppy turned 4 years old this year. She is still young. She is Yorkshire terrier. She is more afraid than other puppies. So she took a long time to adapt when she first come my home. Also she loves a courier driver. She barks when the courier driver arrives at home. I hope to live with my puppy for a long time.	· 진행 방법: 학생과 함께 개별 면담을 진행하고 평가를 공유함. · 학생 개별 목표: 주제에 대해 지속적인 글쓰기, 시제에 대해 좀 더 집중해서 문장을 만들기 · 교사의 피드백: 주제에 대한 표현이 좋고 다양한 주제에 대해 여러 문장으로 표현하기. 문법적으로 수동태와 동사에 대해 바르게 사용하기. 애완견에 대해 사랑 나누고 보살피기

이 생각하는 바를 좀 더 세밀하고 구체적으로 표현하기 시작했다는 것이다. 내가 목표로 했던 자기 생각과 느낌을 표현하는 것에 도달한 것이다.

풍성해진 학생부

이전에는 학생부를 쓸 때면 학급당 몇 명 정도 특이사항을 써주곤 했다. 물론 수업에서 활동을 많이 하니까 내용을 쓰는 것은 어렵지 않았다. 하지만 수업시간과 수행평가 시간에 작성한 간단한 기록들이 새로운 힘이 되어주었다. 예전에는 단순히 활동 위주로 기록했다면, 이제는 학생들이 노력을 해서 얻은 성장을 보게 되었고 그것을 기록하게 되었다. 동사의 시제와 태, 새로운 문법 사항, 주제에 맞게 글 풀어가기 등 학생들이 수업을 통해 알게 되고 스스로 성장한 점을 서술할 수 있게 되었다. 이러한 기록을 통해 학생들의 점수와 등급을 너머 성장을 바라볼 수 있게 되었다.

2학기 수업을 통한 나의 성장

제일 중요한 것은 이전에는 수업을 먼저 보았다면, 지금은 학생을 먼저 본다는 것이다. 수업에서 학생이 중요하다. 하지만 예전에는 내 수업 디자인을 먼저 생각했다면, 이제는 학생의 성장을 위해 어떻게 교육과정-수업-평가를 계획해야 하는가를 본다. 학생은 단순히 내 수업에 참여하는 수동적인 존재가 아니라 교사인 나와 함께 배움을 실천하고 평가하고 서로 영향을 주는 존재라는 사실을 깨닫게 되었다. 학생들의 성장 과정을 평가하고 함께 공유하면서 내 수업 방법도 영향을 받고, 이를 통해 서로의 성장을 도모한다는 것을 알게 되었다.

또한 평가에서도 학생들과 함께 공유하는 것이 좋았다. 함께 결과물을 보면서 평가하고 앞으로 나아갈 목표와 성장 방향을 정하고 그것에 도달하기 위한 방법을 함께 고민하는 것이 큰 효과를 보았다. 또한 학생이 정한 목표를 내가 수업을 통해 도와주고 다음 평가 때 자신의 목표에 도달한 학생들을 보면서 진정한 보람을 느끼기도 했다.

다시 한번 교학상장이라는 말을 떠올려본다. 교실이라는 공간은 배움이 일어나는 곳으로 우리는 알고 있다. 그런데 배움이 학생에게만 일어나는 것은 아니다. 교사–학생, 학생–학생 간의 의견 공유와 서로의 영향과 피드백을 통해 함께 성장하고 발전하는 공간이어야 한다. 아마도 2학기 동안 교실에서 가장 성장한 사람을 뽑으라면, 그 어느 학생보다 내 성장이 가장 많이 일어났을 것이다. 그래서 정말 행복한 한 학기를 보냈다.

가장 중요한 것, 관계

보통 마지막 평가가 끝나면 학생들은 대부분 교과서를 버린다. 학생들에게 한 학기 또는 일 년의 교육과정은 마지막 점수와 등급을 받으면서 모든 것이 끝난다. 결코 교사로서 학생들에게 그저 영어 지식만을 전수하려 하지 않았는데, 2학기 평가가 끝나면 교사와 학생의 관계도 끝난다.

일 년을 학생들과 교육과정–수업–평가–기록의 일체화를 생각하며 진행한 결과 나에게 가장 큰 의미를 준 것은 바로 학생들과의 '관계'였다. 학생들은 나와의 개인 면담을 통해 교사인 내게 신뢰감을 갖게 되었고 나 또한 학생들과 관계가 잘 형성되어 이것이 수업시간에도 영향을 주었다. 학생들을 영어를 잘하고 못하는 관점에서 보는 것이 아니라 각자의 수준에 맞는 개별 목표를 정하고 그것에 도달하려고 노력하는 모습으로 보게 되었다. 과정평가가 단지 학생들을 학습적인 면에서 자신의 목표로 이끄는 것뿐만 아니라 학생들의 삶의 발전에도 영향을 준다는 것을 깨달았다. 학생들이 수업에서 배우는 모든 것은 결국 자신의 삶과 연결되어야 하고 교사는 그 삶으로 들어가 학생과 함께 성장하는 것이다.

신의 한 수, 감사 일기

앞서 말했듯이 영어 일기 쓰기 활동은 학년 시작 전에 계획한 것이 아니라 도덕과에서 시행하는 행복 수업의 일환인 '감사 일기'에 학기 중간에 영어 일기 쓰기를 함께 하게 되었다. 이것이 내게는 신의 한 수였다. 보통 학생들은 언어의 장벽 때문에 자기 생각을 정확하게 표현하기 어려워한다. 단순한 문장으로 표현하다 보니 자신의 감정을 정확히 표현하는 학생이 그리 많지 않았다. 나는 결국 영어라는 틀에 갇혀 학생들의 전체적인 역량을 파악하기보다는 영어와 관련된 부분만 볼 수밖에 없었다. 이로 인해 학생들과 관계를 맺는 데도 큰 지장을 받았다.

그런데 영어 일기를 학생들과 함께 보면서 도덕 시간에 쓰는 감사 일기도 볼 수 있었다. 영어 시간에는 조용하고 자신의 생각을 표현하지 못하던 학생도 감사 일기에는 우리말로 자신의 생각을 표현하는 것을 보게 되었고 이를 통해 수업시간에 보지 못했던 모습을 알게 되었다.

겨우 알파벳을 떼고 힘들게 수업에 참여하는 학생이 있었다. 수업시간에도 방해하는 행동을 하지는 않지만, 주로 조용히 종이접기를 하는 친구이다. 아마 감사 일기가 없었다면, 나는 그 학생을 영어의 기초가 전혀 없어 수업을 따라올 수 없는 학생으로만 여겼을 것이다. 하지만 그 학생의 감사 일기를 보면서 어떤 생각을 하는지 알게 되었고 그 학생이 무기력하고 소극적이지 않다는 것을 발견했다. 단순한 학습의 무기력이 아닌 것을 알게 되면서 그 학생에게 영어 수업에 좀 더 적극적으로 참여할 것과 꾸준한 일기 쓰기를 제안했다. 기본 동사나 형용사를 조금 익혀보자고 했고 다른 친구들과 달리 느낌이나 감정을 나타내는 단어 위주로 일기를 쓰자고 했다. 그 후 그 친구는 수업시간에 좀 더 적극적으로 참여했다. 물론 영어 실력이 많이 향상되리라고는 기대를 하지 않았다. 단지 수업시간에 스스로 무엇인가를 하면서 작은 성취감을 느끼기를 바랐다.

그 후 이 학생은 일기장에 단순하지만 여러 형용사와 동사를 적기 시작했다. 물론 낮은 수준의 단어지만, 나와 그 학생에게는 의미 있는 성장이었다. 이전처럼 결과 중심의 점수 위주의 평가였다면, 이 학생이 이룬 작은 성과는 그냥 'E'에 해당하는 무의미한 점수였을 것이다. 이 학생이 마지막으로 만든 문장은 'I am happy. I want to sleep.'이었다. 중학교 2학년으로서는 단순한 문장이지만, 이 학생에게는 영어로 문장을 만드는 것이 소중한 경험이었을 것이다. 앞으로 이러한 경험을 통해 더 많은 성장이 삶에서 있으리라 기대된다.

아직도 갈 길이 멀다

이처럼 일 년 동안 수업과 평가를 연계해서 수업을 진행했다. 이런 식으로 과정중심평가를 고민하고 수업을 진행하다 보니 자연스럽게 교육과정-수업-평가-기록의 일체화에 다가서게 되었다. 물론 지금도 용어 정리조차 힘들다. 학교나 교육청에서 주관하는 연수도 많고 연수 자료집도 많다. 하지만 대부분 용어 해설에 초점을 두고 단편적인 수업의 예만 나올 뿐이다. 나를 포함한 대부분의 교사는 연수를 들으면 무엇을 해야 할지 더 고민이 생긴다. 우리 교사들은 현장의 실천가이다. 너무 매뉴얼과 자료집에 집중하다 보면 우리의 역할을 놓치게 된다.

거의 매일 교육과정, 수업, 평가, 기록 등에 대해 생각하다 보니 이 과정이 단순하게 보였다. 우리가 이미 하고 있는 것을 서로 연결 지으면 된다. 여태까지는 분절적이던 각각의 과정을 서로 연결하고 피드백을 받아 다시 강화하여 진행하면 되는 것이었다.

가장 보람이 되었던 것은 학생들에 대한 평가와 피드백이 다시 나에게 돌아와 수업을 고민하고 교육과정을 고민하는 시간을 가져다준 것이다. 또한 학생들도 자신의 성장점을 알고 스스로 목표를 설정하고 함께 평가하고 공유하며 성장하는 것을 보게 된 것이 정말 뜻깊은 일이었다.

교육과정-수업-평가-기록의 일체화를 정확히 알고 바르게 실천했다고 할 수는 없지만, 방향은 이해하게 되었다. 각각의 영역은 서로 영향을 주고 교사와 학생은 배움이라는 목표 아래 피드백을 주고받으며 서로의 성장을 이끌어내는 것이다.

좀 더 세련되게, 좀 더 멀리 보기

2018학년도 1학기가 시작되었다. 이번에도 2학년을 가르치게 되었다. 올해 2학년들의 특징은 처음으로 자유학년을 거친 학생들이었다. 바꿔 말하면 소위 지필고사를 치르지 않은 첫 세대이다. 시험을 통한 서열화에 익숙하지 않고 다양한 활동 위주의 수업을 경험한 학생들이다. 이런 학생들과 좀 더 의미 있는 일 년을 보내기 위해 지난해보다는 세련되고 체계적인 노력을 하기로 했다.

먼저 4시간의 수업 오리엔테이션을 했다. 나의 수업 철학, 일 년의 교육과정, 과정중심평가의 의미와 중요성, 협력 수업에 대한 이해 등을 함께 나누었고 친구들과 협력하여 과제를 해결해보면서 나의 수업에 익숙해지는 시간을 함께했다. 특히 일 년간의 과정을 통해 학생들이 갖게 될 역량과 영어 교과의 목표와 비전을 공유했고 그 산(목표)에 오르기 위한 과정을 설명했다.

학년 말에는 그동안의 축적물과 상담 자료를 모아 일 년간의 성장에 대해 이야기를 나눌 예정이다. 내게는 가장 기대되는 시간이다. 일 년 동안 얼마큼의 성장이 있었고 앞으로 이러한 성장을 바탕으로 더 큰 목표를 생각하는 시간이 될 것이다.

교육과정(목표)을 향한 과정

쓰기 영역에서는 3단계의 과정을 두어 각 학생의 성장을 평가하고 피드백을 줄 수 있는 시스템을 만들었다. 매시간 나누어주는 활동지와 과제를 포트폴리오 1단계로 잡았고, 일상적인 글쓰기를 2단계로 설정했다. 이러한 단계들을 거쳐 주제에 대해 글쓰기라는 마지막 단계를 통해 학생들의 성장을 도모하기로 했다.

2017학년도까지는 과정평가의 의미로 일기 쓰기를 했지만, 이것은 정의적 영역 평가로 진행했다. 구체적인 계획을 세워 시작한 것이 아니었기에 점수화하기에는 조금 무리가 있다고 생각했다. 그래도 학생들은 수업의 방향과 철학을 이해한 상태였기에, 점수에 들어가지 않아도 모두 자신의 목표를 위해 열심히 작문을 했다. 그 점에서는 우리 학생들에게 항상 고마웠다.

2018학년도 평가계획을 세우면서 일기 쓰기를 수행평가에 넣는 것이 좋겠다고 생각했다. 과정에 대한 평가도 좋지만, 이것을 점수화하는 것 또한 필요하다고 보았다. 평가 연구회 선생님들이나 함께 과정중심평가를 고민하는 다른 선생님들의 의견을 들어 보았을 때도 모든 과정을 평가하고 점수화하는 것에는 동의하지 않지만, 과정에 대한 학생들의 노력을 점수화하는 것도 나쁘지 않다고 보았다. 어떻게 보면 학생들의 정당한 권리라고 생각되었다.

평가계획을 단계별로 세우고 서로의 연관성을 높이도록 했다. 1단계 포트폴리오, 2단계 영어 일기 쓰기, 3단계 긴 글쓰기의 쓰기 평가(에세이 쓰기) 계획을 수립했다. 4단계 말하기는 이러한 글쓰기를 바탕으로 주제에 대해 자기 생각을 발표하는 것이다. 쓰기와 말하기가 따로 분리되지 않는 장치를 두려 했고 마지막 심화 단계로 설정했다. 작년에 논술 쓰기에 20점을 배점하다 보니 좀 더 과정에 집중하기가 어려웠다. 물론 큰 주제에 도달하기 위한 과정에 대해 피드백을 주었지만, 그 과정에도 점수를 부여하면 학생들에게 동기부여도 더 잘 될 수 있으리라 믿었다.

자신의 생각을 글로 표현하는 목표(교육과정)에 도달하기 위한 과정을 4단계로 설정했다. 1단계 포트폴리오는 주로 수업시간에 피드백을 주며 실행했다. 2단계 일상에 대한 글쓰기(일기 쓰기)는 한 학기에 2~3번의 개인 상담을 통해 피드백을 주며 개별 목표를 함께 설정했다. 3단계는 주제에 대한 글쓰기를 실시하며 학생들의 성장을 도모했다. 4단계에서는 글쓰기 자료를 종합하여 자기 생각을 표현하는 단계로 설정했다. 물론 1, 2차의 지필평가 또한 학생들의 과정을 평가하는 중요한 요소이다. 지필평가를 통해 학생들의 진단과 수업에 대한 이해도를 파악할 수 있었고 앞으로의 수업 방향을 잡을 수 있는 중요한 과정평가가 될 수 있다.

2018학년도 1학기 평가계획은 아래의 표와 같았다.

또한 상담 및 평가 기간을 정해 개별 상담이 좀 더 충실해질 수 있게 했다. 3, 4월에 진행한 개별 상담을 통해 학생들의 수준을 진단하고 앞으로의 수업 방향을 잡을 수 있게 되었다. 학년 말은 학생부 작성으로 바쁜 시

2018학년도 2학년 1학기 평가 영역 및 배점

듣기 (시도 교육청 공동 시행)	영어 실력 향상 포트 폴리오 **1단계**	일상에 대한 글쓰기 (일기 쓰기) (논술형) **2단계**	한국을 소개하는 글쓰기 (논술형) **3단계**	한국을 소개하는 말하기 **4단계**	1차 지필고사	2차 지필고사
10점 (10%)	10점 (10%)	10점 (10%)	10점 (10%)	10점 (10%)	25점 (25%)	25점 (25%)

기가 아니라 나에게는 일 년의 과정을 거쳐 우리 학생들이 얼마만큼의 성장을 했는지 알 수 있는 행복한 시간이 될 것이다. 물론 나의 일 년간의 성장을 볼 수 있는 시간이기도 할 것이다.

영어 개별 상담 및 평가 내용

1회, 3월~4월	2회, 7월	3회, 9월~10월	11월	4회, 12월~1월
진단평가 자신의 목표 수립	한 학기 성장 나눔	2학기 목표 설정	개별 목표 중간 점검	일 년의 성장 평가 및 앞으로의 계획 수립

일 년간의 평가계획

1단계. 수업시간의 평가

수업시간에 학생들은 오른쪽과 같은 활동지를 받고 모둠을 이루어서 주어진 과제를 수행한다. 수업은 주로 주제에 대해 함께 이야기 나누기, 개념 정리, 문장 만들기(통제 작문), 자신의 문장 만들기(자신의 생각과 삶과 관련된 문장 만들기)로 구성된다.

수업시간에 협력 활동을 할 때 나는 각 모둠을 살피며 학생들의 상황을 기록한다. 과제에 대해 피드백을 주기도 하고 잘한 점이나 부족한 점을 메모한다. 작문 활동을 할 때는 주로 학생들이 나와서 칠판에 자신들의 문장을 적는다. 한 반의 반 이상의 학생이 나와 칠판에 자신들의 문장을 적는다. 정답보다는 오답을 통해 배운다는 수업 규칙에 따라 많은 학생이 자신감을 갖고 틀리더라도 자기 문장을 적는다.

Lesson 2. "We Can Save the Earth"   2-3

Step 1. 관계 대명사에 대해 서로 이야기를 나눠보고 찾은 것에 대해 모두 적으시오.

<선생님 설명>

Step 2. 관계 대명사의 종류와 용법에 대해 적어 보시오.

<선생님 설명>

Step 3. 다음을 관계 대명사를 이용하여 문장으로 만드시오.

1. There is a boy. He is playing soccer.
   →
2. This is the book. It is very expensive.
   →
3. 나는 걸을 수 있는 로봇을 원한다.
   →
4. 선생님은 학생들을 가르치는 사람이다. (person, teach 이용)
   →

Step 4. 관계 대명사 문장을 만드시오.

* 학생들의 다양한 문장 예시

There is a boy who he is playing soccer.

There is a boy he is playing soccer.

There is a boy who is playig socer.

Teacher is a person who teach students.

Teacher is a people who teaches student.

학생들은 정말로 다양한 오답을 보여준다. 내가 칠판에 있는 학생들의 답을 통해 피드백을 주지만, 그보다는 학생들이 그 속에서 느끼고 말하는 것이 더 큰 피드백이 된다. 평가의 주체가 꼭 교사일 필요는 없다. 동료 학생들 또한 중요한 평가의 주체이다. 그리고 꼭 동료평가라는 것이 주어진 형식에 점수를 체크하는 것뿐만은 아니며 오늘 배운 핵심 주제에 도달한 친구들의 표현에 대해 이야기를 나누는 것도 중요한 평가의 방법이라고 본다. 이를 통해 자신도 할 수 있는 실수나 오류에 대해 고민하고 그것을 줄이려 노력한다.

이처럼 매 수업의 활동지나 프로젝트 과제(1~2차시)는 잘 축적되어 학생들의 성장을 평가하는 도구로 활용된다. 학생들도 한 학기, 일 년의 포트폴리오를 보면서 자신이 이루어낸 성장을 볼 수 있을 것이다.

2단계. 일상에 대한 글쓰기(일기 쓰기)

2017년도의 일기 쓰기가 주로 자기 삶의 기록에 중심을 두었다면, 2018학년도에는 수업시간에 배운 내용을 가지고 자기 삶을 표현하는 데 중심을 두었다. 수업과 삶을 억지로 연결하다 보면 오히려 부작용이 생기기도

하고, 삶을 너무 강조하다 보면 수업과 동떨어진 경우가 생기기 때문이다. 보통은 자기 생활을 일기로 작성하지만, 수업에서 배운 표현을 가지고 일기를 쓰는 경우가 많아졌다.

길 안내 표현을 이용하여 주변 장소의 길을 안내하는 예문 만들기

수동태 문장을 통해 자신의 이야기나 주변 묘사하기

자신이 좋아하는 것, 하고 싶은 것을 관계 대명사를 이용하여 문장으로 표현하기

이런 활동을 통해 학생들은 좀 더 수업과 자기 삶을 연결하는 방법을 찾게 되었다.

올해 학생들과 함께 일기에 대해 영어 상담을 진행하면서 진단평가의 효과를 많이 보았다. 작년의 학생들보다 글의 양은 많이 증가했다. 자기 생각을 표현하려고 노력을 많이 했다. 아마도 자유학년의 영향으로 보인다. 다른 과목에서도 학생들의 말하기, 자기표현 능력이 작년보다 우수하다고 했다. 하지만 작년 학생들보다 쉬운 단어에 대한 실수가 많았고 스펠링에 대한 실수가 생각보다 많았다. 물론 동사의 시제, 단수, 복수 등의 고질적인 실수도 여전히 많이 보였다. 이를 것을 바탕으로 수업시간에 보충하며 개별 상담을 통해 앞으로 학생들이 발전해야 할 방향에 대해 이야기하는 시간을 가졌다.

3단계. 주제에 대한 글쓰기

학생들은 논술평가의 일환으로 주제에 대한 글쓰기를 했다. '외국 친구에게 우리나라 문화 소개하기' 라는 주제로 글을 쓰는 것이었다. 수업시간의 쓰기 활동과 일기 쓰기를 통해 성장한 학생들이 주제가 있는 에세이 쓰기에 도전하는 것이다. 한국 문화의 특징에 대해 8차시 정도 수업을 진행했다. 이를 바탕으로 자기 생각을 주제에 맞게 글을 쓴다.

작년에도 그랬지만 올해 학생들도 일단 글의 양에서 많은 발전이 있었다. 자기 생각을 영어로 표현하는 데 어색함이나 두려움을 갖기보다는 자연스럽게 많은 문장을 써 갔다. 물론 완벽하게 쓴 글은 없었지만, 시제와 수의 일치처럼 개별 면담을 하며 지적된 많은 실수에 대해 고민하고 바르게 쓰려고 노력한 흔적이 많이 보였다는 것이 고무적이었다. 영어가 어려운 학생들도 기본적인 문장을 사전이나 교과서 표현을 참고하여 썼다는 것이 내게는 큰 보람이었다.

주제에 대한 글쓰기 후에는 1학기 마지막 개별 면담이 있을 예정이다. 학생들이 한 학기 동안 받은 피드백과 주제에 대한 글쓰기를 함께 평가하면서 자신이 성장한 것과 앞으로 발전할 내용을 공유할 것이다. 이처럼 평가는 학생부의 점수로 남는 것이 아니라 학생과 교사가 공유하며 각각의 과정에서 자신의 성장을 파악하고 앞으로의 목표에 대해 설정하는 것이라 본다.

4단계. 주제에 대해 자신의 생각 말하기

주제에 대한 글을 쓴 후에 학생들은 자신의 원고를 다시 받은 후 수정한다. 말하기 대본으로서 불필요한 것은 빼거나 필요한 것을 추가하는 과정을 거친다. 이를 통해 자신의 글을 다시 한번 보고 평가하면서 좀 더 완성도가 있는 글이 된다. 올해 학생들은 앞에서도 언급했듯이 자유학년 1세대로 자신의 생각을 말하는 데 매우 적극적이다. 비록 영어라는 장벽이 있더라도. 학생들에게 전체적인 피드백을 준 후에 각자 피드백을 주었다. 이처럼 쓰기와 말하기를 따로 하지 않고 연결해서 진행하니 학생들의 글이 점점 더 좋아지는 것을 알 수 있었으며 내용적인 면에서도 더 나아지는 것을 발견하게 되었다.

수업의 모든 활동은 평가이고 과정이다

환경에 관한 수업을 10차시의 과정으로 진행했다. 환경 관련 글을 읽고, 관련된 표현과 문법을 배우고 마지막으로 환경 포스터를 모둠으로 만들어보는 수업이었다. 포스터를 만들 때 학생들은 '수행평가에 들어가나요?'라고 질문했다. 나는 당연히 학생들에게 내 수업에 일어나는 모든 활동은 평가에 들어간다고 말했다. 우리가 만들어놓은 목표에 도달하는 과정이 바로 수업이고, 그 과정에 대해 얼마만큼 이해하고 도달하는지를 보는 것이 바로 평가이다. 그 평가를 기반으로 각자에 대한 피드백이 주어지고 우리는 좀 더 목표에 도달할 수 있는 것이다.

과정중심평가는 중간중간의 과정에 대해 점수를 주는 것은 아니라고 본다. 한 학기, 일 년의 교육과정에서 마지막 결과만을 평가하는 것이 아니라 그 목표에 도달하기 위한 과정 과정을 함께 돌아보고 그것에 대해 피드백을 주는 것이다. 물론 피드백에 점수가 들어갈 수 있다. 하지만 그것이 전부가 되는 순간 과정중심평가의 의미를 잃게 된다.

내 수업에서 달라진 점 중의 하나는 예전에는 점수로 체크되었던 것이 학생들의 의미 있는 행동이나 부족한 점 등을 평어로 기록한다는 것이다.

과정중심평가의 방향을 이해하고 수업에서 실천하면서 많은 것이 변화했지만, 여전히 내게는 20년 동안의 평가 틀이 존재하고 있었다. 학생들에게 어떤 성장이 있었는지를 평가하기보다는 잘하고 못하고의 이분법적 논리로 판단하기 일쑤였다. 하지만 학생들의 행동을 지속적으로 기록하면서 학생들을 볼 때마다 칭찬해주거나 좀 더 구체적인 피드백을 줄 수가 있었다. '지난 시험에서 스펠링의 실수가 있었다', '가끔 주어와 동사가 일치하지 않는다' 등의 피드백은 학생들에게 좀 더 구체적으로 다가갔고 학생들은 그것을 통해 좀 더 성장할 수 있었다.

교사와 학생이 함께 성장하기

과정중심평가를 하면서 나에게 가장 많이 달라진 점은 학생들의 모습이 잘하고 못하는 것이 아닌 다양한 모습 그대로 받아들인다는 것이다. 또한 각각의 과정에서 보여준 학생들의 결과물은 다음 과정을 설계하는 나에게 배움이 더 잘 일어나는 방법을 구상하는 데 영향을 준다. 과정중심평가는 학생들의 과정을 평가하고 각자의 목표에 도달하는 것을 도울 뿐만 아니라 교사의 교육과정, 수업, 평가에도 피드백을 주는 것이다. 과정중심평가를 통해 내 수업은 매 순간 살아 있으면서 진화하고 성장하고 있다. 이전에는 수업의 전문가가 되기 위해 노력했다면, 이제는 교육과정의 전문가로서 일 년의 과정을 디자인하고 다음의 더 성장된 과정을 디자인하는 데 중점을 갖게 되었다.

이것이 바로 나에게는 희망이다. 2018학년도 2학기는 더 발전할 것이고 내년, 그다음에도 계속해서 발전할 것이다. 학생들에게도 이런 말을 한다. 앞으로 나와의 수업을 통해 발전할 너희의 모습을 기대하고, 너희의 성장이 곧 나의 성장을 이끌어낼 것이라고.

5장
—
연계성을 중요시하는
과정중심평가

- 수학과 -

최우성, 안산 대부중

"수학은 딱딱하다. 밋밋하다"라는 고정관념을 깨트려주고 싶었다. 아이들도 어려워하고 가르치는 교사 또한 타 교과보다 어려움을 느끼는 과목인 수학을 어떻게 하면 흥미롭고 유의미하게 가르칠 수 있을까? 고민에 고민을 거듭하면서 '과정중심평가'라는 새로운 평가 방식을 적용해보고 싶었다. 이리도 해보고 저리도 해보면서 겪었던 좌충우돌 시행착오 경험기를 고스란히 글에 옮기고 싶었다. 이참에 자유학기제, 자유학년제, 연계자유학기 등 중학교 교육과정에서 그 중요성이 더욱 부각되고 있는 과정중심평가에 어떻게 적용할까? 나와 같은 여러 선생님과 고민을 함께 나누고 싶었다.

점이 모여 선이 되고 선이 모여 면이 되는 것처럼, 수업 속에 아이들에 대한 피드백들이 모여서 아이들이 성장하는 평가를 만들어보고 싶었다. 수학과 과정중심평가에서는 교과 속에서, 주제선택 속에서 수업의 과정이 평가라는 잣대 속에서 분절되지 않으면 좋겠다는 의도로 접근했다. 각 수업과 수업의 연결고리가 있어야 하며, 연결고리는 바로 수업 간의 연계성으로 발현되는 것이다. 수학에서 중요한 부분은 바로 연계성이다. 새로운 단계로의 점핑을 이루어내는 아이들의 성장 과정! 그것을 고스란히 평가와 기록으로 남기고 싶었다.

나를 괴롭히는 수업

교사는 수업에서 잠자는 학생이 많거나 집중하지 못하는 아이가 많을 때 자존감과 효능감이 떨어지곤 한다. 어느 신설 학교에서 근무하던 시절 겪었던 2년 동안의 난장판 같은 교실 수업은 지금도 지울 수 없는 아픔과 부끄러움으로 남아있다.

아무런 감흥 없이 새로 나온 전자교과서를 모니터에 띄우고, 수학적 개념과 원리를 설명하고, 그다음은 수업 끝날 때까지 줄줄이 문제 풀이…. 그야말로 참 재미없는 교사 중심의 일방적 주입식 수업을 했었고 아이들은 집중하지 못했다. 답답한 마음에 아이들에게 수업에 집중하지 못하는 이유를 물어보았다.

"저요? 수포자예요. 수학 포기자."

"수업요? 재미없어요. 그중에서도 수학이 제일 재미없어요."

"잘하고 싶긴 한데, 뭘 어떻게 어디서부터 해야 할지 잘 모르겠어요."

"저녁 내내 알바하고, 새벽에 집에 들어가서 게임 좀 하고 잤더니 너무 졸려요."

이유는 다양했고, 나는 난관에 봉착했다. 도대체 내가 왜 교사가 되었는지? 자괴감에 빠질 것 같았다. 그래서 학기 중, 방학 중에 교수·학습 관련한 다양한 연수에 적극적으로 참여하여 교육과정 재구성과 배움중심수업의 방법, 다양하고 흥미로운 평가 방법, 학습활동에 대한 구체적이고도 세부적인 기록 등에 대해서 알아갔다. 수업에 대한 고민이 깊어지면 깊어질수록 내게 꼭 필요하다고 느끼는 것이 있었다. 바로 평가였다.

2000년 초반에 교직에 들어오면서 그야말로 지필평가는 중간, 기말 학기당 2번, 수행평가는 영역별로 아이들이 최종적으로 제출한 결과물을 평가하는 방식인 결과 중심의 평가를 했다. 그러다가 언제쯤인가 수행평가의 중요성이 점점 부각되고 이에 따라 수행평가의 비중이 점차 커져서 영역도 1~2개에서 3~4개로 늘어났고, 평가하는 방법과 시기도 집에서 해오는 과제형보다는 수업 중에 해결해낼 수 있는 과정 중심의 다양한 평가 방법들을 시도해볼 수 있게 되었다.

재미만 있고 즐겁기만 한 수업

교사라면 누구나 학생들의 학습 동기를 끌어내기 위해, 수업의 흥미를 위해 다양한 시도를 한다. 썰렁한 개그와 유행어를 구사해보기도 하고, 손짓, 몸짓, 표정 등의 되지도 않는 연기력을 총동원하여 수업의 마지막까지도 사력을 다한다. 그러나 그런 수업도 잠시, 시간이 지나면 재미만 좇을

뿐 남는 것이 없었다. 뭔가 재미는 있었던 것 같은데 왜 재미가 있었는지, 무엇이 재미를 주었는지를 기억할 수 없는 공허함이랄까? 한없는 허전함 혹은 썰렁함이랄까?

"수업은 재미있는데, 뭔가 허전해요."

"한참 웃기는 했는데, 수업 끝나고 뒤돌아서면 기억에 남는 것이 없어요."

"수행평가를 좀 더 쉽게 만들어주시면 안 돼요?"

선생님 똥은 개도 안 먹는다고는 하지만, 그래도 나름 과거에는 제자들에게 그림자도 안 밟히고, 고고한 학처럼 자존심을 지키며 살아왔던 교사가 아니던가? 수업이 이 지경에 이른 이 시점에서 모든 자존심을 다 내려놓고 학생들의 내 수업에 대한 수업 만족도 설문과 교원능력개발평가의 서술형에 나타난 다양한 내용을 보면서 교사인 나에게 모자란 부분이 없는지 부족한 대로 수업 성찰을 해보았다.

수업에 대한 성찰을 할수록 뭔가 허전하게 느껴지는 것이 있었다. 바로 학생들의 실질적 요구를 반영한 교수학습과정 구성! 그리고 학생들과 함께 이루어낸 수업 과정에 대한 평가 방법에 대한 새로운 디자인! 바로 그것이었다.

수업의 소통과 나눔

아이들이 처한 현실을 인식하는 것이 중요했다. 하지만 경력교사의 자부심과 자존심이 있었던 나는 아이들을 대충 짐작하고 수업을 준비했던 것이다. 그러나 이것이 큰 오산이라는 것을 최근 몇 년이 되어서야 알게 되었다. 아이들이 집중을 못 하거나 잠을 자거나, 흥미가 없는 것은 분명히 원인이 있었던 것이다. 그것을 모른 체 진도 나가기 바빴고, 그냥 모둠 구성해서 허울 좋은 수업으로 보였을 뿐이었다.

'이게 아니구나! 아이들의 수준을 진단해야겠다. 어떻게 하면 아이들의 수준을 쉽게 파악할까?' 고민하기 시작했다. 30여 명에 이르는 학급의 학생 중에서 학습능력이 우수한 학생, 다소 처지는 학생, 아예 기초가 부족한 학생, 수포자 등 아이마다의 다양한 수준을 파악하는 것이 중요했다.

먼저, 전 학년 또는 전 학기에 지도한 학생은 지난 학년도 '학기 말 성적', '학기 초 진단평가' 등을 기초로 하여 파악했고, 신입생들은 '학기 초 진단평가', '학생과의 교과 상담' 등을 통해 수준을 파악했다.

물론, 아이들을 진단하는 것만 중요한 것이 아니었다. 수업을 기획하고 실행하는, 수업에 임하는 내 태도가 더 중요했다. '교육과정 재구성−수업−평가−기록', '사전 진단평가'도 중요하지만, 제일로 중요한 것은 바로 '교사가 수업에 임하는 책무성'이었다. '아이들의 이런 상황에 어떤 교육적 철학으로 아이들에게 배움을 줄 것인가?' 수업을 디자인하고, 교사의 책무성을 다하기 위해서 무엇보다 새로운 변화의 혁신이 요구되었다.

자유학년제, 자유학기, 연계자유학기와 친해지기

2016년 전국의 모든 중학교에 전면 도입된 자유학기제는 중학교 과정 중, 한 학기 또는 두 학기 동안 지식·경쟁 중심에서 벗어나 학생 참여형 수업을 실시하고 학생의 소질과 적성을 키울 수 있는 다양한 체험 활동을 중심으로 교육과정을 운영하는 제도이다. 경기도교육청의 경우 2019년까지 자유학기제를 확대하고 안착시키는 것을 목표로 하고 있다.

2018년은 1학년은 자유학년제(자유학기제+자유학기제), 2학년은 연계 자유학년제(연계자유학기+연계자유학기)가 추진된다. 2019년은 1학년 자유학년제, 2학년과 3학년 연계자유학년제로 계획하여 중학교 1학년의 경우는 지필평가 폐지와 함께 교과활동상황 성적은 고입 내신 성적에 반영되지 않는다. 한마디로 중학년 1학년은 수업과 평가는 존재하지만, 성적에 반영하지 않으며 학생부에 기록으로만 남는 것이다.

* 자유학기제: 중학교 한 학기 동안 각종 시험을 보지 않고, 참여 중심의 수업이 주된 목표이며 학생 본인이 원하는 직업을 미리 체험할 수 있다.
* 자유학년제: 자유학기제를 한 학기 더 확대한 것으로 기존 한 학기에서 1년으로 연장한 것이다. 한 학기 동안 새로운 것에 도전하고 경험하고자 할 때 기간이 짧다는 의견이 많아 2018년부터 자유학년제를 도입할 것을 권고했다. 현재, 전국의 약 1,500개 교에서 자유학년제를 본격적으로 운영하고 있다.
* 연계학기(연계자유학기): 자유학기 만큼은 아니지만, 자유학기 이후에도 자유학기의 좋은 취지를 살려 시험에 의한 평가보다는 학생 중심의 실습수업 및 과정중심평가를 강화하며 실제 자유학기 활동을 일부 운영하는 것이다.

장면 1. 자유학기 교과수업 주제선택활동: 전통놀이 사방치기를 활용한 점, 선, 면의 이해 수업

우리나라의 전통 놀이인 사방치기는 땅 위에 놀이판을 그려 놓고 돌을 던져 노는 것으로 규칙은 각 번호 칸에 돌을 던진 다음, 양발 또는 외발로 번호 순서대로 이동했다가 먼저 되돌아오는 사람이 이기는 놀이이다. 이 때 던진 돌이 금 위에 놓이거나 번호 칸 안에 들어가지 않으면, 상대방에 게 기회가 넘어간다. 사방치기에서 돌, 금, 땅의 위치 관계는 도형의 점, 선, 면의 위치 관계를 설명해준다.

중1 성취기준([9수04-01] 점, 선, 면, 각을 이해하고, 점, 직선, 평면의 위치 관계를 설명할 수 있다)을 달성하기 위해 먼저 수업 도입 부분에서 모둠별로 기본 개념(사방치기 놀이의 규칙) 등을 익히고, 그런 다음 교실 밖으로 나가 땅바닥에 모둠별로 테이프로 선을 긋고 사방치기를 한다. 이 놀이를 통해 사방치기의 '점'들이 모여서 '선(금)'이 되고, '선'이 모여서 '면(땅)'이 되는 것을 자연스럽게 체득하게 된다.

교육과정 성취기준		평가기준
[9수04-01] 점, 선, 면, 각을 이해하고, 점, 직선, 평면의 위치 관계를 설명할 수 있다.	상	사방치기 놀이판에서 돌, 선, 땅, 각의 성질과 점과 직선, 직선과 직선, 직선과 평면의 위치 관계를 구체적인 상황에 적용하여 설명할 수 있다.
	중	사방치기 놀이판에서 돌, 선, 땅, 각의 성질을 이해하고, 점과 직선, 직선과 직선, 직선과 평면의 위치 관계를 분류할 수 있다.
	하	사방치기 놀이판에서 돌, 선, 땅, 각과 관련된 용어와 점과 직선, 직선과 직선, 직선과 평면의 위치 관계와 관련된 용어의 뜻을 알고 기호로 나타낼 수 있다.

 학생들에게 활동지와 자를 제공하여 점, 선, 면, 각 등을 직접 표시할 수 있는 체험시간을 부여하고, 사방치기 놀이 동영상을 사전에 보여줘서 시각적으로 규칙을 파악할 수 있는 팁을 제공한다.

 교실 밖으로 나가 모둠별로 4명 내외의 구성원 차례로 돌아가면서 사방치기 놀이에 임한다. 뜀 발로 움직이며 즐거워하는 모습을 여기저기서 볼 수 있다.

 혹시라도 점, 선, 면, 각 등을 이해하지 못하고 뒤처지는 학생들에게는 사방치기의 돌이 하나의 점이고, 지나간 선분이 선이고, 선들이 모여 면이 되는 것을 설명하여 정확한 개념을 가질 수 있도록 해준다. 그래도 이해하기 힘들어하는 아이들에게는 교실로 돌아와 요즘 주목을 받는 모래예술(샌드아트) 동영상을 보여줘서 점, 선, 면, 각 등을 알 수 있도록 해준다.

 대부분의 아이는 중학교 입학 전에 한 번씩은 또래 아이들과 놀아본 경험이 있었던 것이다. 아이들은 과거의 경험을 토대로 사방치기의 규칙을 정하고, 놀이에 임하는 단합된 모습을 보여주었다. 아이들은 과거의 경험과 쉬운 소재를 활용한 수업 활동 속에서 교육과정의 성취기준을 자연스럽게 터득하게 된다.

사방치기 놀이판을 활용한 본 수업에서 아이들이 습득한 개념은 교사의 일방적인 수업과는 사뭇 다르다. 아이들의 지적 호기심을 자극하고, 긍정적인 참여를 마련하는 것이 교사의 수업 디자인이다.

수학을 가르치는 교사들은 늘 고민이 이만저만이 아니다. '내 수업이 아이들의 실생활과 관련이 있을까?', '진짜 필요한 부분은 무엇일까?' 하는 점을 고민한다.

이런 부분의 해답을 찾을 수 있다. 바로, 아이들의 참여를 통한 삶과 연계시키는 지점이다. 아이들은 사방치기라는 소재를 통해 놀이 규칙을 이해하고, 규칙을 지켜야 우리 모둠이 이길 수 있음을 배울 수 있다. 무엇보다 동료성을 기반으로 협동된 힘을 발휘할 수 있다는 것을 배운다. 아이들은 사방치기 놀이 과정을 통해서 문제해결, 추론, 의사소통, 태도 및 실천 등의 수학적인 교과 역량을 갖출 수 있는 것이다.

점, 선, 면, 각을 알게 되는 평가기준

모든 아이가 교육과정 성취기준을 토대로 한 평가기준의 상위 수준을 한 번에 만족할 수는 없다. 사방치기 놀이에서 하위 수준에 속한 아이들에게는 수업 중의 피드백(구두설명, 활동지)을 통해 중위 수준으로 올릴 수 있도록 한다. 대부분의 아이는 단편적인 개념은 알지만, 곧바로 점, 직선, 평면 등의 위치 관계까지 이해하지는 못한다. 물론, 중위 수준의 아이들은 점, 직선, 평면 등의 위치 관계를 분류할 수 있지만, 상위 수준인 위치 관계를 구체적인 상황에 적용하고 설명하지는 못한다.

교육과정 성취기준		평가기준
[9수04-01] 점, 선, 면, 각을 이해하고, 점, 직선, 평면의 위치 관계를 설명할 수 있다.	상	사방치기 놀이판에서 돌, 선, 땅, 각의 성질과 점과 직선, 직선과 직선, 직선과 평면의 위치 관계를 구체적인 상황에 적용하여 설명할 수 있다.
	중	사방치기 놀이판에서 돌, 선, 땅, 각의 성질을 이해하고, 점과 직선, 직선과 직선, 직선과 평면의 위치 관계를 분류할 수 있다.
	하	사방치기 놀이판에서 돌, 선, 땅, 각과 관련된 용어와 점과 직선, 직선과 직선, 직선과 평면의 위치 관계와 관련된 용어의 뜻을 알고 기호로 나타낼 수 있다.

교사는 아이들을 성취기준에 따른 3가지의 평가기준으로 분류하여 관찰하면서 즉각적인 피드백을 해줘야 한다. 순간순간의 피드백을 통해 대부분의 아이가 개념에서 위치 관계로, 위치 관계에서 상황에 적용으로 업그레이드가 된다.

사방치기 놀이판에서 배우는 과정과 활동

아이들은 사전에 교사가 보여준 동영상 자료를 통해 모둠별로 사방치기 놀이판을 만들어야 한다. 만들고 게임 하는 활동에서 '내가 던진 돌이 금 위에 있다', '내가 던진 돌이 금 위에 있지 않다' 라는 점과 직선의 위치 관계를 터득하게 된다.

또한, 평면(사방치기 놀이판)에서 직선(금)과 직선(금)의 위치 관계는 '놀이판을 만들 때 금과 금이 한 점에서 만난다', '금과 금이 평행하다', '금이 일치한다' 등의 위치 관계를 알 수 있게 된다.

교사는 유심히 관찰하여 게임에 뒤처지는 아이들을 발견한다. 수업에서

과정	활동
점과 직선의 위치 관계 (돌과 금)	◉ 사방치기 과정 속에서 알게 된 개념 1. 점과 직선의 위치 관계 　① 점이 직선 위에 있다. 　② 점이 직선 위에 있지 않다.
평면에서 직선과 직선의 위치 관계, l//m (금과 금)	◉ 사방치기 과정 속에서 알게 된 개념 2. 평면에서 두 직선의 위치 관계 　- '두 직선 l, m이 평행하다'를 기호로 l//m으로 나타냄을 알게 　　한다. 　- 한 평면에서 두 직선의 위치 관계는 　　❶ 한 점에서 만난다. 　　❷ 평행하다. 　　❸ 일치한다. 　　의 세 가지 경우가 있다.

배우는 개념은 터득했지만, 연습이 부족하여 실수하거나 요령을 인지하지 못한 아이들이다. 이런 아이들에게는 교사가 별도로 준비한 사방치기 놀이판으로 호출하여 지도하거나 그 모둠 속에서 구두로 피드백을 준다. "돌을 던질 때 너무 힘을 주는 것 같아. 부드럽게 던져보렴."

　이런 과정을 통해서 아이들은 수업 내용에 대한 자기평가, 모둠 내의 상호평가, 모둠 간 상호평가 등을 객관적으로 즐기면서 임할 수 있었다. 교사는 전체를 아우를 수 있는 입장이기에 쉽게 활동사진과 관찰 동영상을 찍어서 관찰한다. 그렇다고 관찰로 인해 기록에 올인 하지는 않았다. 기록만을 위한 관찰은 교사에게도 아이들에게도 유익하지 않기 때문이다.

　관찰도 하면서 기록을 하는 한 가지 방법은 아이들에게 나눠준 활동지나 평가지를 수합하고, 코멘트를 달아주는 것이다. 아이들은 교사가 적어준 피드백을 보고 다음 과정에서 교정된 역량을 발휘할 수 있다. 물론, 수업 과정에서 구두로 피드백을 받으면 빨리 성취수준에 도달할 수 있다.

사방치기에서 어떤 활동을 관찰해야 할까?

관찰은 수업에서 아이들의 일련의 정보를 수집하여 측정하는 방법이다.

관찰법: 특정한 상황이나 장면에서 발생하는 행동의 유형을 가능한 한 자세하고 세밀하게 탐구하여야 하며, 모든 신체적 기능과 측정 도구를 이용할 필요가 있다. 관찰법에는 체크리스트, 평정 척도, 비디오 녹화 후 분석, 일화 기록법 등이 있다.

교사가 30여 명의 모든 학생을 눈으로만 관찰하기에는 한계가 있어서 사진 촬영, 비디오 녹화, 체크리스트의 방법을 동원해보았다. 현장에서 교사가 제일 많이 사용하는 방법이다. 사방치기를 이용하여 성취기준 '[9수04-01] 점, 선, 면, 각을 이해하고, 점, 직선, 평면의 위치 관계를 설명할 수 있다'에 도달하는 과정을 관찰해야 한다. 우선, 교실에서 이 시간에 배울 개념과 '사방치기 놀이판'에 관해 설명해준다. 설명 후 교사는 관찰할 내용을 아이들에게 알려준다.

사방치기의 속성상 모둠의 형태로 구성한다. 모둠 속에서 '사방치기 놀이판' 만드는 모습과 놀이의 규칙에 알맞게 진행되는지, 모둠원 상호 간에 도움을 주고받는지, 모둠 속에서 본인의 위치는 어떠한지 등을 관찰한다.(모둠원 간의 상호평가, 모둠 간의 상호평가를 통해 교사가 관찰에서 놓친 부분을 보완할 수 있다)

관찰법에서 제일로 중요한 부분은 관찰만 하는 오류를 범해서는 안 된다는 것이다. 관찰을 하면서 부족한 부분이 있는 아이들에게는 적절하게 코칭을 해주어야 한다. 연결이 필요한 아이들에게는 연결의 코칭이, 질문하는 아이들에게는 알맞은 답변의 기술이 필요하다.

"너는 사방치기 놀이에서 돌(점) 던지는 부분을 힘들어하는구나."

"돌을 던질 때는 차분하고 신중하게 던져야 정확히 번호가 쓰인 자리(분할면)에 떨어진단다."

"와우, 너는 돌도 잘 던지고, 양발과 왼발을 잘 사용하여 속도감 있게 하는구나."

"선생님 돌, 금, 땅(바닥)이 우리가 배우는 무엇과 같다고 보면 될까요?"

"응, 돌은 점으로, 금은 선으로, 땅은 면으로 보면 된단다."

"선생님, 돌이 금에 닿으면 죽잖아요. 그거랑 어떤 개념이 같아요?"

"네가 얘기한 부분은 돌이 점이고, 금이 선이니 점이 선(직선) 위에 놓이는 상황이 된단다. 그럼, 그와는 반대의 개념도 있겠지?"

"돌이 숫자가 적힌 땅(분할면)에 떨어진 모습은 바로 점이 선(직선) 위에 있지 않은 상황이겠지?"

이렇게 아이들의 가려운 부분을 알려주고 변화되는 모습을 관찰한다. 관찰한 평가요소를 가지고 3단계, 2단계로 관찰 평가를 진행한다.

아이들을 관찰하면서 아이들이 어려워하고 질문하는 지점을 활동지나 교무수첩 등에 기록하여, 그 부분을 극복하는지 지켜봐야 하며, 그런 지점

관찰 평가 영역	관찰 평가요소	평가 척도
개념 이해	(점, 선, 면, 각) 나타내기	3단계(2, 1, 0)
위치 관계	구체적 상황을 논리적으로 설명하기	2단계(우수, 미흡)

을 잘 버무려서 평가와 기록으로 연결해야 적절한 피드백이 아이들에게 전달되는 과정중심평가가 된다.

사방치기 놀이에서의 성취기준

교사가 생각하는 성취기준은 어느 정도일까? 원래, 2015 개정 교육과정에서 요구하는 성취기준은 '[9수04–01] 점, 선, 면, 각을 이해하고, 점, 직선, 평면의 위치 관계를 설명할 수 있다'로 요약된다. 즉, 평면까지의 확장인 셈이다. 하지만 교사가 아이들에게 뛰어넘을 수 있는 부분을 자연스럽게 유도할 수 있다.

전통 놀이인 사방치기에서 돌과 선의 위치 관계를 통해 아이들은 점과 직선의 위치 관계를 알게 된다. 평면(2차원)에서 점과 직선뿐만 아니라 직선(금)과 직선(금)의 위치 관계도 이해하게 되며, 나아가 공간(3차원)에서도 두 직선의 위치 관계를 이해하고 추론하는 데 도움이 된다. 바로 이 지점이 아이들이 점핑하는 포인트가 된다. 교사가 의도하는 부분인 바로 '평면에서 공간'으로의 확장인 셈이다.

성취기준과 평가기준에 도달한 아이들은 평면에서의 위치 관계에서 그치는 것이 아니라 또 다른 세상인 '공간'에서의 위치 관계를 고민한다. 과정중심평가는 교육과정을 충실히 성취하는 의미도 있지만, 아이들에게 점핑하는 순간인 새로운 상상력을 발휘할 수 있는 지점을 보여주는 것도 중요하다. 수업의 한 부분의 조각이 모여서 과정중심평가가 되기도 하고, 여러 수업의 과정이 모여서 과정중심평가가 되기도 한다. 그런 조각들의 과정에서 아이들이 점핑하는 부분을 교사가 담아낸다면 아이들은 위치 관계와 평면에서 입체로의 확장을 알게 된다

학생부에는 어떻게 기록될까?

사방치기 수업에서 모둠 내 상호평가, 모둠 간 상호평가로 기록된 체크리스트와 서술형으로 기재된 내용에 대한 피드백 등을 종합적으로 고려하여 아이가 성장하는 과정에 중점을 두어 기록으로 담아야 한다. 개념 이해가 뒤처지는 경우, 피드백을 통해 개념을 이해하고, 점과 직선, 직선과 직선의 위치 관계까지 이해하게 된 점, 위치 관계를 잘 몰랐는데 피드백을 통해 터득하고 구체적인 상황 속에서 적용하는 단계에 도달하게 된 점 등을 기록으로 남긴다. 아이들과 수차례에 걸친 만남과 관계에서 이뤄지는 피드백을 통해 아이들이 커가는 과정을 목격할 수 있다.

다양한 평가와 관찰을 통한 기록지는 단순히 서랍 속에 잠자는 기록으로 끝나지 않는다. 아이들에 대한 다양한 관찰 내용을 고스란히 학생부에 기록하면서 아이들의 삶과 진로에 반영이 되도록 한다.

그렇다고 매시간의 단편적인 관찰이 전부 기록되지는 않는다. 아이의 삶과 연계되는 부분이 있도록 기록에도 최선을 다해야 한다. 관찰된 내용 중에서 특기할 만한 사항이 있는 학생들을 대상으로 기록한다.(최근 중학교는 자유학기제 전면 시행으로 모든 교과를 포함해서 모든 학생을 대상으로 '교과세부능력 및 특기사항'을 작성토록 하고 있다. 하지만 한 학생당 모든 교과의 글자 수가 합산되기에 많은 내용을 기록해줄 수는 없다)

중요한 것은 수시로 관찰한 결과를 누적하여 기록하는 방식으로, 인성, 잠재력, 인지적 특성, 자기 주도적 학습 능력 등을 구체적이고 종합적으로 입력해야 한다. 또한, 자유학년제, 자유학기제를 시행하는 중학교는 성취기준, 수업 활동에 따른 서술식 기재를 해야 한다.

성명	교과세부능력 및 특기사항
○○○	일상생활에 활용될 수 있는 도수분포와 그래프, 기본 도형 단원에 대해 흥미를 느끼며, 특히, 점, 선, 면, 각을 이해하여 도형에서 이들을 찾을 수 있음. 모둠에서 부족한 부분을 찾아가려는 긍정적인 자세가 엿보임. '점, 선, 면의 특성 이해하기'를 활용한 활동에서 돌이 점, 금이 직선, 땅이 면이 되는 것을 이해하고 모둠과 같이하는 놀이에 참여하는 모습이 목격됨. 기본 도형 단원에서 점, 직선, 평면의 위치 관계를 설명할 수 있음. 세심한 부분에 집중력이 탁월하며, 모둠원들과 협력하는 모습을 보임.
◖○○	'점, 선, 면의 특성 이해하기'를 활용한 활동에서 자주 물어보고 질문하는 상황 속에서 첫 번째 시도보다 점점 향상되는 놀이 모습이 엿보임. 수학 교과수업에서 모둠별 활동을 통해 함께 문제를 해결하고 수업에 흥미를 가질 수 있었으며, 어려운 문제는 도움을 받으면서 해결할 수 있어 유익을 얻음. 도형을 탐구하는 수업에 대해 관심이 많음. 활동이 필요한 수업에 자발적으로 봉사하는 모습을 보임. 본인이 제작한 활동지에 대한 발표에서 독특한 창의력을 발휘함.
○◐○	'점, 선, 면의 특성 이해하기'를 활용한 활동에서 자발적으로 놀이판을 땅바닥에 제작하였고, 놀이 속에서 점, 선, 면, 각 등의 규칙을 찾고자 노력하는 장면이 보임. 모르는 부분을 서로 알려주고 배려하는 모둠 수업을 통해 수학이 재미있고 쉽다는 것을 알게 됨. 다양한 수학 활동을 통해 숨겨진 비밀을 알아가는 것을 좋아함. 특히, 수학 교과에 대한 호기심과 탐구 능력이 뛰어나 모르는 부분은 꼭 알고 넘어가려는 열의를 보임. 활동 중심 수업을 좋아하며, 체험을 하는 수업에서 집중력이 탁월함. 붙임성이 좋아 모르는 부분이 생기면 모둠원들의 도움을 받아 바로 해결하는 끈기를 보임.
○○◖	'점, 선, 면의 특성 이해하기'를 활용한 수업에서 점, 선, 면, 각의 요소를 정확히 알고 있음. 특히, 모둠별 놀이에서 던지거나 줍는 돌을 적절히 활용하여 놀이를 즐기는 모습이 돋보임. 수학 탐구 능력이 우수한 학생으로, 모둠에서 많은 역할을 담당함. 발표 수업 시 설명하는 것을 좋아하고 표현력이 뛰어남. 수학자치회의 학생명예교사로 수학적 사고력과 문제 해결 능력이 뛰어난 학생임.

장면 2. 자유학년제 수학 교과 주제선택활동: 점, 선, 면을 활용한 도형의 이해 수업

중학교 1학년 기본도형 단원의 '점, 선, 면, 각' 소단원과 관련한 자유학년제 주제선택활동으로 아이들이 좋아하는 캐릭터를 접목해 작품 속에 투영된 점, 선, 면, 각 등의 개념을 이해하여 캐릭터 그리기 작품을 완성한다. 작품 속에 '점, 선, 면, 각'의 개념을 이해할 수 있다.

2015 개정 교육과정 성취기준		평가기준
[9수04-01] 점, 선, 면, 각을 이해 하고, 점, 직선, 평면의 위치 관계를 설명할 수 있다.	상	점, 선, 면, 각의 성질과 점, 직선, 평면의 위치 관계를 구체 적인 상황에 적용하여 설명할 수 있다.
	중	점, 선, 면, 각의 성질을 이해하고, 점, 직선, 평면의 위치 관계를 분류할 수 있다.
	하	점, 선, 면, 각과 관련된 용어와 점, 직선, 평면의 위치 관 계와 관련된 용어의 뜻을 알고 기호로 나타낼 수 있다.

수학 교과 시간에 다룬 부분을 중학교 1학년 자유학년제 주제선택활동 시간에 활용할 수 있다. '아이들이 좋아하는 캐릭터'를 주제로 본 수업시 간에 배운 '점, 선, 면, 각' 등의 개념을 그림에 적용하여 만들어보는 활동 이다.

점, 선, 면, 각을 알게 되는 평가기준

교육과정 성취기준		평가기준
[9수04-01] 점, 선, 면, 각을 이해 하고, 점, 직선, 평면 의 위치 관계를 설명 할 수 있다.	상	캐릭터 그리기 활동에서 점, 선, 면, 각의 성질과 점과 직선, 직선과 직선, 직선과 평면의 위치 관계를 구체적인 상황에 적용하여 설명할 수 있다.
	중	캐릭터 그리기 활동에서 점, 선, 면, 각의 성질을 이해하고, 점과 직선, 직선과 직선, 직선과 평면의 위치 관계를 분류할 수 있다.
	하	캐릭터 그리기 활동에서 점, 선, 면, 각과 관련된 용어와 점 과 직선, 직선과 직선, 직선과 평면의 위치 관계와 관련된 용 어의 뜻을 알고 기호로 나타낼 수 있다.

캐릭터 그리기 활동에서 배우는 과정과 활동

과정	활동
점과 직선의 위치 관계	● 캐릭터 그리기 활동에서 알게 된 개념 1. 점과 직선의 위치 관계 ① 점이 직선 위에 있다. ② 점이 직선 위에 있지 않다.
평면에서 직선과 직선의 위치 관계, l//m	● 캐릭터 그리기 활동에서 알게 된 개념 2. 평면에서 두 직선의 위치 관계 – '두 직선 l, m이 평행하다'를 기호로 l//m으로 나타냄을 알게 한다. – 한 평면에서 두 직선의 위치 관계는 ❶ 한 점에서 만난다. ❷ 평행하다. ❸ 일치한다. 의 세 가지 경우가 있다.

이 활동을 통해서 얻고자 하는 것

캐릭터 그리기 활동을 통해서 아이들에게 전하고자 하는 것이 있다. 바로 '그림을 통해서 점, 선, 면, 각을 충분히 알 수 있다'이다. '점이 움직인 자리는 선이 되고, 선이 움직인 자리는 면이 되며, 한 점에서 시작하는 두 반직선으로 이루어진 도형이 바로 각'이라는 것이다.

교사가 의도하는 캐릭터 그리기 활동을 통해서 아이들이 '창의 · 융합'과 '의사소통' 역량을 함양하는 것이다. 아이들은 활동을 통해서 독창성, 융통성, 정교성 등의 창의 · 융합 역량을 키우며, 수학적 표현의 의미를 이해하고 정확하게 사용하는 능력, 자신의 아이디어를 나타내는 표현을 만들고 수학적 표현들끼리 변환하는 능력, 수학 학습 활동 과정과 결과를 다른 사람에게 표현하는 능력 등의 의사소통 역량을 키울 수 있다.

바야흐로 전국 단위로 자유학기제가 확산되어 일 년 동안 자유학기제를 진행하는 자유학년제와 특정한 학년의 학기에 자유학기를 추가로 맛보는 '연계자유학기'가 급속도로 확산되고 있다. 수학 교과(수학교사)의 주제선택활동은 다분히 수학과 연계되어야 한다. 수학 교과와 동떨어진 주제를 선택하면 준비하는 교사도 힘들고 아이들도 지치게 된다.

캐릭터 그리기 활동처럼 수학 단원에서 중요한 성취기준을 토대로 '어떤 체험이나 놀이가 아이들에게 효과적일까?' 생각하면 된다. 가령, 점, 선, 면, 각 등을 이해하는 활동으로 미술과 연계한 그리기 활동, 수학 용어가 들어간 수학창작시, 수학 만화 활동으로 연계할 수 있다. 아이들은 수학 교과 시간에 배운 내용에서 축출한 요소를 가지고 활동하는 것을 좋아하는 경향이 있다. 주제선택활동을 교과 내용으로 주제를 정하고 활동을 진행하면 아이들은 수학이 아닌 주제선택보다 이해도가 높다.

자유학기(자유학년제) 주제선택활동에서 진짜 얻고자 하는 것

모든 아이가 학습주제의 성취기준에 맞게 성취수준에 도달하길 바란다. 아이들이 활동한 내용물을 단지 사진 찍고 관찰하고 기록으로 끝내는 것이 전부가 아니다.

아이들은 다른 친구들의 활동 작품도 몹시 보고 싶어 한다. 활동에 참여하지 않았던 다른 학년의 학생들도 복도나 게시판에 전시된 작품을 통해 호기심을 갖게 되고 해당 활동의 목적과 의미를 알게 될 수 있다.

많은 선생님이 물어본다.

"과정중심평가는 수업 속에서 끝나는 것이 아닌가요?"

난 이렇게 대답한다.

"교과수업이나 자유학기의 활동을 통해서 아이들이 만든 작품들은 교내 전시를 통해서 아이들이 반복하여 보게 되고 이를 통해 아이들은 교사를 통해서만이 아니라 스스로, 그리고 서로에게 피드백을 합니다."

이 부분이 중요한 지점이라고 생각한다. 아이들은 교사의 피드백과 더불어 중요하게 생각하는 부분이 있다. 본인이 활동한 내용물을 친구들에게 보여주고 평가도 받고 싶은 것이다.

주제선택활동에서 아이들의 흥미와 관심사에 맞는 체계적이고 심층적인 프로그램 운영이 필요하다. 이것이 바로 아이들의 학습 동기를 유발하고 깊이 있는 학습 기회를 제공하는 것이다. 실제 아이들이 교과수업이나 주제선택을 통해 만들어낸 작품들(수학 그림, 수학 만화, 수학창작시 등)을 복도 유리창에 전시했더니, 같은 학년뿐만 아니라 다른 학년의 아이들도 유심히 지켜보고 심지어는 메모지에 코멘트를 적어서 작품 옆에 붙였다. 작품을 만든 아이는 다른 아이들의 피드백을 받아 추후 유사한 활동에서 더욱 성장한 활동을 전개하고 한층 발전된 작품을 창작할 것이다.

학생부에는 어떻게 기록될까?

주제선택활동인 '캐릭터 그리기'에서 그냥 아이들에게 점, 선, 면, 각 등 수업에서 배운 내용을 그려보는 것만 알려주면 성장이 발휘되지 않는다. 활동을 시작하기 전에 수학적 기본 개념을 설명하고 캐릭터 그리기 활동으로 만들어진 작품을 아이들에게 알려준다.

또한, 애초에 아이들이 흥미를 가지고 좋아하는 캐릭터를 구상할 수 있도록 충분한 시간을 주어 스스로 애착을 가지고 의미를 부여할 수 있도록 배려하는 것도 중요하다.

활동 과정에서 교사는 아이들이 어느 지점에서 곤란을 겪는지 관찰하여 교무수첩이나 메모지 등에 기록하고, 아이들이 작품을 완성하면 도화지 뒷면이나 별도 해설지에 작품 해설을 작성하도록 하여, 아이가 구상한 것이 표현되었는지 확인하는 과정에서 피드백을 주기도 한다. 그런 일련의 과정이 학생부에 기재되며, 이와 같은 과정 속의 피드백은 아이를 점핑하게 만든다.

성명	교과세부능력 및 특기사항
○○○	'도형을 활용한 캐릭터' 그리기 활동에서 본인이 좋아하는 '호빵맨'을 점, 선, 면, 각 등 도형의 기본적인 요소를 적절히 가미하여 나타냄.
●○○	'체험수학현장' 주제선택활동의 '도형을 활용한 캐릭터' 그리기 활동에서 본인이 평소 생각하였던 '세균맨'을 도형의 기본요소인 점, 선, 면, 각을 통해서 익살스럽게 표현함.
○●○	'도형을 활용한 캐릭터' 그리기 활동에서 본인이 좋아하는 '곤충들'을 도형의 기본요소가 적절히 안배되도록 나타냄. 특히, 다양한 곤충들을 익살스럽게 표현한 부분을 모둠의 대표로 발표함.
○○●	'도형을 활용한 캐릭터' 그리기 활동에서 본인이 좋아하는 '여우와 판다'를 점, 선, 면, 각의 요소가 가미되도록 함. 특히, 캐릭터 모양에 채색을 하여 훨씬 돋보이는 작품을 만들어냄.

장면 3. 연계자유학기 수학 교과 주제선택활동: 도서관으로 gogogo

교과 주제선택활동은 도서관 활용 수업으로 '학생부 독서활동상황'에 입력할 수 있다. 학생들은 연계된 도서관 활동을 통해 '주제(제비뽑기) 선정-책 읽기-책 활동지 작성하기-책 나눔-나눔 전시하기'의 과정에서 수학 교과와 관련 있는 활동을 하고, 책 속에서 발견한 수학적 경험이 고스란히 교과수업에 긍정적인 영향을 준다.

자유학기제 기간에 이루어지는 학교생활은 크게 교과수업과 자유학기 활동으로 나눌 수 있다. 오전에는 주로 국어, 영어, 수학, 사회, 과학, 기술·가정, 체육, 도덕 등 교과수업이 이루어진다.

수업은 토론, 실험·실습, 프로젝트 학습 등 전 과정에 학생이 주도적으로 참여하는 방식으로 진행되기 때문에 학생들이 더 실제적인 공부를 할 수 있다. 평가는 지속적인 관찰평가, 형성평가, 자기성찰평가, 포트폴리오 평가, 수행평가 등을 통해 꼭 배워야 하는 내용을 반드시 학습하는 데 도움을 준다.

오후에는 주로 진로탐색 활동, 주제선택 활동, 예술·체육 활동, 동아리 활동 등이 이루어진다. 특히, 교과 교사로 주제선택활동을 진행하는 경우, 교과와 관련된 다양한 활동과 체험은 학생들에게 좀 더 풍부한 흥미와 호기심을 유발한다. 결국, 학생들은 교과 연계 활동과 체험을 통해 수학 교과 역량을 키우게 된다.(2015 개정 교육과정에서 표현되는 수학교과 역량 6가지: 문제해결, 추론, 창의·융합, 의사소통, 정보처리, 태도 및 실천)

즐거운 도서관 활용 수학 수업

1. 아이들이 제비 뽑아 주제 정하기(주제는 교과, 융합, 인성, 안전, 진로 등)

2. 정한 주제 도서 찾아서 읽고 요약하기

3. 요약 내용 모둠발표, 개인발표하기

4. 발표 내용 전시하기

5. 자기평가, 동료평가하기

6. 교사는 관찰표와 활동지로 기록지 작성하기

성취기준(학습주제)		성취기준
도서관에서 정한 주제에 대해 도서를 찾아 읽고 요약할 수 있다.	상	주제에 맞는 도서를 찾아 읽고 구체적으로 요약할 수 있으며, 다른 학생들에게 자세히 설명할 수 있다.
	중	주제에 맞는 도서를 찾아 읽고 요약할 수 있으며, 다른 학생들에게 설명할 수 있다.
	하	주제에 맞는 도서를 찾아 읽고 요약할 수 있다.

주제선택활동의 성취기준(학습주제)을 달성하기 위해서 도서관을 활용해보길 권한다. 교사를 능가하는 다양한 지혜가 도서관의 책 속에 고스란히 담겨 있다.

도서관에서 주제선택활동을 시도하는 수학교사의 마음은 한마디로 '이게 가능할까?', '아이들이 좋아할까? 한 번도 시도한 적 없는 수학도서관 수업이 가능할까?' 였다.

수업 목표와 관련된 키워드(주제)를 사전에 정하고 일일이 오려서 접고 도서관에서 아이들을 기다린다. 아이들은 뽑은 주제를 확인하고 관련 도서를 찾아 열심히 읽고 이해한다. 책 1권을 1시간에 끝내는 것은 현실적으로 힘들다. 2차시 내지 3차시는 도서를 읽고, 4차시 정도에 읽은 책을 발표하는 시간을 갖는다.

도서관 활용 수업은 관찰평가로

도서관 수업에서 교사는 아이들의 주제선택활동의 다양한 과정을 지켜보고 관찰한다.

관련 주제의 도서를 잘 선택했는지, 선택한 도서를 읽는지, 읽은 도서의 내용을 잘 요약하는지, 요약한 내용을 잘 발표하는지 등을 살핀다.

관찰 평가 영역	관찰 평가요소	평가 척도
개념 이해	선택 도서 요약하기	3단계(2, 1, 0)
표현하기	요약한 내용 발표하기	3단계(2, 1, 0)

도서관 활용 수업(주제선택활동)의 큰 장점은 아이들의 생각이 깊어진다는 것이다. 평소에 조용한 학생도 주제에 맞는 도서를 읽고 본인만의 시각으로 요약을 한다. 아이들과 책 나눔의 시간을 갖기 전에 교사는 아이들의 활동지를 보고 '피드백'의 시간을 별도로 가져야 한다.

"○○○가 생각하기에 이 책을 읽고 느낀 점이 □□□이라고 했는데, 그렇게 생각한 이유가 무엇이죠?", "~~라고 적은 이 부분이 선생님도 참으로 공감한다" 등과 같이 활동지를 보고 아이들의 말을 경청하고 소통하는 '피드백'이야말로 아이들의 상상력과 창의력을 높여주는 방법이라고 본다. 특히, 과정중심평가 시대의 흐름에 맞도록 자유학년제, 자유학기제, 연계자유학기 등의 다양한 꿈과 끼를 찾는 활동 속에서 아이들의 풍부한 잠재력을 끄집어낼 수 있어야 한다.

도서관에서 진행하는 주제선택활동의 장점은 무엇보다도 모든 아이의 욕구를 충족시킬 수 있다는 점이고, 필요한 아이들에게는 학생부의 독서활동상황에 기록해줄 수 있다는 점이다. 또한, 아이들이 작성한 요약본은 도서관 출입구에 전시되어 새로운 책을 읽고자 하는 욕구를 자극한다. 아이들의 소감을 미리 보면, 어떤 아이들은 그 책을 읽고 싶어질 것이다. 아이들이 작성한 책에 대한 정보는 다른 아이들의 지적 호기심을 자극하기에 충분하다.

도서관 활용 수업은 특정 교과에서만 할 수 있는 것이 아니다. 수학 교과도 도서관에서 교과수업이나 주제선택활동을 충분히 진행할 수 있다.

도서관 활용 수업에서 중요한 부분은 뭐니 해도 아이들의 활동지를 발표하는 시간일 것이다. 시간이 허락된다면 아이들에게 2~3분 정도의 발표 시간을 주어 2차시 정도로 꾸며보면 좋을 것이다.

학생부에는 어떻게 기록될까?

주제선택으로 접근한 도서관 활용 수업은 사방치기 수업에서처럼 교과세부능력 및 특기사항 또는 독서활동상황에 기재할 수 있다. 교과세부능력 및 특기사항에는 아이들이 선정하여 요약한 내용과 발표한 내용에 대해서 수업 중간 중간에 피드백을 주고 그에 따라 수정한 내용을 가지고 성장하고 변화하는 모습을 담아주도록 한다.

훈령 제15조의3(독서활동상황)에 의하면 "중·고등학교의 개인별·교과별 독서활동상황은 독서활동에 특기할 만한 사항이 있는 학생을 대상으로 학기 말에 입력하며, 학생이 읽은 책의 제목과 저자를 교과 담당교사 또는 담임교사가 입력한다"라고 되어 있다.

학생부 기록 예시

학년	과목 또는 영역	독서 활동 상황
2	수학	(1학기) 수학비타민(박경미), 수상한 중학 수학책(김승태) (2학기) 하루10분 수학습관(테오니 파파스), 오일러가 들려주는 수의 역사 이야기(오채환)

- '독서활동상황' 란에는 학생이 읽은 책의 제목과 저자를 입력하며, 독서기록장, 독서 포트폴리오 등의 증빙자료는 학생 개인이 보관한다. (2017학년도부터 중·고등학교 전 학년에 적용함)
- 독서 과정의 관찰·확인이 어려운 독서 성향 등은 기재하지 않고, 읽은 책의 제목과 저자만 기재하여 독서활동 기록의 신뢰도를 제고한다.
- 전체 학년 동안 동일한 책을 '독서활동상황' 란에 중복하여 입력하지 않도록 한다.
- 독서활동상황은 독서기록장, 독서 포트폴리오, 독서교육종합지원시스템의 증빙자료를 근거로 입력한다.
- 독서활동상황에 입력된 '도서명(저자)'은 학교생활기록부의 어떠한 항목에도 중복하여 입력하지 않는다.
- 공동저자인 도서의 경우 저자는 '○○○ 외' 라고 입력하거나 모두 나열하는 방법 등이 있을 수 있으며, 학교 단위로 통일하여 입력하면 된다. 그리고 미상인 경우는 '작자미상' 으로 입력할 수 있다.

장면 4. 소단원과 소단원의 연계성을 강화한 과정중심평가

과정중심평가는 단원과 단원을 연결하는 역할을 충실히 해야 한다. 가령, 중학교 2학년 '연립일차방정식과 그래프' 단원에서 아이들은 전 단원에서 배운 '일차함수와 일차방정식'을 토대로 연립일차방정식의 해가 두 직선의 교점임을 이해하는 부분에서 어려움을 겪는다. 이는 아이들의 학습 결과의 연계성 떨어지기 때문에 생기는 현상이다. 이런 현상을 해소할 수 있는 것이 '과정중심평가'이다.

교육과정 내용	성취기준	성취수준	
② 두 일차함수의 그래프를 통하여 연립일차방정식의 해를 이해한다.	[수93032] 두 일차함수의 그래프를 통하여 연립일차방정식의 해를 이해한다.	상	연립일차방정식의 해와 두 일차함수의 그래프 사이의 관계를 알고, 연립방정식의 해를 구할 수 있다.
		중	연립일차방정식의 해를 이용하여 두 일차함수의 그래프의 교점을 구할 수 있다.
		하	두 일차함수의 그래프의 교점이 연립일차방정식의 해임을 안다.

아이들이 연립일차방정식과 일차함수의 연관된 부분을 인지하고 있는지 판단하는 도구가 필요하다. 이런 부분에 심혈을 기울이는 것은 교사의 몫이다.

예를 들면, 다음과 같이 그래프를 이용한 연립방정식을 푸는 부분에서 아이들은 일차연립방정식이 어떻게 일차함수의 그래프로 표현이 될 수 있는지 여전한 의구심을 갖는다. 일차연립방정식의 해와 두 일치함수의 그래프 사이의 관계를 알려줘야 한다.

또한, 연립일차방정식의 해를 이용하면 두 일차함수의 그래프의 교점을

구할 수 있음을 인지하도록 해야 한다. 물론, 교점이 연립일차방정식의 해임을 알게 해야 한다.

방정식과 일차함수의 연결고리를 과정중심으로 평가하자!

<서술형 활동지>
그래프를 이용하여 다음 연립방정식을 풀고, 두 일차함수의 교점이 일차연립방정식의 해가 되는 이유를 설명하시오.

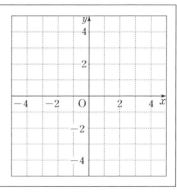

$$\begin{cases} 2x-y=-3 \\ 3x+y=-2 \end{cases}$$

<채점기준>

$$\begin{cases} 2x-y=-3 \\ 3x+y=-2 \end{cases}$$

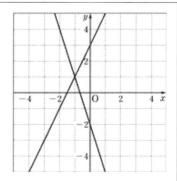

그림과 같이 교점의 좌표는 (-1, 1)이므로 일차연립방정식의 해는 $x=-1$, $y=1$ 이다.
일차연립방정식의 그래프는 해의 순서쌍을 좌표로 하는 점을 좌표평면 위에 모두 찍어 나타낸 것이다.
그 해의 범위가 수 전체로 확장되면 그래프는 직선이 된다. 따라서 두 직선의 교점은 두 직선의 방정식의 공통의 해가 되며 이는 일차연립방정식의 해로 표현된다.

교사는 왼쪽과 같이 일차연립방정식과 두 일차함수의 그래프의 연결고리인 연계성을 강화하는 평가를 실시해야 한다.

결국, 아이들은 두 직선의 교점은 두 직선의 방정식의 공통의 해가 되는 것을 알게 된다.

또한, 수업은 아이들이 과정과 과정의 연결고리를 통해 뛰어 넘어야 한다. 바로 이 지점이 '과정중심평가'에 고스란히 녹아들면 금상첨화이다.

수업에서 삶의 성장이 표현될 수 있는 도구를 만들어보자!

아래 그림처럼, 어떤 기업 제품의 생산비용은 시설비, 인건비 등의 고정비용과 생산 수량에 따른 재료비를 합한 것으로 수량에 관한 일차함수이다. 또 제품의 매출액은 판매량에 정비례하는 함수이다. 이때 매출액이 총원가보다 많으면 이익이 생기고 적으면 손실이 발생하므로 두 함수의 그래프가 교차하는 점이 손익분기점이 된다. 이 교점의 좌표는 총원가와 매출액에 대한 연립방정식을 이용하여 구할 수 있다.

제품을 생산하는 기업에서는 손익분기점이 무척 중요하다. 손익분기점은 생산제품 개수에 대한 생산비용을 나타내는 그래프와 판매제품 개수에 따른 판매비용을 나타내는 그래프의 교점을 통해 찾을 수 있다.

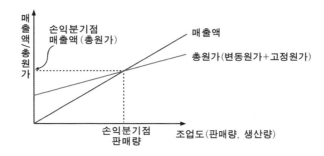

이를 통해 아이들은 기업의 이익과 손실이 발생하는 지점이 바로 '손익 분기점'이라는 것을 이해할 수 있고, 이 지점에서의 제품 개수를 정확히 파악할 수 있다.

단원과 단원의 연계성을 바탕으로 한 과정중심평가는 수업 속에서 알차게 디자인될 수 있고, 두뇌의 회전을 빠르게 촉진하여 과정중심평가가 궁극적으로 추구하는 내면의 성장을 이끌어낼 수 있다고 생각한다.

수업의 중요한 맥에서 '과정중심평가'를 하면 아이들은 점핑한다

아이들은 일차연립방정식의 해가 바로 두 일차함수 그래프의 교점이 됨을 알게 되며, 우리 생활 주변에서 서로 함께 변하는 두 양의 관계를 보고, 그 이유를 설명할 수 있어야 한다. 이 지점이 교사가 추구하고자 하는 교육의 본질이며, 과정중심평가가 추구하는 지향점이라고 볼 수 있다.

한마디로, 중요 지점에서는 반드시 아이들이 알고 넘어갈 수 있는 측정 도구 장치를 마련해야 한다는 것이다. 그것이 평가에 반영되든 반영되지 않든 간에 아이들에게 긍정적인 작용을 하기 때문이다.

아이들이 수업 과정에서 배운 방정식과 일차함수의 연관성을 바탕으로 다양한 형태의 그래프를 접해봄으로써 통계의 가치를 이해할 수 있다.

쉽고도 어려워 보이는 '과정중심평가'에서 피드백을

평가의 이름에서 알 수 있듯이 과정을 중심으로 평가를 한다고 생각할 수 있다. 지필평가가 아닌 '수행평가=과정중심평가'일까?

<활동지>

모둠별로 아래의 그림과 같이 다양한 그래프를 해석하여 상황에
맞는 이유를 설명하는 활동을 하고 정리하시오.

선호하는 직장

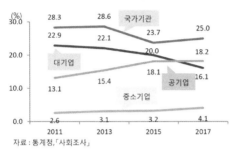

자료 : 통계청,「사회조사」

동아리 활동 참가율

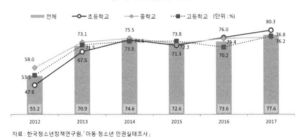

자료 : 한국청소년정책연구원,「아동·청소년 인권실태조사」

영역별 남·여학생의 학업성취도 추이

자료 : OECD(www.pisa.oecd.org)

수업의 조각조각이 모여서 한 차시가 되고, 각 차시가 모여 수업 과정이 된다. 수업의 과정은 짧게는 한 차시 속에서의 조각(점)들이고, 프로젝트형 수업에서는 길게 늘어놓은 수업이 과정(선)으로 볼 수 있다. 어찌 되었건 '과정 중심'은 '결과 중심'의 기존의 지필평가나 수행평가와 격이 다른 '무엇'이라고 볼 수 있다.

학부모나 교사들이 범하기 쉬운 오류가 있다. 바로 눈에 보이는 모든 수업의 과정만을 과정중심평가 속에 담아내려고 노력한다는 것이다. 아이들의 눈에 보이지 않는 수업 외 부분을 간과했기 때문이다.

교사와 친구들의 피드백으로 아이들의 마음도 깊이 있게 성장하는 것이다. 이것을 '과정중심평가'라는 그릇에 담아내고자 하는 노력이 우선되어야 할 것이다.

또한, 수업의 다양한 과정에서 도출된 결과물만 가지고 평가를 하려고 한다. 이는 기존의 수행평가와 다를 바 없다. 학생들이 겪어온 수많은 시행착오와 노력을 과정중심평가에 반영하는 노력이 필요하다.

아이들이 성장하는 수업의 전 과정에서 결과물만 평가에 반영하는 오류를 범하지 말길 바란다. 아이들이 삶을 살아가는 핵심역량을 키워주는 것은 바로 수업의 여러 과정 속에서 다양한 친구와 교사들의 피드백으로 긍정적인 방향으로 설계되어 질 것이다.

과정중심평가에서 제일 중요한 것은 수업의 '과정'에서 교사나 친구들이 바로바로 '피드백'을 해주는 것이다. 과정중심평가가 추구하는 교육의 본질은 아이들이 '단계적 피드백'을 통해서 성장하고 점핑하는 것이다.

2018학년도 1학년 수학과 평가계획

학기	1	대상 학급	~	담당 교사	○○○

월/주	영역(단원)	성취기준	평가내용	평가방법
3/1~ 3/2	수와 연산 (소인수분해)	[9수01-01] 소인수분해의 뜻을 알고, 자연수를 소인수분해 할 수 있다.	- 소인수분해를 할 수 있는가? - 소인수분해를 이용하여 합성수의 약수를 구하고 약수의 개수를 판단할 수 있는가?	동료평가
3/3~ 3/4		[9수01-02] 최대공약수와 최소공배수의 성질을 이해하고, 이를 구할 수 있다.	- 소인수분해를 이용하여 최대공약수를 구할 수 있는가? - 소인수분해를 이용하여 최소공배수를 구할 수 있는가?	형성평가
4/1	수와 연산 (정수와 유리수)	[9수01-03] 양수와 음수, 정수와 유리수의 개념을 이해한다.	- 양수, 음수, 정수, 유리수의 예를 들 수 있는가? - 주어진 수에서 양수와 음수, 정수와 유리수를 구분할 수 있는가?	구술/발표
		[9수01-04] 정수와 유리수의 대소 관계를 판단할 수 있다.	- 수직선 위에 정수 또는 유리수를 나타낼 수 있는가? - 정수와 유리수의 대소 관계를 판단할 수 있는가?	형성평가
4/2~ 4/4		[9수01-05] 정수와 유리수의 사칙계산의 원리를 이해하고, 그 계산을 할 수 있다.	- 두 정수 또는 두 유리수의 사칙계산을 할 수 있는가? - 정수와 유리수의 혼합계산을 할 수 있는가?	형성평가
5/1	문자와 식 (문자의 사용과 식의 계산)	[9수02-01] 다양한 상황을 문자를 사용한 식으로 나타낼 수 있다.	- 주어진 상황을 문자를 사용한 식으로 나타낼 수 있는가? - 문자를 사용한 식에서 곱셈기호와 나눗셈 기호를 생략하여 나타낼 수 있는가?	형성평가
		[9수02-02] 식의 값을 구할 수 있다.	- 주어진 식에서 문자에 수를 대입하여 식의 값을 구할 수 있는가?	형성평가
5/2		[9수02-03] 일차식의 덧셈과 뺄셈의 원리를 이해하고, 그 계산을 할 수 있다.	- 동류항의 뜻을 알고 일차식의 덧셈과 뺄셈을 할 수 있는가?	형성평가
5/3	문자와 식 (일차방정식)	[9수02-04] 방정식과 그 해의 의미를 알고, 등식의 성질을 이해한다.	- 방정식과 그 해의 의미를 알고 있는가? - 등식의 성질을 이해하고 이항을 설명할 수 있는가?	형성평가
5/4~ 6/1		[9수02-05] 일차방정식을 풀 수 있고, 이를 활용하여 문제를 해결할 수 있다.	- 등식의 성질을 이용하여 일차방정식을 풀 수 있는가? - 주어진 문제 상황을 일차방정식으로 나타내고 이를 해결할 수 있는가?	서술/논술
6/2	함수 (좌표평면과 그래프)	[9수03-01] 순서쌍과 좌표를 이해한다.	- 순서쌍과 좌표평면, 좌표의 뜻을 이해하고 있는가?	형성평가
6/3~ 6/4		[9수03-02] 다양한 상황을 그래프로 나타내고, 주어진 그래프를 해석할 수 있다.	- 주어진 상황을 그래프로 나타낼 수 있는가? - 주어진 그래프를 해석할 수 있는가?	형성평가
7/1	□	[9수01-03]~[9수01-05] [9수02-01]~[9수02-05] [9수03-01]~[9수01-03]	- 해당 성취기준의 내용 전체	포트폴리오
7/2~ 7/3	함수 (좌표평면과 그래프)	[9수03-03] 정비례, 반비례 관계를 이해하고, 그 관계를 표, 식, 그래프로 나타낼 수 있다.	- 정비례 관계를 이해하고 그 관계를 표, 식, 그래프로 나타낼 수 있는가? - 반비례 관계를 이해하고 그 관계를 표, 식, 그래프로 나타낼 수 있는가?	프로젝트

< 과정중심평가 도구 >

● 평가 정보

학교급	중학교	학년	1학년
교과(과목)	수학	교육과정 내용 영역	함수
단원/과제명	좌표평면과 그래프		
성취기준 및 평가기준	[9수03-02] 다양한 상황을 그래프로 나타내고, 주어진 그래프 를 해석할 수 있다.	상	다양한 상황을 그래프로 나타낼 수 있 고, 그래프를 해석할 수 있다.
		중	표를 그래프로 나타낼 수 있고, 그래프 를 해석할 수 있다.
		하	간단한 그래프를 해석할 수 있다.
교과 역량	추론, 의사소통		
평가방법	□ 서술대논술 □ 구술대발표 □ 토의대토론 □ 프로젝트 □ 실험대실습 □ 포트폴리오 □ 기타 □ 자기평가 □ 동료평가 □ 관찰평가		

과정중심평가의
방향(의도)
	- 주어진 상황을 그래프로 나타낼 수 있고, 그래프를 해석할 수 있는지 수학적
	  추론 능력을 파악하고자 한다.
	- 과제를 수행하는 과정에서 자신의 생각을 표현하거나 다른 학생의 생각을
	  듣고 이해하는 의사소통 역량을 파악하고자 한다.		

● 과정중심평가 연계 운영 과정안

단계	교수·학습 활동	평가 계획
1차시	• 변수와 그래프 이해하기 • 형성평가 '그래프는 무엇일까?' ▷ 용기에 물을 담는 상황에서 x초 후 물의 높이 y cm를 나타낸 표를 보고 순서쌍 $(x,\ y)$로 나타내기. ▷ 순서쌍 $(x,\ y)$를 좌표로 하는 점을 좌표 평면에 나타내기	그래프 그리기 (형성평가) 피드백
2차시	• 다양한 상황을 나타내는 그래프의 모양 알아보기 • 그래프에서 좌표를 읽어 그 그래프 해석해보기 • 형성평가 '누구의 등굣길일까?' ▷ 대화문을 읽고 3명의 학생들의 등교 상황을 나타낸 그래프와 학생을 짝지어보기 ▷ 그래프를 보고 학생들의 등굣길 상황을 비교분석하기	그래프 해석하기 (형성평가) 피드백
3차시	• 과제 '나의 등굣길 그래프로 나타내기' ▷ 자신의 등굣길을 생각하여 글로 표현하기 ▷ x축을 시각, y축을 집에서 떨어진 거리, 학교에서 떨어진 거리 등 상황에 알맞게 잡아 자신의 등굣길을 그래프로 나타내기	등굣길 상황을 그래프로 나타내고 설명하기 (서술형) 피드백

◯ 과제별 평가 정보

학년/학기	1학년/1학기	단원/차시	III단원/3차시
성취기준	[9수03-02] 다양한 상황을 그래프로 나타내고, 주어진 그래프를 해석할 수 있다.		
교과 역량	추론, 의사소통		
평가 방법	☐ 서술☐논술　　☐ 구술☐발표　　☐ 토의☐토론　　☐ 프로젝트 ☐ 실험☐실습　　☐ 포트폴리오　　☐ 기타 ☐ 자기평가　　☐ 동료평가　　☐ 관찰평가		
출제 의도	- 주어진 상황을 그래프로 나타낼 수 있고, 그래프를 해석할 수 있는지 수학적 추론능 력을 파악하고자 한다. - 과제를 수행하는 과정에서 자신의 생각을 표현하거나 다른 학생의 생각을 듣고 이해하는 의사소통 역량을 파악하고자 한다.		

■ 자신의 등굣길을 글로 표현하고 x축을 시각, y축을 집에서 떨어진 거리, 학교에서 떨어진 거리 등 상황에 알맞게 잡아 자신의 등굣길을 그래프로 나타내기

<table>
<tr><th colspan="2">과제 내용
및
평가 계획</th><td>평가(채점) 영역</td><td>평가요소</td><td>평가 척도</td></tr>
</table>

평가(채점) 영역	평가요소	평가 척도
함수	좌표평면 나타내기	3단계(2, 1, 0)
	그래프 그리기	3단계(2, 1, 0)
의사소통	실생활 상황을 논리적으로 설명하기	2단계(우수, 미흡)

평가 시 유의점	그래프에서 x축과 y축이 각각 무엇을 나타내는지 확인하게 한다. 특히 y축이 집에서 떨어진 거리인지, 학교에서 떨어진 거리인지에 유의하여 문제를 해결 할 수 있게 한다.

◇ 과제 및 예시 답안

단원명	III. 좌표평면과 그래프	1. 좌표와 그래프
활동 목표	자신의 등굣길을 그래프로 알맞게 나타낼 수 있다.	
	1학년 ( )반 ( )번 이름 : ( )	

■ 자신의 등굣길을 글로 표현해보자.

나는 8시 35분에 집을 출발하여 학교로 가는 길에 친구를 만나기로 해서 도중에 2분 동안
친구를 기다렸다. 친구를 만나서 다시 학교로 걸어갔고 8시 46분에 학교에 도착했다.

■ x축을 시각, y축을 집에서 학교까지의 거리로 잡아 자신의 등굣길을 그래프로 나타내보자.

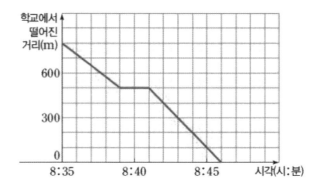

출처 : 비상교육 중1 스마트교과서 '수행과제' 중 일부 발췌

◯ 채점 기준

평가(채점) 영역	평가 요소	평가 척도	채점 기준
함수	좌표평면 나타내기	2	x축과 y축이 나타내는 것을 둘 다 바르게 제시한 경우
		1	x축과 y축이 나타내는 것을 한 가지만 바르게 제시한 경우
		0	x축과 y축이 나타내는 것을 모두 바르게 제시하지 못한 경우
	그래프 그리기	2	자신의 등굣길을 그래프에 정확히 나타낸 경우
		1	자신의 등굣길을 그래프에 미흡하게 나타낸 경우
		0	자신의 등굣길을 그래프에 나타내지 못한 경우
의사소통	실생활 상황을 논리적으로 설명하기	우수	자신의 등굣길 상황을 시간과 거리를 이용하여 논리적으로 설명한 경우
		미흡	자신의 등굣길 상황을 논리적으로 설명하지 못한 경우

< 과정중심평가를 위한 평가 결과 활용 >

◉ 평가 과제# 피드백 제공시 유의점

피드백 제공 시 유의점	◆ 평가항목 별로 학생의 성취정도를 파악하여 피드백을 해야 한다. ◆ 긍정적인 피드백을 하여 학생의 발전 가능성을 제시한다.

◉ 수업 중 관찰된 학생들의 특성

	개별 학생들의 특성
학생	• 자신의 등굣길 상황을 시간과 거리를 이용하여 논리적으로 설명함. • 좌표축을 바르게 나타내었으나 y축이 나타내는 것을 제시하지 않음. • 단순한 등굣길 상황을 제시함. • 등굣길 상황을 그래프에 정확하게 나타냄.

◉ 학생 개별 피드백

	학생 피드백 예시
학생	등굣길 상황을 시간에 따라 거리를 이용해 잘 설명했어요. 좌표축을 바르게 잘 그렸어요. 그런데 y축이 학교에서 떨어진 거리로 표현한 것을 나타내지 않아서 아쉽네요. 상황을 그래프로 바르게 나타냈고 잘했지만 너무 단순한 상황을 제시해서 그래프가 단조로운 것이 아쉽네요. 등굣길 상황을 논리적으로 잘 설명한 것을 보면 조금 더 상황요소를 넣어도 잘할 것 같으니 다음에는 시도해보아요~

〈학생 #〉의 세부능력 및 특기사항 작성 예시

평가	 학생 개인별 과정 중심 평가 기록 핵심 내용 추출
과제	• 자신의 등굣길 상황을 시간과 거리를 이용하여 논리적으로 설명함. • 좌표축을 바르게 나타내었으나 y축이 나타내는 것을 제시하지 않음. • 단순한 등굣길 상황을 제시함. • 등굣길 상황을 그래프에 정확하게 나타냄.
과목별 세부능력 및 특기사항	'나의 등굣길 그래프로 나타내기'에서 자신의 등굣길을 수학적 용어를 사용하여 논리적으로 설명함. 좌표평면에서 좌표축을 일부 나타내며 등굣길 상황을 그래프로 정확하게 그림. 과제를 수행하는 과정에서 더욱 도전적인 태도로 시도하면 더욱 향상될 것이라 기대됨.

6장
—
피드백으로 성장하는
과정중심평가

-과학과-

연현정, 안양 임곡중

과정중심평가가 교육 현장의 뜨거운 감자로 떠오르고 있다. 과정중심평가는 왜 도입되었을까? 무엇을 이야기하는 것인가? 지금까지 현장에서 내가 놓친 것은 무엇이었을까? '어떻게'를 소개하는 책이지만, 또 '어떻게'에만 매몰될까 무섭다. '어떻게'가 아니라 '왜'를 놓치지 않기. 중심을 잡는 것은 결국 다시, 교사의 철학일 것이다. 필자가 처한 고등학교 1학년 과학 수업 환경에서 저렇게 할 수도 있겠다는 마음으로 글을 읽어주시길 바란다. 그 후, 선생님들의 상황과 아이들에 맞는 수업과 평가를 고민하는 데 도움이 된다면 그 이상 바랄 것이 없다.

　글은 한 학기 수업은 어떻게 구조화하고 교실 속 수업 안에서는 어떻게 학생의 성장을 지지하는지 피드백의 관점 위주로 구성되었다. 한 명 한 명 소중한 아이들이 일 년의 시간 동안 각자의 위치에서 한 뼘씩 성장하는 수업을 꿈꾸며, 그렇게 현장에서 아이들을 돕고 있다. 서열 중심이 아닌 성장 중심의 평가로 변화하는 흐름 속, 학생이 중심이 되어 그들의 성장을 돕는 교육으로 공교육이 본래의 모습을 회복하길 간절히 바란다.

출발점

    한해에 만족하는 수업이 몇 번이나 될까? 수업 속에서 아이들과 함께 행복하고 싶었다. 해답을 찾겠다는 의지로 많은 연수를 쫓아 다니며 듣고 공부하고 시도했지만, 매번 실패로 돌아갔다. 그렇게 한참을 돌아서야 알게 된 두 가지 사실이 있다.

    하나는 내가 밖만 보고 안은 살피지 않았다는 것이다. 다른 사람이 성공한 것은 내 수업에서도 성공하리라 믿었나 보다. 각종 연수에서 쏟아져 나오는 수업 기법들에 빠져 '이것이 좋다, 저것이 좋다' 하면 적용해보기 바빴지만, 그 어떤 것도 나와 아이들에게 딱 맞지 않았다. 그렇다. 내가 만나는 아이들에서 출발해야 했다. 매년 새로운 아이들을 만나 낯선 환경에 적응해야 하는 점은 경력이 쌓여도 쉽지 않지만, 그래서 더더욱 교사가 전문가여야 한다는 말의 의미를 이해할 것 같다. 다양한 상황에 맞는 수업과 평가를 디자인할 수 있으려면 많은 사례를 접해봐야 할 것이다. 그 이해를 바탕으로 교실에서 아이들과 상호작용하는 수업을 만들어나가고 싶다.

또 하나 반성하게 된 사실은 내가 그동안 수업만 바라봤다는 것이다. 당장 수업이 진행되는 것에만 급급하여 정말 아이들이 배웠는지, 내 수업이 아이들의 성장을 도왔는지, 배움에 뒤쳐지는 아이는 없었는지 세심하게 챙겨보지 못했다. 2회의 정기고사가 배움을 확인하는 장치였을까? 정기고사의 결과가 아이들의 평소 학습을 대변해주는가? 아이들이 스스로 움직이며 즐겁게 수업시간을 보냈다는 것으로 정말 배웠다고 할 수 있을까? 과연 나는 아이들의 배움을 제대로 확인하고 어려움을 겪는 아이들을 살피고 있었나?

아이들의 현재 모습에서 좋은 점은 살리고 부족한 점은 한 뼘 성장시키는 수업과 평가. 평가가 선별이 아닌 성장 중심의 패러다임으로 변화하면서 나도 이 낯선 경험을 시작하고 있다. 오늘도 실패한 부끄러운 모습이지만, 누군가에게 작은 도움이 될 수 있으리라는 희망으로 현재 시도하고 있는 과정중심평가 이야기를 나눠보고자 한다.

한 학기 큰 그림 그리기

과정중심평가를 실현하기 위해서는 우선 긴 호흡이 필요했다. 아이들의 성장을 독려하기 위해 어떤 학습경험을 제공하고 어떤 피드백을 통해 아이들을 배움에 참여시키고 성장을 도울지 고민이 필요하기 때문이다. 제일 먼저 과학과 교육과정과 과학과에서 성장시켜야 할 역량이 무엇인지 살펴봤다. 지식, 탐구, 태도가 균형을 이루는 과학과 목표 안에서 5가지 역량을 어떻게 골고루 성장시킬까?

2015 개정 교육과정 과학에서 언급하는 과학적 역량은 첫째, 과학적 주장의 근거를 찾는 과정에서 사용되는 추론, 비판, 독창적 사고 같은 과학적 사고력. 둘째, 실험, 조사, 토론 등 다양한 경험을 통해 학생 스스로 증거를 수집하여 지식을 형성하는 탐구능력, 셋째, 에너지, 식량, 안전, 기후 같은 사회적 문제를 과학적으로 해결해보는 문제해결능력, 넷째, 말, 글, 그림, 기호 등 다양한 방법으로 자신의 생각을 표현하는 의사소통능력, 마지막으로 학생, 성인, 노인이 될 때까지 과학문제에 관심을 가지고 참여할 수 있는 평생학습능력이다.

이를 위해 어떤 학습경험과 어떤 평가가 설계되어야 할까?

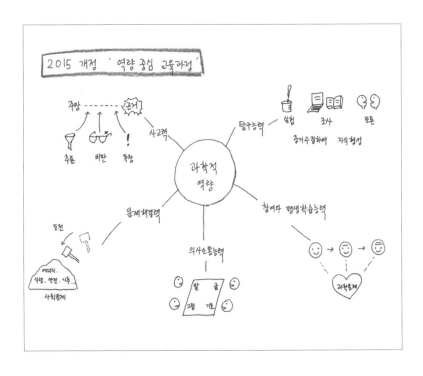

올해 고1 융합과학과 과학탐구실험, 두 과목을 담당하며 고민했던 1학기 평가계획을 소개한다. 융합과학 3단위와 과학탐구실험 1단위를 함께 가르치다 보니 두 과목이 서로 보완하는 역할을 할 수 있었다. 융합과학 평가계획에서는 지식은 지필평가로, 탐구는 실험과 조사 활동으로, 태도는 수업 참여도로 균형을 맞췄다.

지필평가는 100% 서 · 논술형으로 진행하여 아이들의 답안을 통해 개념 이해에 대한 어려움이나 내 수업에 대해 피드백을 받고자 계획했고, 실

과목	통합과학						
평가 종류	지필평가	수행평가					
반영 비율	40%	60%					
횟수/ 영역	1회(2차 지필)	실험(32%)				조사(15%)	수업 참여도(13%)
	서술 논술	서술 논술				서술 논술	참여도
만점 (반영 비율)	100점	8점	8점	8점	8점	7점	8점	13점
	40%	8%	8%	8%	8%	7%	8%	13%
서술형· 논술형 반영비율	40%	32%				15%	–
평가 시기	정기고사 일정	수시					수시
평가 내용 (성취 기준)	통과 1-1~1-5 통과 2-1~2-3 통과 3-1~3-2 통과 4-1~4-3 통과 5-1~5-3	통과3-1. 자유낙하와 수평 방향으로 던진 물체의 운동 비교실험 통과5-1. 세포막 삼투현상 확인 실험 통과5-2. 과산화수소분해 속도 비교실험				통과1-1. 우주론의 확립 통과5-2. 생활 속의 효소	통과 1-1~1-5 통과 2-1~2-3 통과 3-1~3-2 통과 4-1~4-3 통과 5-1~5-3

험은 4회에 걸쳐 지속적인 피드백을 통해 성장시키고자 했으며, 조사는 자료검색 과정을 피드백하여 학생의 평생학습능력을 성장시키고자 했고, 마지막으로 수업 참여도는 매일 수업에서 꾸준히 피드백하여 아이들이 수업에 참여하고 주인이 되도록 계획했다. 큰 그림을 그려야 실제 수업을 진행하는 과정에서 방향을 잃지 않을 것이며, 과정을 통해 학생의 성장을 도울 수 있으리라 믿는다. 마지막으로 문제해결능력은 과학탐구실험 시간에 과제연구를 통해 학습경험을 주기로 계획했다. 그러고 나니 왠지 1

과목	과학탐구실험											
평가 종류	수행평가											
반영 비율	100%											
횟수 /영역	과제연구											
	서술 · 논술											
	주제 수준	이론 적 배경	문제 인식 및 가설	실험 과정	준비 도	실험 시도 횟수	변인	실험 의 증거	데이 터 정리	결과 해석	발표 및 질의 응답	분석
만점 (반영비율)	10	10	6	6	6	6	6	5	10	5	10	20
	10%	10%	6%	6%	6%	6%	6%	5%	10%	5%	10%	20%
서술형· 논술형 반영비율	10%	10%	6%	–	–	–	6%	5%	10%	5%	–	20%
평가 시기	5월											
평가 내용 (성취기준)	과탐1-4, 과탐2-1 ~ 2-9											

학기가 기대되기 시작했다.

매일의 수업을 피드백하는 평가

매일의 수업을 평가한다고? 아이들에게 너무 가혹한 것은 아닌가? 이렇게 생각하시는 분도 계실 듯하다. '평가'라는 말이 주는 선입견 때문일 것이다. 내가 하고자 하는 평가는 아이들을 한 줄로 세우고 잘하냐 못하냐를 판단하는 평가가 아니라, 그 날의 수업에 충실하게 참여하도록 독려하는 평가이다. 즉, 수행 여부를 확인하며 참여를 유도하는 것이지 수행 정도를

주제	충격량		스펙트럼		세포		지구계 구성요소	
모습								
학습 경험	2층 높이에서 달걀을 낙하시킬 때 충격을 흡수할 수 있는 장치 고안하여 제작하기		간이 분광기를 직접 제작하여 연속 스펙트럼과 선스펙트럼 관찰하기		점토로 식물 세포와 동물 세포의 소기관을 관찰하여 모형으로 제작하기		학교 앞 냇가로 나가 모둠별로 지구계 5요소를 한 장에 담은 사진 촬영하기	
평가	수행	+1	수행	+1	수행	+1	수행	+1
	미수행	0	미수행	0	미수행	0	미수행	0

판단하는 것이 아니다.

3월 초, 고등학생이 된 아이들은 앞으로 열심히 하겠다는 마음가짐으로 눈빛을 반짝인다. 나 또한 이 아이들의 눈빛이 힘을 잃지 않도록 함께 수업을 만들어가야겠다고 다짐한다. 과학 과목은 추상적인 개념이 많아 상당수의 아이가 어려움을 느낀다. 그래서 수업 안에서 개념들을 자신의 용어로 정의하는 기회와 다양한 학습 경험을 꾸준히 제공해 줘야겠다고 생각했다.

그렇게 수업시간에 학습한 개념들을 아이들은 노트에 스스로 정리해가고 서로 공유한 후, 끝나기 약 5분 전, 수행 여부를 확인한다. 보통 활동지를 작성하고 도장을 찍는 방식과 동일하다. 대신 나중에 수행 여부를 확인하는 것이 아니라 그 자리에서 즉각 반영할 뿐이다.

교사가 매시간 수행 여부를 확인하는 것이 상당히 힘겨운 일이라 생각할 수도 있다. 그러나 즉각적인 피드백이 중요하다고 생각한다. 아이들이 수업에 충실히 임한 노력을 격려받는 것은 다음 시간 배움을 지속할 수 있는 동기를 마련해주기 때문이다.

수행 결과가 바를 정(正)자로 한 획씩 늘어나는 것을 보면서 아이들은 자신의 노력에 뿌듯해하기도 하고, 수업시간에 질문하지 못했던 것을 개인적으로 묻기도 한다. 이때 아이들의 질문에서 오늘 배운 부분 중

누적 체크리스트

구분	수업 참여도(13점)	
교육과정 성취기준	통과1-3 ~ 9-5. 매시간 성취기준을 학습할 때 과학에 대한 흥미와 호기심, 과학 학습에 대한 적극성, 과학적 태도 등의 정의적 영역을 평가한다. (재구성)	
평가기준	① 모둠 활동에 적극적으로 참여하였는가? ② 과학에 대한 흥미와 호기심을 가지고 협력적으로 문제를 해결하였는가? ③ 자신이 알고 있는 것을 성실하게 가르쳐주며 지식을 공유하였는가? ④ 수업시간에 과학노트를 성실하게 관리·완성하였는가? ⑤ 수업 준비물을 성실하게 준비하였는가?	
A	위의 평가요소 모두를 만족하는 경우	13
B	위의 평가요소 중 4가지를 만족하는 경우	12
C	위의 평가요소 중 3가지를 만족하는 경우	11
D	위의 평가요소 중 2가지를 만족하는 경우	10
E	위의 평가요소 중 1가지를 만족하는 경우	9
F	만족하는 항목이 없는 경우	8

어려움을 겪는 곳을 확인할 수도 있고, 열심히 수업에 임한 아이들의 등을 두드려주면서 격려해주기도 한다. 이 과정에서 교사와 학생 모두 그날의 수업과 다음의 수업을 위한 피드백을 받게 된다. 참 소중한 시간이다. 수업은 교사와 학생의 상호작용으로 이뤄지는 일이므로 함께 지지하고 독려하는 일련의 과정이 쌓여 결과를 이뤄낸다고 생각한다.

이 평가의 영역은 수업 참여도로 '프로세스폴리오'로 정의되기도 한다. 이런 정의적 영역을 평가할 때 평가기준에 얽매이면 수업이 경직될 것이다. 평가가 수업을 장악해버리지 않도록 균형 잡기. 어려운 부분이지만 활동의 수행 여부만 판단하여 누적하고, 한 학기 동안 누적한 횟수를 합하여 10점 만점으로 환산한 후 반영하고 있다. 활동 결과 우수한 산출물은 공유

과학노트

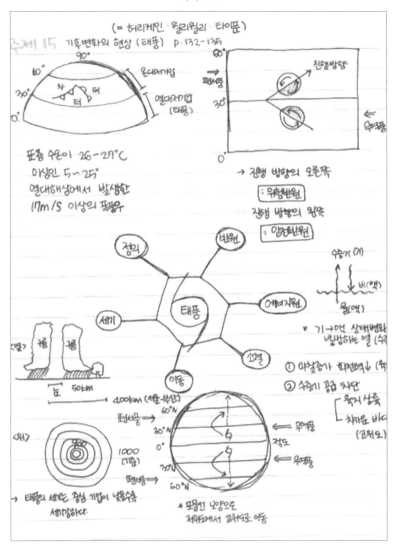

하여 함께 나누거나 학생부 교과세부능력 및 특기사항에 기록하는 형태
로 균형을 유지하고 있다.

과학노트는 스프링 형태로 개인적으로 구입하여 일 년간 사용하는데, 아이들은 자신의 애정이 깃든 노트를 소중히 다룬다. 서툴고 부족하지만, 자신이 직접 적고 배운 노트이어서 아이들에게 더 가치가 있는 것 같다. 성취기준을 재구성하여 주제 중심으로 수업을 진행하다 보니 주제 하나를 끝낼 때마다 정리한다는 의미로 '과학과 나의 연결고리'를 적고 있다. 일종의 배움 요약 형태인데, 노트한 내용을 다시 보며 와닿는 과학 키워드를 자신의 삶과 연결해보는 것이다. 자연을 바라보는 과학에서 나 자신의 삶을 연결해보자는 작은 바람으로 시도해본 것이었다.

'원소'를 배우고 나서 노트에 '과학과 나의 연결고리'를 적게 하고 확인해보니 너무나 다양한 아이들이 보였다. 단순히 노트확인만 하고 지나가기에 아까워서 다음 차시에 몇몇 학생의 내용을 공유하기 시작했다. 자신을 금속에 비유하여 '빛나는 광택과 단단한 내면으로 어떤 시련이 와도 결코 부서지지 않을 것이다'라고 적은 학생도 있었고, 알칼리 금속이 물에 폭발적으로 반응하는 것에 비유하여 '나는 알칼리 금속이다. 진로라는 물을 만나면 열정을 폭발적으로 쏟을 것이기 때문이다'라고 쓴 학생도 있었다. 또, 원소의 주기성을 키워드로 삼아 반복적인 학교생활과 학원으로 지친 일상을 표현하여 공감을 받은 학생도 있었다.

그러나 마음을 아프게 하는 학생들도 있었다. 비금속에 자신을 비유하여 광택이 없어 눈에 띄지도 않고 보잘것없다고 자신의 초라함을 표현한 학생, 다른 원소와 반응하지 않는 비활성 기체에 자신을 비유하여 타인과 관계를 맺지 않고 혼자 고독한 삶을 사는 자신을 표현한 학생도 있었다. 아이들의 삶이 드러나는 순간 교사는 학생의 삶을 고민하게 된다. 아이에게 힘을 줄 방법은 없을까? 관계를 풀어갈 실마리를 제공해볼 수는 없을까? 친구들이 이를 듣는다면 어떤 피드백을 해줄 수 있을까? 나는 학생에게 어떤 피드백을 해줄 수 있을까? 고민이 깊어진다.

피드백을 통해 재도전 기회를 주는 평가

"최선이니? 다시 해보자!"

단 한 번의 평가로 끝나는 것이 아니라 평가를 통해 다시 도전하도록 독려하고 성장시킬 수 있지 않을까? 작년 지구과학Ⅰ 과목에서 과학 독서를 평가로 계획했던 경험을 나눠보려 한다. 과학 독서를 평가로 설정했던 이유는 아이들에게 과학 관련 책을 읽는 경험을 제공해주기 위해서였다.

지13202. 지구의 기후변화를 설명하는 다양한 가설을 설명할 수 있고, 이에 대한 이해를 바탕으로 가설을 지지하는 근거를 과학적으로 제시하여 논증을 구성할 수 있다.

위의 성취기준에 근거하여 아이들의 수준에서 이해할 수 있는 과학 도서를 학교 예산으로 60권 정도 구입한 후 수업시간을 활용하여 '지구온난화' 주제에 관련된 부분을 온전히 읽도록 했다. 아이들은 책을 통해 '기후변화는 자연적 변화일 뿐이다' 라는 가설을 신선하게 받아들였다. 기후변화의 요인은 인간뿐이라고만 생각했던 고정관념이 깨지는 순간이었다. 책을 읽고 토론을 통해 배움이 깊어지기 위해서는 제대로 읽는 것이 중요했다. 읽고 정리한 개별 활동지를 받아 가능한 한 빨리 3단계(7점/5점/3점)로 채점하여 아이들에게 결과를 알렸다. 사실 여기서 끝날 수도 있었다. 그렇

학년   반   번   이름

주제	지구온난화	지은이		읽은 쪽수		점수	/ 7

1. 지구온난화는 무엇인지 온실효과와 비교하여 정리하세요.

2. 다음 사실들을 두 가지 관점에서 각각 정리하세요.

사실	A. 인간 활동에 의한 이산화탄소 때문이야	B. 자연스러운 지구적 현상이야
킬리만자로 산 정상의 만년설 감소와 빙하 녹는 현상		
해수면 상승, 기상이변, 생태계 파괴, 사막화		

3. 위 2번에서 제시된 사실 이외에 지구온난화가 자연스러운 지구적 현상이라는 점에 대한 추가 근거 2가지를 찾아 제시하세요.

4. 지구온난화 원인에 대한 자신의 생각을 근거 2가지를 대어 주장하세요.

게 아이들을 평가하고 점수를 알리는 것으로 끝나는 것이 기존의 평가였으니까.

그러나 하다가 포기한 아이, 대충 겉만 본 아이, 깊게 생각하는 것을 피곤해하는 아이들이 눈에 밟혔다. 그 상태에서 다음으로 넘어갈 수 없었다. 과학 독서라는 평가를 실시하는 이유를 설명하고 이 경험을 통해 성장하길 바란다는 바람을 전하면서 조금 더 노력해볼 것을 권했다. 걱정 반 기

구분	과학 독서(7점)	
교육과정 성취기준	[지13202] 지구의 기후변화를 설명하는 다양한 가설을 설명할 수 있고, 이에 대한 이해를 바탕으로 가설을 지지하는 근거를 과학적으로 제시하여 논증을 구성할 수 있다.	
평가 기준	① 지구온난화를 온실효과와 비교하여 옳게 정리하였는가? ② 지구온난화가 인간 활동이 원인이라는 관점에서, 3가지 사실에 일관된 주장을 하는가? ③ 지구온난화가 자연적 변화라는 관점에서, 3가지 사실에 일관된 주장을 하는가? ④ 자연적 변화에 대한 근거로 과거의 기온 상승과 천문학적 요인을 설명할 수 있는가? ⑤ 지구온난화에 대해 근거 2가지를 들어 일관된 주장을 펼칠 수 있는가?	
A	평가기준의 요소 모두를 만족하는 경우	7
B	재도전을 통해 평가기준을 모두 만족하는 경우	6
C	평가기준의 요소 중 3~4가지를 만족하는 경우	5
D	재도전을 통해 평가기준을 4개 만족하는 경우	
E	재도전을 통해 평가기준 3개를 만족하는 경우	4
F	평가기준의 요소 중 1~2가지 만족하는 경우	3
G	활동에는 참여하였으나 만족하는 항목이 없거나 질병으로 인한 장기결석생의 경우	2
H	재평가에 미 응시한 경우, 무단으로 불참한 경우, 무단 장결생, 질병으로 인한 장기결석생의 경우	1

대 반이었는데 5점, 3점을 받은 아이들이 다시 해보겠다고 자신이 제출한 활동지를 가져갔다. 정말 기뻤다. 되가져간 아이들 중 2/3는 일주일의 기한 안에 보충하여 제출했고 5점에서 6점으로, 3점에서 최대 5점으로 상승했다. 만점인 7점이 될 수는 없지만, 재도전하는 아이들의 모습을 통해 평가가 배움의 촉진제가 될 수 있겠다는 생각이 들었다.

수업으로 다시 피드백되는 평가

'평가는 꼭 배운 후에야 할 수 있을까? 학습을 위한 기초자료가 될 수도 있지 않을까?'

탐구영역에서 조사 수행평가 2회, 총 15점을 계획했다. 평생학습시대라 하지만 아이들은 과학 지식을 검색하여 스스로 구성해보는 경험이 부족하다. 조사를 평가로 계획한 것도 이런 경험을 제공하고자 함이었다. 수업시간 동안 개인 스마트폰을 이용해 자료 검색이 가능하도록 과학실을 구축하고 스마트폰이 없는 학생들을 위해 노트북도 조별로 제공했다. 아이들은 편안한 분위기에서 음악도 들으며 자신의 선택한 주제를 조사하기

구분	모둠원	조사 1차(생활 속의 효소)	조사 2차(우주론의 확립)
동일 모둠	1	식품(치즈, 고기 연화제…)	허블의 주장과 근거
	2	의약품(소화제, 혈당 검사지…)	호일의 주장과 근거
	3	생활용품(효소 세제, 효소 치약…)	가모프의 주장과 근거
	4	기타(환경, 바이오에너지…)	펜지어스와 윌슨의 주장과 근거

시작한다. (누가 보면 평가 장면이라고 전혀 상상하지 못할 것이다!) 이때 모둠 안에서 검색하는 방법은 서로 돕되 자신이 조사해야 할 내용은 각기 다르게 선택하도록 안내했다.

아이들이 수행한 결과물은 아래의 평가기준 ②, ③, ④에 따라 적극적으로 피드백을 해주었다. 과학 지식은 떠돌고 있지만, 그 내용을 스스로 이해하고 내면화하기는 쉽지 않다. 쉽게 포기해버리는 아이들이 없도록 자료 검색은 어떻게 하는지를 모둠 안에서 서로 돕도록 안내했다. 또한 평가기준을 제시하여 무조건 양으로 승부하거나, 화려하게 꾸미는 것에 집중하지 않도록 도왔다.

구분	조사 1차 (7점)	
교육과정 성취기준	통과5-2. 생명시스템 유지에 필요한 화학 반응에서 생체 촉매의 역할을 이해하고, 일상생활에서 생체 촉매를 이용하는 사례를 조사하여 발표할 수 있다.	
평가기준	① 효소의 특징을 나타내는 제목인가? ② 활용 사례가 구체적으로 설명되었는가? ③ 신뢰할 수 있는 출처에서 자료를 인용하였는가? ④ 시각적 표현이 제대로 되었는가? ⑤ 아이디어의 독창성이 있는가?	
A	평가기준의 요소 모두를 만족하는 경우	7
B	위의 평가요소 중 4가지를 만족하는 경우	6
C	위의 평가요소 중 3가지를 만족하는 경우	5
D	위의 평가요소 중 2가지를 만족하는 경우	4
E	위의 평가요소 중 1가지를 만족하는 경우	3
F	활동에는 참여하였으나 만족하는 항목이 없거나 질병으로 인한 장기결석생의 경우	2
G	재평가에 미응시한 경우, 무단으로 불참한 경우, 무단 장결생	1

분야: 약품   응용사례 혈전용해제

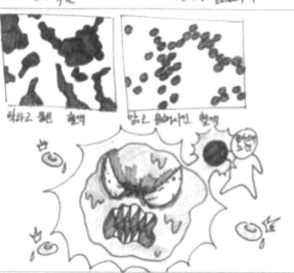

하나2. 혈전 혈액   많2. 용해시킨 혈액

혈전 용해제와 혈전의 대결

사람하기에 앞서 혈전이란 혈액이 뭉쳐져서 만들어지는 덩어리이다.
이 혈전이 생기면 혈관이 막혀 뇌졸중·뇌경색 등이 발생할수있다.
이러한 상황을 막기 위해 사용되는 것이 혈전용해제 인데
단백질의 일종인 혈전을 죽이기위해 쓰는 혈전용해제 에는 효소
플라스미노겐 플라스민의 전환체인 플라스미노겐을 플라스민으로
전환하는 활성을 가졌는데 이 플라스민이 혈전에게 추출한 피브린을
분해하여 혈전을 용해한다. 이러한 혈전은 우리나이처럼 젊은
나이에도 의자에 오래 앉아있으면 생길수있으므로 1시간 간격으로
일어나서 스트레칭 하기를 권한다. 〈출처 : 위키백과 〉

의약품(요검사지)

분야: 의약품   이용사례: 요검사지

뭐? 내 오줌을 효가 판단한다고?

요검사지에는 포도당 산화 효소라는 (효소)가 들어있다. 효소는 오줌 속의 포도당과 반응하여 과산화 수소을 방생시키고 과산화수소는 요검사지의 색깔을 청색으로 바꾸어 눈으로 확인할 수 있게 하며, 이는 당뇨 검사에 이용된다.
(오줌에서 포도당이 검출된다면 당뇨를 의심해볼 수 있다)

평가기준 ④의 경우, 그림에 소질이 없는 아이들이 불안해했는데 그림을 잘 그리고 못 그리는 것은 상관이 없다고 답해주었다. 그러면서 여러 생각이 들었다. '기존의 나의 평가는 기준을 명확히 제시했었던가?' '기준이 제시되어야 학생들이 방향을 잃지 않고 평가의 목적을 이해할 수 있는 것은 아니었을까?' 아직도 아이들은 평가기준에 익숙하지 않다. 그때마다 기준을 짚어주며 놓친 부분은 없는지 체크하는 피드백을 한다.

채점한 결과는 가능한 한 빠르게 아이들에게 되돌려준다. 아이들은 자신이 돌려받은 조사지를 바탕으로 모둠 안에서 서로 나눈다. 각자가 조사한 사례를 나누며 생활 속에서 다양한 효소의 사례를 몸소 경험하게 된다. 모둠 안에서 나눈 내용 중 함께 공유할 사례는 전체로 공유하는 과정을 거치며 아이들이 직접 지식을 형성하고 나눌 수 있는 재료가 된다.

조사 2차의 경우는 우주론이 확립되기까지의 과정에서 등장한 4명의 과학자가 주장한 내용을 조사하는 것이었다. 평가기준의 ①, ④, ⑤, ⑥을 적극적으로 피드백 해주었다. 가능한 한 최선을 다하도록 돕고, 맞는지 틀린지는 언급하지 않았다.

다음 차시에 채점한 조사지를 학생들에게 나눠줬다. 허블-호일-가모프-펜지어스와 윌슨의 우주론 주장과 근거를 조사했던 학생들이 모둠 안에서 서로에게 설명하면서 배움을 나눈다. 모둠에 조사가 부족한 아이도 있으므로 전체 나눔을 통해 과학자 4명을 함께 배울 수 있도록 수업을 구성했다. 전체 나눔에 추천된 학생들의 자료는 배움이 깊어지고 다양해지는 즐거운 경험의 재료가 된다.

허블의 우주론과 근거

과학자의 얼굴이 성심껏 소개되어있는가? 과학자의 생애를 조사하였는가? 쟁점과 주장이 연결되고 잘 드러나는가?
근거를 구체적으로 조사하였는가? 그림을 이용하여 설명을 보충하였는가? 신뢰있고 정확한 출처를 밝혔는가?

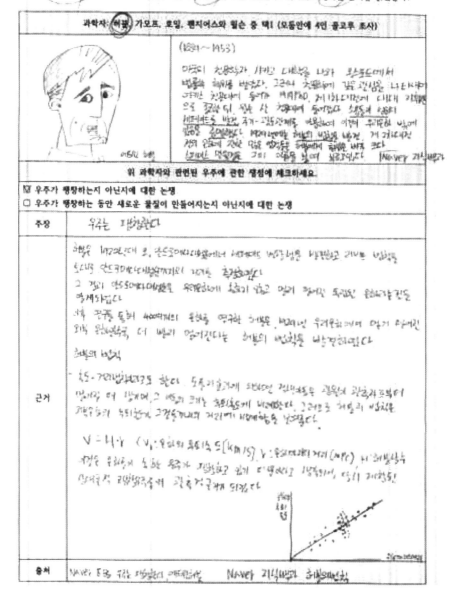

펜지어스와 윌슨의 우주론과 근거

과학자의 얼굴이 성실히 스케치하였는가? 과학자의 생애를 조사하였는가? 쟁점과 주장이 판별되고 잘 드러나는가?
근거를 구체적으로 조사하였는가? 그림을 이용하여 설명을 보충하였는가? 신뢰있고 정확한 출처를 밝혔는가?

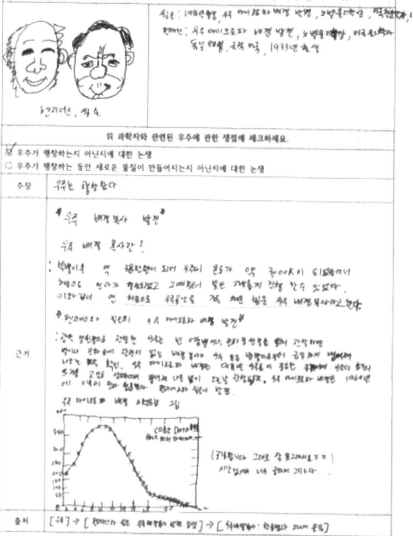

구분	조사 2차 (8점)	
교육과정 성취기준	통과1-1. 지구와 생명체를 비롯한 우주의 구성 원소들이 우주 초기부터의 진화 과정을 거쳐서 형성됨을 물질에서 방출되는 빛을 활용하여 추론할 수 있다.	
평가기준	① 과학자의 얼굴이 성심껏 스케치되었는가? ② 과학자의 생애를 조사하였는가? ③ 쟁점과 주장이 연결되고 잘 드러나는가? ④ 근거를 구체적으로 조사하였는가? ⑤ 그림을 이용하여 설명을 보충하였는가? ⑥ 신뢰할 수 있는 정확한 출처를 밝혔는가?	
A	평가기준의 요소 모두를 만족하는 경우	8
B	위의 평가요소 중 5가지를 만족하는 경우	7
C	위의 평가요소 중 4가지를 만족하는 경우	6
D	위의 평가요소 중 3가지를 만족하는 경우	5
E	위의 평가요소 중 2가지를 만족하는 경우	4
F	위의 평가요소 중 1가지를 만족하는 경우	3
G	활동에는 참여하였으나 만족하는 항목이 없거나 질병으로 인한 장기결석생의 경우	2
H	재평가에 미 응시한 경우, 무단으로 불참한 경우, 무단장결생의 경우	1

1학기 2회의 조사 평가는 2학기에도 2회로 이어지며 지속하고 있다. 아이들은 점차 자료를 검색하는 데 익숙해지고 있고 조사한 자료를 바탕으로 수업으로 되가져오는 것도 익숙해지고 있다. 2학기는 각자 하나의 '원소'를 맡아 성질과 용도 등을 조사하고 이를 원소기호와 연결하여 이미지화하는 타이포그래피를 완성했고 평가 후 다시 수업으로 피드백하여 한 명씩 발표하는 시간을 가졌다. 서로의 아이디어에 감탄하며 좋은 점을 나

규소(Si) 원소 타이포그래피	우리 학급만의 주기율표
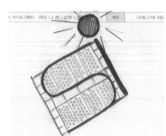	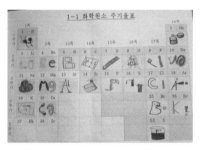

눈 후, 아이들의 그림으로 완성된 주기율표를 교실에 게시하자 아이들은 환호성을 질렀다. 아이들이 스스로 지식을 형성하고 다시 배움의 자료로 피드백되는 소중한 경험이다.

반복과 즉각적 피드백으로 성장하는 평가

가끔 아이들을 보면 수행평가를 해치운다는 느낌을 받는다. 많은 과목에서 평가가 진행되니 아이들도 힘들겠지만, 학교 수업과 그 배움을 확인하는 과정이 함께 이뤄져야 하는 것도 기본이 아닐까 한다. 방과 후에도 학원에서 또 다른 학습을 해야 하는 상황이 문제이지, 수업과 평가가 꼭 느슨해야 한다고 주장할 수도 없다.

하지만 '우리의 평가가 아이들에게 목적 없이 활동만 하게 한 것은 아니었을까?' 하는 의구심이 들었다. 그래서 생각한 방법이 무언가 반복적인 과정을 통해 성장을 경험시켜 보자는 것이었다. 여러 가지 활동을 나열하여 얕고 넓게 경험하는 것이 아니라, 집중적으로 깊게 경험하게 하자는 시도였다.

평소에 과학 교과서의 과정을 따라하는 레시피(Recipe) 실험을 안타깝게 생각하고 있었는데, 때마침 2015 개정 교육과정 1학년 과학탐구실험 과목에서 과학의 탐구방법으로 귀납적 탐구와 연역적 탐구를 제시하고 있었다. 아이들이 연역적 탐구를 상당히 어려워하고 한 번의 경험으로는 성장

구분	실험 1차 (8점)	
교육과정 성취기준	통과3-1. 자유낙하와 수평으로 던진 물체의 운동을 이용하여 중력의 작용에 의한 역학적 시스템을 설명할 수 있다.	
평가 기준	① 가설	자유낙하와 수평으로 던진 물체의 운동의 낙하순서를 비교하는 가설을 세울 수 있는가?
	② 과정	주어진 준비물을 모두 이용하여 구체적인 과정을 제시할 수 있는가?
	③ 결과분석	3회 이상의 실험을 통한 평균값을 그림으로 나타낼 수 있는가?
	④ 결론	두 운동의 공통점과 차이점을 중력과 연결지어 설명할 수 있는가?
	⑤ 실험평가	이 실험이 가설을 검증하기 위해 적합한지 P(장점), M(단점), I(궁금한 점)로 구분하여 평가할 수 있는가?
	⑥ 대안	실험평가를 토대로 위 가설을 검증할 수 있는 새로운 실험을 제안할 수 있는가?
A	평가기준의 요소 모두를 만족하는 경우	8
B	위의 평가요소 중 5가지를 만족하는 경우	7
C	위의 평가요소 중 4가지를 만족하는 경우	6
D	위의 평가요소 중 3가지를 만족하는 경우	5
E	위의 평가요소 중 2가지를 만족하는 경우	4
F	위의 평가요소 중 1가지를 만족하는 경우	3
G	활동에는 참여하였으나 만족하는 항목이 없거나 질병으로 인한 장기결석생의 경우	2
H	재평가에 미응시한 경우, 무단으로 불참한 경우, 무단 장결생	1

시키기 어렵다는 사실을 알게 되었다. 하지만 이 탐구과정을 통해 가설을 설정하고 실험을 설계, 결과를 분석하면서 발산적 사고와 수렴적 사고를 동시에 성장시킬 수 있겠다는 사실에 더 가슴이 설렜다. 과학탐구실험 시간에 탐구방법을 익히고 통합과학 시간에 연역적 설계가 가능한 실험 3개를 경험하고, 다시 과학탐구실험 시간에 과제연구를 실제 시도해보는 것으로 수업을 디자인했다. 마지막으로 실험 없이 주어진 문제 상황을 통해 연역적 탐구를 설계해보는 것. 이렇게 수행평가의 재구조화 작업이 진행되었다.

1학기에 선정한 3가지 실험을 학습 진도에 맞춰 경험한 후, 학기 말 즈음에는 미지의 대상에 대해 실험을 설계하는 열린 평가로 진행했다. 처음에는 아이들이 이런 방식이 낯설어 보고서를 작성하는 데 1시간이나 걸렸지만 2차, 3차로 가면서 익숙해져 점차 시간이 줄어들었다. 이런 점을 고려한다면 나의 8점 X 4회는 시행착오였다. 배점을 점차 높여가는 평가를 계획하는 것이 더 적합했을 것이다. 또한 반복을 통해 향상된 점수를 넣는 평가계획도 세울 수 있을 듯하다.

보고서의 형식은 논리적 사고를 요하는 평가기준 ①, ③, ④와 지난 차시 실험의 과정을 되짚는 평가기준 ②, 독창적이고 기발한 사고를 성장시키

1차 - 낙하실험	2차 - 세포막 삼투실험	3차 - 효소실험

수렴적 사고를 키우는 실험 보고서 평가

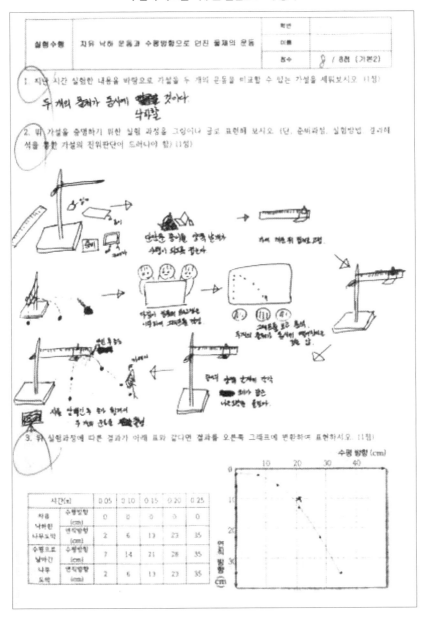

발산적 사고를 키우는 실험 보고서 평가

5. 교과서에 제시된 실험방법이 가설을 검증하는데 적합하기에 좋은 점, 아쉬운 점, 흥미로운 점을 구분하여 작성하시오. (1점)

• 좋은 점: 실험 방법이 간단하고 쉽다.

• 아쉬운 점이나 개선할 점: ~~이 실험을 간단한 실험을 증명하기에~~ 이 실험은 가설을 검증하기에는 적합한 실험방식이 아닌듯하다. 첫째로 연직방향으로 던져진 물체가 낙하하는 순간 카드보드지에 의한 마찰을 받아수평방향으로 이동하지 않음을 증명하기 힘들고 둘째로 수평방향으로 던져진 물체와 연직방향으로 던져진 물체가 동시에 지구중력에 영향을 받고 동시에 낙하를 시작하였다고 보기 어렵다.

• 흥미로운 점: 이런방식의 실험이 있다는것

(기계 기계)

6. 위 5번의 아쉬운 점이나 개선할 점을 바탕으로 위 가설을 검증하기에 적합한 다른 실험방법을 제시해 보시오. (1점) 이 실험은 사람이 하기에는 적합해 보이지 않는다.
광 진공 상태의 공간을 만든 후 안에 두 가지의 기계, 카메라를 설치한다. 카메라에 목표로 온 후 한기계 에서는 물체를 연직 방향으로 떨어뜨리고 남은 한 기계에서는 위에서 물체를 연직방향으로 떨어뜨리는 순 간 물체를 약하게 발사한다.

는 ⑤, ⑥으로 구성했다. 교과서의 실험이 가설을 검증하기에 적합한지 스스로 판단하고, 부족한 점을 바탕으로 실험을 개선하는 방안을 제안하도록 했는데 아이들의 번뜩이는 아이디어에 깜짝 놀랐다. 아이들의 기발하고 다양한 생각을 발견할 때야 말로 교사로서 진정 행복함을 느끼는 순간이다.

총 3차에 걸쳐 아이들의 실험 보고서를 피드백해주고 다시 돌려주기를 반복했다. 3차의 경험으로 아이들은 조금씩 연역적 탐구방법을 익히게 된다. 마지막 4차 평가는 미지의 상황을 주고 실험을 설계하는 역량을 평가

연역적 탐구 설계 문제지

문제 인식	운산이는 어제 저녁 식구들과 치킨을 시켜먹었다. 아침이 되니 속이 더부룩한 느낌에 계속 불편함이 느껴져 편의점에 들렀더니 액체 소화제 A와 액체 소화제 B가 있었다. 어떤 것을 골라도 동일한 것인지.. '두 소화제에 들어있는 효소가 동일할까?' 호기심이 들기 시작했다.
가설 설정	소화제 A와 소화제 B는 영양소를 분해하는 효소가 동일하게 들어있을 것이다.
이론적 배경	■ 소화제: 효소에 의해 영양소를 분해한다. ■ 영양소: 음식물 속에 들어있는 영양소는 대부분 탄수화물, 단백질, 지방이다. ■ 영양소 검출방법 　- 녹말: 아이오딘-아이오딘화 칼륨 용액(갈색)에 의해 청람색으로 변하며, 이를 아이오딘 반응이라고 한다. 　- 단백질: 뷰렛용액(무색의 5% 수산화나트륨 수용액과 푸른색의 1%황산구리 수용액을 합한 용액)에 의해 보라색으로 변하며, 이를 뷰렛반응이라고 한다. 　- 지방: 수단Ⅲ용액(암적색)에 의해 선홍색으로 변하며, 이를 수단Ⅲ반응이라고 한다. ■ 효소: 생명체 내에서 촉매 역할을 하는 단백질로, 생명체 내에서 합성되어 작용하므로 생체 촉매라고도 하며 사람체온에서 가장 잘 작용한다. ■ 중탕: 음식이 담긴 그릇을 끓는 물에 넣어 익히거나 데우는 것으로 간접적인 가열법이다.
준비물	액체소화제 A, 액체소화제 B, 증류수, 아이오딘-아이오딘화 칼륨 용액, 수단Ⅲ 용액, 1% 황산구리 수용액, 5% 수산화나트륨 수용액, 1% 녹말 용액, 묽은 달걀 흰자, 식용유, 시험관, 스포이트, 유리막대, 37℃의 물, 중탕기

했다. 아이들은 힘들어하기도 했지만, 결국 자신의 역량을 펼쳐냈고 그렇게 조금씩 성장하고 있었다.

실험수행 주제	연역적 탐구 설계 답안지	학번	
		이름	
		점수	/ 8점 (기본2)

◎ 준비물을 모두 활용하여 실험을 설계해보시오.
(단, 실험군은 2개 이상의 집단도 가능하다)

조작변인과 방법이 옳은가? (1) 종속변인과 방법이 옳은가? (1) 통제변인이 옳은가? (1)
모든 준비물의 사용이 적합한가? (1) 그림을 포함하여 설명하였는가? (1) 실험군과 대조군
설정이 타당한가? (1)

학생 답안 예시

조작변인	소화제의 종류와 종류수
조작방법	다른 제품의 소화제와 종류수를 사용한다.
종속변인	3대 영양소마다 분해되는 정도
확인방법	각각의 탄수화물, 지방, 단백질이 음식물에 영양소로 검출하여 영양소를 검출한 후, 소화제를 종류해 탄수화물, 지방, 단백질의 음식물들과 결합했을 때 영양소가 검출되지 않으면 영양소를 분해하는 효소가 들어간 것.
제어변인 (가지이상)	소화제와 종류수의 양, 시험관의 크기, 37°C의 물의 양, 주변의 온도
실험의 과정 그림 포함하여 (모든 준비물이 적나게)	① 각각의 시험관에 1% 녹말용액과, 물은 탄수화물과 식용유을 넣은 37°C물로 중탕한다. 1%의 녹말용액에 아이오딘-아이오딘화 용액을 스포이드로 넣고 묽은 달걀흰자에 1% 황산구리 수용액과 5% 수산화나트륨 용액을 스포이드로 넣고 식용유에 수단Ⅲ용액을 스포이드로 넣는다. 그리고 유리막대로 섞고 반응을 관찰한다.

|
| 부족하면 장이용 가능 | ② 각각의 시험관에 1% 녹말 용액과 물은 달걀흰자와 식용유를 넣고 37°C의물로 중탕한다. 이것을 3용액씩 9개로 만들고 3용액에 약제소화제A, B, 종류수 스포이드로 넣어 유리막대로 섞어 반응을 확인한다.

|

동료 간의 피드백으로 성장하는 평가

'왜 교사만 평가해야 하나? 학습하는 과정을 가장 잘 아는 것은 함께했던 모둠의 동료가 아닐까?' 이런 생각으로 동료평가를 실시했다. 그러나 실패했다. 아이들 서로가 수행의 과정을 가장 잘 관찰했고 객관적인 평가를 할 수 있을 거라 생각했지만, 이것이 점수로 반영되었을 때 문제가 발생한 것이다. 함께 작업을 했지만, 서로를 점수로 평가하는 과정에서 아이들 사이의 관계가 무너지고 친밀도에 따라 혹은 장난으로 객관적이지 않은 평가가 이뤄졌기 때문이다. 이를 경험하면서 평가에 대한 패러다임 변화 인식이 교사뿐 아니라 학생, 학부모도 함께 되어야 한다는 생각이 들었다. 그때부터 동료 간의 평가는 정성적인 참고자료와 아이들의 성실함을 독려하기 위한 촉진제로만 활용하고 있다.

'그렇다면 동료 간 피드백은 어떻게 활용할 수 있을까?' 고민하던 중에 과학탐구실험에서 과제연구에 활용했던 경험을 나누고자 한다. 학생 스스로 호기심을 갖고 가설을 설정하여 이를 실험을 통해 증명하는 과정, 그리고 보고서 작성까지…. 처음이라 많이 부족했지만 아이들은 이 과정에서 우리 일상생활에 존재하는 과학을 몸소 체험할 수 있었다.

가장 힘들었던 부분은 가설설정과 실험계획 검토였다. 한 학급당 6~8모둠의 가설을 검증해주고 실험계획을 피드백해주는 과정은 교사 혼자 감당하기에 많이 벅차다. 이때 동료 간의 평가를 활용할 수 있다. 발표를 잘하는지, 완벽한 계획인지를 보는 것이 아니라 다른 모둠의 계획을 듣고 부족하거나 다르게 생각할 수 있는 부분을 같이 고민하는 평가의 자리인 것이다. 아이들의 연구는 질문과 피드백을 받으며 정교해졌다. 다른 팀의 연

· 가설: 공기와의 접촉은 과일의 부패를 촉 · 가설: 눈과 코를 막으면 탄산음료의 맛을
 진할 것이다. 구분하지 못할 것이다.
· 동료 피드백: 진공상태를 조작하는 과정 · 동료 피드백: 한 학급만을 대상으로 일반
 에서 실험자의 침이 접촉되어 실험 통제 화하는 데 무리가 있다.
 가 되지 못할 것 같다.

· 가설: 더러운 손에 접촉된 식빵은 접촉하 · 가설: 아스팔트 재질의 도로는 모래 도로
 지 않은 식빵보다 빨리 부패할 것이다. 보다 물을 빨리 통과시키지 못할 것이다.
· 동료 피드백: 더러운 정도를 어떻게 어느 · 동료 피드백: 아스팔트가 아닌 스티로폼
 정도 조작할 것인가? 가설 자체가 애매하 과 모래를 비교한 실험설계가 가설 검증
 다. 에 도움이 되지 않는다.

구를 통해 자기 팀의 연구를 살펴보고 이는 서로를 성장시킨다.

그렇다면, 무임승차가 발생하지 않을까? 무임승차하는지 서로 감시하

기보다는 무임승차하지 못하게 각자의 책무성을 강화하는 것은 어떨까?

이에 4명이 함께 실험했지만, 결과 보고서 작성과 발표는 2명씩 나눠 진행

했다. 실험에 임하고 이해한 정도에 따라 질이 다른 보고서와 발표를 점수

화했다. 함께 배우고, 충실히 배웠다면 스스로 할 수 있는 역량 중심의 평
가를 좀 더 고민해야 할 듯하다.

결과보고서 예시

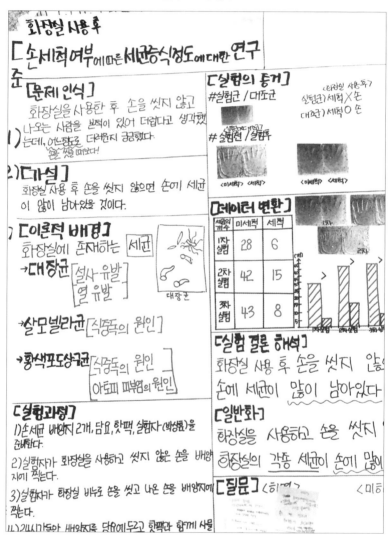

이렇게 시작부터 끝까지 전 과정이 수업 안에서 이뤄지고 단계를 밟아 가니 아이들은 모둠 구성에 상당히 민감해질 수 있다. 과학 모둠은 학기 초에 구성하여 한 학기를 진행하다 보니 많은 요소를 고려해야 한다. 과거의 이질적 집단 구성에 맞추어 성적순으로 구성했다가 여러 불편한 관계를 초래한 사례를 자주 봤다. 모둠 활동을 많이 경험한 아이들에게 모둠 활동의 의미와 필요성을 이야기하고 어떤 방법이 가장 합리적일까 의견을 받아 현재까지 고수하는 방법이 있다.

1단계는 '리더 세우기'다. 성적과 관계없이 과학에 대한 흥미와 모둠을 돕고 이끌어 줄 수 있는 친구를 우선 자원으로 받고 부족하면 추천으로 받는다. 2단계는 '협력자 세우기'다. 리더가 자신과 함께할 협력자를 선정한다. 3단계는 '조력자 꾸리기'다. 리더와 협력자가 아닌 학생들이 제비뽑기를 통해 모둠이 배치된다. 이때 남녀 성비를 맞춰 구성해야 한다. 이 방법이 아이들의 마음이 다치지 않고 관계를 깨뜨리지 않으며 어느 정도 균형을 이룬 이질적 집단 구성법이다. 모두를 만족시킬 수는 없지만 다양한 구성원과 모둠 활동을 통해 갈등을 해결하고 협력을 도모해보는 경험을 하고 모둠평가와 개별평가의 균형을 맞추려 노력하고 있다.

1학기 과제연구를 마치고 아이들은 '학교에서 이런 수업을 자주 했으면 좋겠다', '고등학교 와서 이론을 토대로 연구하고 발표하는 활동이 신기하고 힘들었다', '처음이라 갈피를 잡지 못해 잘 준비하지 못한 것 같아 속상하다'. '과제가 힘들었지만, 성취감이 느껴진다', '2학기에는 더욱 정확하고 세심한 연구를 계획해 보고 싶다'는 피드백을 주었다. 이에 1학기를 바탕으로 2학기 과제연구를 진행 중이다. [국립중앙과학관] - [경진대회] - [전국과학전람회] - [전람회 통합검색]을 통해 수상작품을 요약하는 활동부터 시작하고 있다. 어떻게 연구가 진행되고 어떻게 보고서를 작성해야 하는지 '백문이 불여일견'이기 때문이다. 단, 초등학교급 장려상 이상에서 중학교 사이의 수상작 중 자신이 관심 있는 주제로 범위를 좁혀 난이도 조절을 하고 있다. 좀 더 성장한 모습의 학생들을 볼 수 있을 것이라는 기대감에 벌써 기분이 좋다.

교사의 수업 디자인을 피드백해주는 평가

지필평가 이야기를 나눠보고자 한다. 기존의 나는 지필평가 후 뒷마무리가 없었다. 선택형 위주로 평가문항을 출제하고 시험 후 문항분석표를 제출하면서 정답률 10% 미만과 90% 초과만 확인하고 말았으니까. 선택형 문항은 찍어서 맞추거나 틀렸을 가능성이 있기에 학습결과에 대한 정확한 정보를 주지 못한다고 생각해 의미 있게 보지도 않았다.

그래서 올해부터 전 문항을 서·논술형으로 출제하는 도전을 시도했다. 수업이 바뀐 것처럼 평가도 아이들의 다양하고 창의적인 사고를 촉진하는 창의적인 사고를 촉진해야 한다는 생각으로 시작했지만, 막상 실천하기가 쉽지 않았다. 더 큰 문제는 채점하면서 아이들의 답안을 보니 정말 마음이 심란했다는 것이다.

'나는 분명히 가르쳤는데, 아이들은 배우지 못했구나…'

컴퓨터가 채점해줘서 점수로 나온 결과와는 달리, 아이들의 답을 하나씩 읽으면서 몸소 느낀 것은 정말 달랐다. 오답도가 높은 주제는 개념 이해가 충분히 되지 못한 수업이었다는 반성이 들었다. 또한 아이들이 먼저 개념을 이해하고 각자의 언어와 표현 방식으로 충분히 주고받는 기회를 수업 안에서 제공해야겠다는 생각도 들었다.

이를 바탕으로 2학기에는 새로운 주제를 들어갈 때 먼저 교과서를 읽고 질문을 2개를 만드는 것으로 수업을 변형시켜 보았다. 전체 내용에서 어떤 것이 핵심인지를 찾는 '핵심질문'과 아주 기초적인 것 같은데 나는 모르는 것, 차마 부끄러워 할 수 없었던 질문을 '용감한 질문'이라 이름 붙여

서논술형 문항 예시

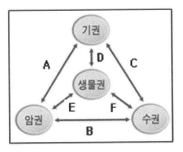

3-5) 판의 운동과 관련된 여러 현상 중 지구계의 상호작용으로 해석되는 것을 다음과 같은 형태로 서술하시오. [5.0점]

상호작용 (2개 사용)	판의 운동과 관련된 현상
B, F	판의 운동에 따른 지각의 이동으로 해류의 흐름이 변화하고 이에 따라 서식하는 해양생물의 종이 변화한다.

상호작용 (2개 사용)	판의 운동과 관련된 현상 (보기의 예시와 중복되지 않도록 유의)

과감히 질문할 수 있게 기회를 제공하고 있다.

모든 질문은 소중하다. 질문이 있어야 배움도 있다. 아이들을 독려하여 스스로 질문하고 서로에게 설명하는 과정에서 함께 배우고 적는 과정이 익숙해지도록 지속하려 한다.

하지만 현실의 문제도 여전히 존재한다. 2차 지필평가 이후 촉박한 성적 마감기한에서 열린 서술형 평가의 채점은 만만치 않았다. 공동출제와 공동채점, 한 명의 교사가 하나의 문항을 전교생 모두 채점하는 방식으로 객관성을 높였고 인정 답안에 대한 빠른 협의가 함께 이뤄지며 해낼 수 있었던 것 같다. 힘들지만 왜 이렇게 시도하고 변화해야 하는지를 공감했기에 가능하지 않았을까? 어떤 아이들로 성장하길 바라는지, 그렇게 성장시키기 위해 우리는 어떤 노력을 해야 하는지를 계속 고민해야 할 것 같다.

본격적으로 '교육과정-수업-평가-기록의 일체화'를 고민하기 시작한 것이 2016년부터였다. 수업에만 집중했던 내가 점차 교육과정을 해석하고 평가를 바라보게 되었다. 그러다가 과정중심평가를 고민하면서 학생 한 명 한 명이 소중하고 그들의 성장을 이끌어줄 수 있는 진짜 전문가로서의 교사를 꿈꾸게 되었다.

'교육과정-수업-평가-기록의 일체화'가 그렇듯 '과정중심평가' 또한 방법에 치우치면 안 될 것이다. 우리 아이들의 출발점을 확인하고 가장 적절한 학습경험으로 아이들 한 명 한 명을 성장시키는 교사와 학생의 살아있는 상호작용이기 때문이다. 수업과 평가에는 정답이 없다고 생각한다. 각자의 현장에 맞는 적절한 해답만이 존재할 뿐이다.

7장

—

학생과 교사가 함께 성장하는
과정중심평가

- 제2외국어 -

전소영, 화성 와우중

과정중심평가를 어떻게 실천해야 할지 몰라 많은 고민을 하고 시행착오를 거쳤다. 2017년도 1학기부터 과정중심평가를 적용했고, 1학기 평가 적용 후 문제점이 발견되어 2학기 평가에 개선점을 반영했다. 다시 2학기에 과정중심평가를 적용하면서 느꼈던 문제를 개선하여 2018년도 1학기 평가에 반영했다. 일련의 시행착오 속에서 과정과 결과로 분리하는 평가의 문제점, 교과 특성과 평가 내용에 적절한 척도안 루브릭 체제 등을 고민하면서 교사로서 한 뼘 성장했다.

　　제2외국어 교과의 언어적 내용 기능인 말하기 · 쓰기 · 읽기 · 듣기 중 말하기에 중심을 둔 과정중심 수행평가를 적용했다. 중국어는 발음과 성조가 굉장히 중요하다. 학생들이 정확한 성조와 발음을 말할 수 있게 피드백하여 성취기준에 도달할 수 있도록 돕는 것이 중요하다. 문화적 내용에서는 문화적 소양 역량과 창의적 사고 역량을 함양할 수 있는 '중국어 브랜드 네이밍 개발하기' 수행평가를 교육과정 재구성을 통해 적용했다. 그리고 과정중심평가를 수행평가로만 인식하는 경우가 많아서, 지필평가에서 과정중심평가를 적용한 사례를 제시했다.

　　또한, 학생 참여형 수업의 활동 위주 기록을 하다 보면 뜻하지 않게 내성적인 학생들에게 불이익이 발생할 수 있는 문제점을 개선하는 방법, 학생의 배움을 관찰하고 성취수준을 파악하기 위해 학생 이름을 기억하는 방법, 과정중심평가로 인한 교사의 부담을 덜어주기 위해 수업시간을 활용한 피드백과 기록 방법 등을 소개해보았다.

과정중심평가에 물음표를 찍다

나는 학생들의 초롱초롱한 눈망울을 마주하는 수업이 참 좋다. 수업 연구에만 몰입하며, 학생들이 즐겁게 참여하고 배움이 일어나는 수업이 되려면 어떻게 해야 할까만 수년간 고민해왔다.

그러던 중 2016년 만난 '교육과정-수업-평가 일체화'는 나에게 정말 소중한 개념이었다. 수업은 열심히 해왔지만, 평가와 제대로 연계되지 않았던 것에 대한 반성, 교육과정에 대한 이해와 재구성 없이 분절적인 수업만을 해왔던 것에 대한 성찰에 해결점을 제시해주었기 때문이다.

교육과정-수업-평가 일체화를 적용해가면서 수업과 평가의 변화는 겉으로 보기에 크지 않았지만, 실질적인 변화는 아주 컸다. 교육과정을 재구성하고, 수업을 디자인하며, 그것들을 평가에 연계하면서 교육과정 문해력, 배움중심수업, 적절한 평가의 방법을 심도 있게 고민하게 되었다. 그러면서 교사로서 한 뼘 성장한 나를 발견했다. 교육과정 재구성과 수업,

평가의 일체화가 이루어지면서 학생들의 수업 활동 속에서 이루어진 배움은 이전보다 체계적으로 깊어졌으며, 수업 소감문 등을 통해 확인한 학생들의 수업과 평가에 대한 만족도는 일체화 적용 이전에 비해 더욱 좋아졌다.

반면, 2017년 '과정중심평가'란 개념을 처음 접했을 때는 '교육과정-수업-평가 일체화'와 사뭇 달랐다. 평가에 대한 내 고민에 속 시원히 방향을 제시해주는 개념이 아니었고, 기존의 수행평가와 다른 점은 무엇인지 정확히 이해할 수가 없었다. 어떻게 해야 과정중심평가를 제대로 실천하는 것인지 주변의 선생님들께 물어봐도 다들 '교육청에서 ~~~ 식으로 해야 한다고 하더라' 정도의 설명만 들을 수 있을 뿐이었다.

지금껏 공정하고 정확한 평가, 학생들이 자신의 점수에 수긍하는 평가, 등급을 잘 변별하는 평가, 이런 평가를 설계하는 데 많은 신경을 써왔던 내게 과정중심평가는 참으로 낯선 개념이었다.

내가 근무하는 학교는 비평준화 일반계 고등학교로 중학교 내신 성적 중상위권 학생들이 대부분 진학하는 학교이다. 학급당 학생 수는 44명 정도로 과밀학급 학교이다. 당연히 중상위권 학생이 대다수이기 때문에, 학생들은 모든 교과의 평가 결과에 비교적 예민하다. 내가 담당하는 중국어 교과의 경우 제2외국어 교과로 내신 반영 대학이 많지 않고, 학생들의 수능 선택 과목이 아님에도 불구하고, 평가 점수에 예민한 학생이 비교적 많다. 따라서 내신 등급을 잘 변별하면서 학생들이 수긍할 수 있는 평가를 해야 한다는 부담이 항상 마음에 존재해왔다.

이러한 가운데 2017년 학기 초 평가계획을 작성하면서 새롭게 대두되는 '과정중심평가'를 적용해보려고 마음먹었다. 교육청에서 발간한 자료집을 뒤적이면서 과정중심평가 적용을 실천하며 시작된 고민과 사례를 하나하나 적어보고자 한다.

첫 번째 도전

2017년도 1학기에는 교육과정-수업-평가 일체화를 2016년에 이어 제대로 실천해보려 했고, 과정중심평가도 처음으로 적용해보려 했다.

2학년 인문사회 계열 중국어 학급의 경우, 주당 2시간의 수업시수로 일년간 중국어 I 교육과정을 마쳐야 한다. 학습자 수준을 조사해보니 상위권 학생들이 중국어 교과 선택을 많이 했다. 더욱이, 학습자 분석을 해보니 중국어 교과를 선택한 학생 중 중학교 때 생활 중국어를 이미 이수한 학생이 많다는 사실을 알게 되었다. 생활중국어와 중국어 I 교육과정이 상당히 비슷하기 때문에, 생활 중국어를 이수한 학생들에게는 자칫 잘못하면 중국어 I 수업시간이 지루해서 중국어에 대한 흥미를 잃을 수도 있겠다는 생각이 들었다. 이렇게 학습자 분석을 하고 나니 교육과정 재구성이 불가피하다는 판단을 하게 되었다.

주당 2시간의 시수로 일 년 동안 중국어 I 교육과정을 마칠 수 있고, 중학교 때 배웠던 생활 중국어와 차별된 수업 활동은 무엇이 있을까? 학생들의 중국어 학습에 대한 동기와 흥미를 유지하려면 어떻게 해야 할까? 학생들의 삶과 연계된 중국어 수행과제로 무엇이 있을까? 여러 가지를 고민하다 다음과 같은 1학기 평가계획을 구성했다.

평가 종류	지필평가				수행평가				합계
반영 비율	40%				60%				100%
횟수/영역	1차 지필		2차 지필		자기소개서 프로젝트	말하기	포트폴리오	여행 일정 프로젝트	
	선택형	서술형	선택형	서술형					
만점 (반영 비율)	·	·	85점 (34%)	15점 (6%)	15점 (15%)	15점 (15%)	15점 (15%)	15점 (15%)	100점 (100%)
	·		100점 (40%)						
서·논술형 평가 반영비율	·		6%		15%	·	·	15%	36%
평가 시기	·		7월1주		6월2주	3월2주~ 6월1주	6월3주	5월3주	

위와 같은 평가계획이 나오게 된 배경은 다음과 같다. 중국어Ⅰ 성취기준을 재구성해보니, 주당 2시간의 수업시수로 단원을 통합한 주제를 중심으로 프로젝트 수업을 운영하는 것이 적합하다고 생각했다.

성취기준을 재구성해보았더니 1학기 프로젝트를 크게 '자기소개서 프로젝트'와 '여행 일정 프로젝트', 이렇게 두 가지로 잡는 게 좋을 것 같았다. 1학기 교육과정 중 언어 영역은 '자기 소개하기'라는 진로 주제로 단원 내용을 통합하면 생활 중국어 교과와는 다른 활동들을 할 수 있고, 자기관리역량, 의사소통역량 등의 핵심역량도 향상될 것이라고 생각했다. 1학기 교육과정 중 문화 영역은 행정구역, 지도, 문화유산, 요리, 교통수단 등을 통합하여 '여행 일정 구성하기'라는 주제로 단원 내용을 통합하기로 했다.

'자기소개서 프로젝트'는 중국어Ⅰ의 인사, 반가움, 국적, 소속교, 나이,

생일, 이름, 취미, 장래희망 등의 주요 단원별 표현을 '자기 소개하기'와 연계하여 운영했다. 자기소개 관련 교과서 내용을 수업한 것 외에, 교과서에 없는 중국어 명언을 활용한 꿈 부채 만들기를 통해 자신이 좋아하는 중국어 명언을 적어보거나, 장래희망을 종이비행기에 중국어로 적어 교실에서 날리는 퍼포먼스 수업 활동, 중국어 모의 면접 활동을 통해 수업 속에서 학생들의 진로 의식이 향상되고 자기 관리 역량이 성장할 수 있도록 적용해보기도 했다. 이 프로젝트 수업은 3월부터 6월까지 진행했다.

단, 1차 지필평가 이후 체육대회, 단기 방학, 현장학습 등으로 수업 결손이 많고 수업 분위기가 산만해지기 쉬운 시기인 5월에는 6차시 수업시간

중국어 꿈 부채 만들기

중국어 모의 면접

장래희망 중국어로 적어 종이비행기 날리기

을 활용하여 한시적으로 '중국여행 일정 프로젝트'를 진행하기로 했다.

교육과정 재구성을 거쳐 1학기 수행평가를 크게 자기소개서 프로젝트, 말하기, 포트폴리오, 여행 일정 프로젝트, 이렇게 4가지를 하기로 결정한 후, 구체적으로 영역별 평가 척도안을 고민했다. 말하기 수행평가를 중심으로 과정중심평가를 운영하고 싶은데 척도안을 어떻게 해야 할지 고민이 되었다.

우연히 교육청에서 발간한 과정중심평가 자료집을 뒤적이다가 교과별 사례 중 수행평가 영역을 '과정평가'와 '결과평가'로 나눈 척도안을 발견했다. 과정과 결과를 분리하여 평가하면 과정중심평가에 가깝겠다고 생각하고, 말하기 평가 척도안을 작성했다.

나는 '과정평가'의 핵심역량 평가기준인 '자기관리역량', '의사소통역량'을 평가하기 위해 매시간 학생들의 수업 참여도, 모둠별 협력학습 활동 참여 등을 관찰하여 누가 기록하기로 했다. 이를 위해 학생들이 모둠별 활동에서 중국어 문장과 단어 활용 연습을 할 때 모둠을 순회하며 적극적으로 연습하는 학생들이나 수업시간에 발표를 한 학생들에게 스티커를 배부했다.

학생들은 스티커를 받아서 자신의 교과서 뒤표지에 있는 스티커 모음판에 붙였다. 수업시간에 받은 스티커가 1학기 5개 이상이면 '과정평가'의 '의사소통역량' 영역에 '상'을 부여하기로 학생들에게 학기 초에 설명했다. 학생들은 스티커를 받기 위해 열심히 수업 활동에 참여했고, 나는 수업 활동 시 모둠을 순회하며 스티커를 배부하고, 수업이 끝나면 발표를 한 학생들을 불러 스티커를 분주하게 붙여 주었다.

그런데 1학기 수업이 끝나갈 무렵, 학생 개개인의 정확한 발음과 성조를

2017학년도 2학년 1학기 말하기 평가기준안

성취 기준	평가 항목	평가 형태	평가기준			평가 척도
중 1203-1. 인사나 소개에 관한 간단한 표현을 상황에 맞게 말할 수 있다.	말 하 기	과정 평가	핵 심 역 량	자기 관리 역량	상	학습에 흥미를 갖고 중국어 역량을 높이는 데 적극적으로 참여할 수 있다.
					중	학습에 흥미를 갖고 중국어 역량을 높이는 데 대부분 참여할 수 있다.
					하	학습에 흥미를 갖고 중국어 역량을 높이는 데 일부 참여할 수 있다.
				의사 소통 역량	상	모둠원과 소통하며 자신의 생각을 적극적으로 중국어로 표현할 수 있다.
					중	모둠원과 소통하며 자신의 생각을 비교적 표현할 수 있다.
					하	모둠원과 소통하며 자신의 생각을 일부 표현할 수 있다.
		결과 평가	표 현 력	· 인사와 소개하는 표현의 성조가 정확한가? · 인사와 소개하는 표현의 발음이 정확한가? · 인사와 소개하는 표현을 유창하고 자연스럽게 말하는가? · 인사와 소개하는 표현 내용이 풍부하고 다양한가?		
				A		평가기준에 모든 항목이 충족될 경우
				B		평가기준에 3개 항목이 충족될 경우
				C		평가기준에 2개 항목이 충족될 경우
				D		평가기준에 1개 항목이 충족될 경우
				E		위 항목에 만족하는 항목이 없는 경우
				자발적 미응시, 미제출자(기본점수)		
				장기무단결석자(기본점수-1점)		

제대로 들어보지 않은 채, 열심히 활동하는 것처럼 보이는 겉모습만 보고 스티커를 배부하고 있는 나 자신을 발견하게 되었다. 열심히 무엇인가 활동을 하는 것 같다고 생각하면 스티커를 배부하는 것이 과연 좋은 평가인

지 반성하게 되었다.

　이러한 '과정평가' 방식은 '결과평가'를 할 때 여실히 문제점을 드러냈다. '과정평가'에서 모두 '상'을 받은 학생 중에서 '결과평가'인 '교사와 학생 간 1:1 인터뷰 평가'에서 발음과 성조가 부정확한 학생이 다수 발견되었기 때문이다. 수업 활동에 열심히 참여했고, 스티커를 많이 받아 '과정평가'에서 '상'을 받았다면 중국어 말하기 역량이 향상되어야 할 텐데, 그렇지 않은 학생이 다수 있던 것이다. 그 이유는 부정확한 발음과 성조로 열심히 연습하다 보니 잘못된 발음이 고착되어 성취기준에 도달하지 못한 결과가 되었기 때문이다.

　수업 활동에 열심히 참여하더라도 적절한 피드백 없이 학생들의 활동 자체만 평가한다면 학생들의 성취수준이 향상되지 않는다는 사실을 알게 되었다. 자연스럽게 과정중심평가에서 피드백이 중요하다는 사실을 깨닫게 되었다.

　한 학기 수업과 평가를 성찰해보니, 겉으로는 과정중심평가라는 이름을 썼지만, 속으로는 모두 결과중심평가를 했다는 것을 인정하게 되었다. 모둠 활동에 드러난 학생의 태도가 얼마나 적극적인지 교무수첩에 기록하고, 모둠 내 의사소통 활동에 얼마나 열심히 참여하는지 횟수를 스티커로 점검하면서 형식만 '과정평가'였고, 실질은 '결과평가'를 했다는 사실을 알아차리게 되었다.

　분석해보면 2017년도 1학기 수업에서 열심히 활동에 참여한 학생들이 성취기준에 도달하지 못한 것은 적절한 피드백이 거의 없었기 때문이었다. 수업 활동 속에서 학생들의 성취수준에 대한 파악이 없었고, 학생별 피드백도 없었다. 게다가 교사와 학생의 1:1 인터뷰 평가도 학생들의 중국어 말하기 내용을 듣고 점수를 그 자리에서 말해주는 형식이었기 때문에, 한 학기 동안 교사로서 학생들이 의사소통역량을 향상하는 데 도와준 것이 거의 없었다고 볼 수 있다.

2017년 1학기 시행착오를 통해, 학생의 성취수준을 파악하여 교사의 피드백이 적시에 이루어지고, 학생들이 대부분 성취기준에 도달할 수 있도록 도와주며, 교사가 수업 속에서 실천하기 쉬운 과정중심평가를 고민하게 되었다.

특히, 1학기에 실시한 말하기 '결과평가'는 수업시간에 복도에서 교사와 학생 간 1:1 인터뷰 방식으로 이루어졌다. 그런데 인터뷰하는 동안 교실은 평가를 받은 학생과 평가를 받기 위해 준비하는 학생들이 서로 잡담하며 난장판이 되기 일쑤였다. 그리고 1:1 인터뷰 평가를 위해서 2차시 정도의 수업시간을 평가에 할애해야 해서 항상 수업시수가 부족했다. 게다가 학생의 말하기 내용을 듣고 피드백할 시간도 없이, 그 자리에서 점수만 알려주고 평가가 끝나는 것도 아쉬움이 남았다. 이 인터뷰 평가는 여러 가지 면에서 과정중심평가에 적합하지 않다고 생각하게 되어 1학기를 끝으로 폐지하기로 결정했다.

두 번째 시도

'과정평가'와 '결과평가'를 분리해서 적용하려 했지만, 실질적으로 둘 다 '결과평가'를 운영했던 1학기의 문제점을 개선하기 위해, 2학기는 다른 척도안을 작성해보기로 했다. 2학기는 실질적으로 과정중심평가가 될 수 있는 척도안 마련을 깊이 고민했다.

2학기에 주안점을 둔 것은 과정중심평가의 핵심에 집중하여 학생들의 성취수준을 파악하고 교사의 피드백이 적절하게 이루어져서 성취기준에 도달할 수 있도록 이끌어주자는 것이었다. 고민 끝에 아래와 같은 말하기 평가 척도안을 구성했다.

2학기는 중국어Ⅰ 교과서에서 물건 사기, 전화 통화, 길 묻기, 음식 주문하기 등 단원을 학습했다. 2학기 말하기 평가의 주된 내용은 수업시간에 학습한 대화 본문을 짝과 함께 연습하여 정확한 성조와 발음으로 외워서 교사의 피드백을 받는 것이었다. 학기가 끝날 때까지 교사의 피드백을 3

평가 항목	성취기준	평가 척도
말 하 기	중1207-1. 물건 사기와 관련된 간단한 표현을 말할 수 있다. 중1207-2. 전화 통화에 사용되는 간단한 표현을 말할 수 있다. 중1207-4. 길 묻기나 교통에 관한 간단한 표현을 말할 수 있다. 중1207-5. 식사와 관련된 간단한 표현을 말할 수 있다.	• 물건 사기, 전화 통화, 길 묻기, 식사 관련 표현의 성조가 정확한가? • 물건 사기, 전화 통화, 길 묻기, 식사 관련 표현의 발음이 정확한가? • 물건 사기, 전화 통화, 길 묻기, 식사 관련 표현을 유창하게 말하는가? • 모둠 내 말하기 활동에 적극적으로 참여하는가? • 교사와의 피드백 횟수가 3회 이상인가?
		A 평가기준에 모든 항목이 충족될 경우
		B 평가기준에 4개 항목이 충족될 경우
		C 평가기준에 3개 항목이 충족될 경우
		D 평가기준에 2개 항목이 충족될 경우
		E 평가기준에 1개 항목이 충족될 경우
		F 위 항목에 만족하는 항목이 없는 경우
		자발적 미응시, 미제출자(기본점수)
		장기무단결석자(기본점수-1점)

차례 진행해서 학생들의 의사소통역량을 향상시키는 데 목적을 두었다.

그런데 수업시간을 활용하여 어떻게 개별 학생에게 적절하게 피드백을 할 것인지 고민이 되었다. 고민 끝에 수업 종료 5분 전 그날 학습한 본문을 짝과 상황극처럼 외워서 교사에게 피드백 받는 것으로 결정했다. 사실 수업 종료 전 5분 동안의 피드백 시간은 많이 부족했다. 결과적으로 쉬는 시간을 좀 더 할애하여 학생들의 발음을 피드백해주게 되었다. 이처럼 5분이라는 짧은 시간을 설정한 이유는 주당 2시간의 시수이기 때문에 수업시간의 여유가 없어서였다.

그런데 2학기 말하기 평가에 대한 학생들의 참여가 아주 적극적이었다. 수업당 20명 남짓 학생들(짝을 이루어 대략 10팀 정도)이 매시간 배운 표현을 외워서 교사에게 피드백을 받았다. 학생들의 말하기 내용을 듣고 성조와 발음에 틀린 부분이 발견될 때마다 즉시 교정해주었다. 학생들이 두 군데 이상 성조와 발음이 틀리면 틀린 부분을 말해주고, 교사를 따라 발음해보게 한 후 다시 연습하고 오도록 돌려보냈다. 돌아간 학생들은 다시 발음과 성조를 교정하여 연습한 후, 다음 시간에 교사의 피드백을 다시 받았다. 교사로부터 발음과 성조가 완벽하다는 평가를 받으면 그때서야 1회 피드백이 끝난 것이다. 이렇게 연습하는 과정에서 학생들은 중국어 표현력과 의사소통역량이 많이 향상되는 것 같았다.

주당 2시간의 수업시수였기 때문에, 학생들에게 학기 3회 정도 피드백을 진행하니 한 학기가 끝났다. 교사의 피드백이 매 수업 주어지니, 학생들의 성조와 발음이 매시간 조금씩 정확해지는 것이 느껴졌다. 2학기가 끝나갈 무렵, 1학기에 비해 학생들의 중국어 의사소통 성취수준이 부쩍 향상되었음을 발견했다.

뿐만 아니라 1학기에 했던 교사와 학생의 1:1 인터뷰 말하기 평가를 폐지하고 2학기처럼 말하기 평가를 바꾸었더니, 교사의 평가에 대한 부담도 훨씬 줄어들었다. 인터뷰 평가를 따로 진행하느라 평가를 위해 2차시 수업을 따로 비워둬야 할 필요도 없었다. 또한, 평가를 먼저 받은 학생들이 교실로 들어가 교실 분위기를 소란스럽게 해서 평가하랴, 지도하랴 힘들었던 점도 모두 사라졌다.

2학기 말하기 평가 변화로 인해 교사인 나만 좋았던 것은 아니었다. 학생들의 일 년간 수업과 평가 소감문을 읽어보니, 2학기 말하기 평가에 대한 만족도가 1학기보다 훨씬 높았다.

선생님께서 수업시간에 발음과 성조를 친절하게 피드백해주셔서 중국어를 잘하게 된 것 같아요. 감사합니다.

입시와 수행평가에 찌들어있는 저희를 배려해서 큰 부담 주시지 않으면서 수업시간에 알차게 평가해주셔서 정말 좋았어요. 다른 과목도 이렇게 평가했으면 좋겠어요. 真棒(정말 좋아요)!

학생들의 이런 소감문을 읽으니 시행착오를 거치며 과정중심평가 개선을 위해 고민했던 것이 보람으로 느껴졌다.

한편, 2학기 말하기 평가를 통해 피드백 횟수가 척도에 명시된 3회를 훌쩍 넘어 5회 이상인 학생에 대해서는 학생부 교과세부능력 및 특기사항에 중국어 학습에 대한 흥미도, 적극성, 열정 등의 정의적 영역에 관련하여 기록해주었다.

하지만 2학기 과정중심평가를 적용하면서 뭔가 개선해야 할 문제가 또

하나 생겼음을 인식하게 되었다. 현행 루브릭 평가 척도가 중국어과에는 그다지 적절하지 않다는 사실을 느끼게 된 것이다. 왜냐하면, 교사에게 받은 피드백 횟수, 모둠 내 말하기 활동에 대한 적극성은 척도안대로 평가하기 쉽지만, 성조의 정확성, 발음의 정확성, 유창성은 각각 하나의 척도로 평가하기에는 적절하지 않기 때문이다.

루브릭 평가 척도에서는 일반적으로 중국어 성조를 하나의 평가 척도로 설정하기 때문에, 실제로 성조가 1회도 틀리지 않는 학생과 1회 이상 틀린 학생은 변별할 수 있지만, 1회 틀린 학생과 5~6회 틀린 학생의 수준을 변별할 수는 없기 때문이다.

따라서 평가 척도안은 척도안대로 두고, 실제 평가할 때는 척도안과 다르게 평가할 수밖에 없는 문제점이 생기게 된다. 이 때문에 루브릭 평가 척도를 개선해야겠다는 생각이 들었다.

중국어 학습에서 발음과 성조가 차지하는 비중은 굉장히 크다. 성조가 달라지면 뜻이 아주 달라지는 중국어를 평가함에 있어서 성조의 정확성 여부를 세밀하게 평가하는 것은 필수적이다. 이런 면에서 볼 때 다른 교과에서 적용하고 있는 루브릭 체계가 중국어 교과 척도로는 그다지 적절하지 않다는 생각을 하게 되었고, 척도안을 좀 더 중국어 교과에 맞게 구성할 수 있도록 하여 과정중심평가를 적용해보기로 마음먹었다.

세 번째 시도

2018년도 말하기 평가는 2017년도 1학기와 2학기 평가의 단점을 개선하고 장점을 유지하기로 했다. 우선, '핵심역량' 평가기준을 2017년도 1학기처럼 다시 추가하기로 했다. 그 이유는 2018년도에 중국어 교과를 선택한 학습자 수준을 미리 조사해보니, '자기관리역량'과 '의사소통역량'에 있어서 역량 향상이 필요한 학생들(교과서 준비를 자주 안 해 오거나, 모둠 활동에 소극적인 학생들)이 비교적 많다는 전년도 교과 교사들의 평가가 있었기 때문이었다. 이러한 학습자 수준을 파악하고 의도적으로 평가기준에 넣기로 했다.

'표현력' 평가기준은 2017년도 2학기와 마찬가지로 수업시간 일부를 활용하여 교사의 피드백 시간을 통해 평가하기로 했다. 그리고 2018년 1학기에는 피드백을 4회 하기로 했다. 작년 2학기보다 수업 일수도 많고, 중국어 발음을 배우는 시기이기 때문에 피드백 횟수를 1회 더 늘리기로 했다.

이렇게 하면 학생들의 핵심역량 향상이 이루어지고, 성취기준에 도달할 수 있도록 피드백하면서, 성취수준을 평가하기 용이할 것이라 생각했다. 2017년도의 루브릭 체계가 중국어 교과에 적절하지 않았던 점을 감안하여, 상세한 서술 형태의 평가 척도를 오른쪽과 같이 사용하기로 했다.

2018년도 1학기 말하기 평가를 해보니, 2017년도 2학기의 시행착오를 거친 탓인지 평가를 실천하면서 비교적 안정적으로 운영할 수 있었다. 2018년도 1학기의 개선점은 다음과 같다.

첫째, 루브릭 체제를 2017년도와는 다르게 피드백 횟수, 성조와 발음의 정확성 요소가 융합된 서술형 문장 형태로 바꾸었다. 척도안대로 평가를 해보니 실제 어려움이 없었고, 학생들의 성취수준을 변별하기에도 적절했다.

성취 기준	평가 형태	평가기준			평가 척도
중1203-1. 인사나 소 개에 관한 간단한 표 현을 상황 에 맞게 말할 수 있 다.	말 하 기	핵심 역량	자기 관리 역량	상	배움에 흥미를 갖고 역량을 높이는 데 적극 적으로 참여할 수 있다.
				중	배움에 흥미를 갖고 역량을 높이는 데 비교 적 참여할 수 있다.
				하	배움에 흥미를 갖고 역량을 높이는 데 일부 참여할 수 있다.
			의사 소통 역량	상	모둠원과 소통하며 자기 생각을 중국어로 정확하게 표현할 수 있다.
				중	모둠원과 소통하며 자기 생각을 중국어로 비교적 표현할 수 있다.
				하	모둠원과 소통하며 자기 생각을 중국어로 일부 표현할 수 있다.
		표현력		A	인사와 소개 표현을 4회 정확한 성조와 발 음으로 표현할 수 있다.
				B	인사와 소개 표현을 3회 정확한 성조와 발 음으로 표현할 수 있다.
				C	인사와 소개 표현을 2회 정확한 성조와 발 음으로 표현할 수 있다.
				D	인사와 소개 표현을 1회 정확한 성조와 발 음으로 표현할 수 있다.
				E	인사와 소개 표현을 정확한 성조와 발음으 로 표현할 수 없다.
		자발적 미응시, 미제출자(기본점수)			
		장기무단결석자(기본점수-1점)			

둘째, 수업 종료 5분 전 실시하는 피드백 모습이 변했다. 2017년 2학기
는 피드백 받을 학생들을 교실 앞으로 선착순으로 모두 나오게 했는데, 교
실 앞쪽에 학생들이 갑자기 몰려들어 줄을 길게 늘어서서 굉장히 산만했

다. 이점을 개선하여, 2018년도 1학기는 분단 순서대로 피드백 받을 학생들을 나오게 했다. 분단 순으로 나오니 교실 앞에 나와서 피드백 받는 학생 수가 8~10명이라 산만했던 분위기가 해소되었다. 또한, 분단 순서대로 피드백을 하니 피드백을 그날 받지 못한 학생들 파악도 쉬웠고, 피드백을 하다가 시간이 부족해서 끝났을 경우에도, 다음 시간에 피드백 받을 순서를 알고 있기 때문에 훨씬 용이했다.

셋째, 피드백 기록은 2017년도 2학기의 경우 횟수를 쪼개지 않고 한 칸에 피드백 횟수를 동그라미로 표시했다. 그랬더니 학기 말 피드백 횟수가 모자라서 보충해야 할 경우, 어떤 단원의 피드백을 받지 않았는지 파악하기 힘들었다.

이점을 개선하기 위해 2018년도 1학기에는 교무수첩의 수행평가 기록지를 아래의 표와 같이 횟수별로 쪼개서 표시했다. 이렇게 횟수별로 쪼개서 표시하니, 학생별 피드백을 받지 않은 내용을 파악하기에 편리했다. 피드백을 받지 못한 내용은 지필평가 전까지 시간을 주어 언제든지 교사의 피드백을 받을 가능성도 열어주었다.

2018년도 1학기의 경우, 입시와 관련 없는 교과라서 학생들의 수업 참

말하기 평가 쪼개기 예시

학생명	1차	2차	3차	4차
김**	○	○		○
이**	○	○	○	○
박**	○		○	○
조**	○	○	○	

여 독려가 힘들었던 3학년 자연공학 계열 학급의 수업도 이와 같은 말하기 평가를 적용했다. 그런데 학생 대부분이 적극적으로 피드백을 받으며 열심히 참여했다. 3학년 자연공학 계열 학생들의 적극적인 모습을 보고 교사가 수업 활동 속에서 평가하기 쉽고, 학생들도 수업 활동에 열심히 참여하며 성취기준에 도달할 수 있는 과정중심평가에 가깝게 실천하고 있다는 자신감이 들었다.

한 학기 동안 말하기 평가를 이와 같이 적용하다 보니, 복도에서 교사를 만나면 피드백 받았던 문장으로 중국어로 말을 거는 학생이 종종 있다.

"老师好! 今天几月几号?"(선생님! 안녕하세요? 오늘 몇 월 며칠이에요?)

정말 뜬금없는 인사와 질문이다. 하지만 나는 안다. 바로 지난 수업 활동에 열심히 연습했던 문장이라는 것을. 그리고 교사에 대한 친근감의 표시라는 것을.

외국어를 학습하는 가장 좋은 방법은 많이 말하고, 많이 읽고, 많이 듣고, 많이 쓰는 것인데, 과정 중심의 말하기 평가를 통해 학생들이 보다 많이 말하고, 많이 읽고, 많이 듣는 활동을 했던 것 같다. 따라서 이러한 과정중심평가가 외국어 교과의 평가로서 의미 있었다고 생각한다.

말하기 평가를 자기소개서 평가로 연계하다

1학기 말하기 평가를 과정중심평가로 운영했는데, 이 평가를 또 하나의 과정으로 한 '자기소개서 평가'를 연계해보았다. 한 학기 동안 배운 자기소개 관련 문장들을 재구성하여 자기소개서 쓰기 평가를 하는 것이었다.

수업시간에 배운 표현들을 재구성하여 자기소개서를 쓰는 것인데, 말하기 평가의 표현이 다수 포함되어 있다.

말하기 평가에서 적극적으로 참여한 학생들은 쉽게 이 평가에 임할 수 있다. 단, 말하기에 비해서 한자와 한어병음 쓰기는 연습 시간이 좀 필요하고, 학습의 난도가 높다고 할 수 있다. 평가 척도안은 다음과 같다.

성취기준	성취수준	평가기준		
		평가 항목	평가 척도	
중1402-2. 간단한 문장을 한자로 쓸 수 있다. 중1403. 학습한 내용을 간단한 문장으로 요약하여 쓸 수 있다.	상	간단한 문장을 한자로 정확하게 쓸 수 있다.	A	자기소개 문장을 한자와 한어병음으로 8문장 이상 정확하게 쓸 수 있다.
			B	자기소개 문장을 한자와 한어병음으로 7문장 정확하게 쓸 수 있다.
	중	간단한 문장을 한자로 비교적 정확하게 쓸 수 있다.	C	자기소개 문장을 한자와 한어병음으로 6문장 정확하게 쓸 수 있다.
			D	자기소개 문장을 한자와 한어병음으로 5문장 정확하게 쓸 수 있다.
			E	자기소개 문장을 한자와 한어병음으로 3~4문장 정확하게 쓸 수 있다.
	하	간단한 문장을 한자로 일부만 쓸 수 있다.	F	자기소개 문장을 한자와 한어병음으로 1~2문장 정확하게 쓸 수 있다.
			자발적 미응시, 미제출자(기본점수)	
			장기무단결석자(기본점수-1점)	

자기소개서 쓰기 평가를 하기 전, 모둠별로 가상 모의 면접을 활용하여 자기소개서 작성하기 활동을 진행했다. 수업 활동지는 다음과 같다.

봉담고등학교 행복한☺중국어

주제	중국어로 자기 소개하기	활동지 번호	
( )학년 ( )반 ( )번 이름( )			

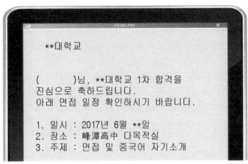

1. 〈보기〉의 9가지 내용을 담은 중국어 자기 소개서를 한자와 한어병음으로 작성하세요.

〈보기〉	1. 안녕하세요?
	2. 제 이름은 ***입니다.
	3. 저는 한국인입니다.
	4. 저의 생일은 *월 *일입니다.
	5. 저는 봉담고 *학년에 다닙니다.
	6. 저는 18살입니다.
	7. 저는 *** 하는 것을 좋아합니다.(취미)
	8. 저는 ***~이 되고 싶습니다.(장래희망)
	9. 만나 뵙게 되어 반갑습니다.

	한자	한어병음
1		
2		
3		
4		
5		
6		
7		
8		
9		

과정중심평가는 교육과정-수업-평가 일체화에서부터 시작

앞에서 언급한 말하기 평가와 자기소개서 평가 등 언어적 영역의 평가 외에, 중국 문화 영역의 과정중심수행평가를 소개하고자 한다. 2017년 2학기에 적용했던 논술형 평가이다.

1학기 2차 지필평가가 끝나고 여름 방학이 되기 전, 수업 취약 시기가 찾아왔다. 주당 2시간의 수업시수라서 평소 하지 못했던 중국 문화 독서 수업을 이 시기에 운영하기로 계획을 세웠다. 1학기 말과 2학기 초를 연계하여 교육과정을 재구성하여 수업과 평가를 진행했다.

바구니에 중국 문화 독서 토론 수업용(지자체에서 받은 예산 활용) 도서 60권 내외를 들고 교실로 향했다. 중국 문화 관련 도서들을 독해력 상중하로 나누어 8종류의 도서로 구분했다.

대부분 중국 문화 관련 도서에는 중국어 '해음(諧音) 현상'과 중국어 브랜드 네이밍(Naming)의 중요성이 설명되어 있었다. 학생들이 중국 문화 독서 수업을 통해 중국어 브랜드 네이밍의 중요성을 이해하고 1학기가 끝났다.

2학기가 되자마자, 1학기 독서 수업과 연계하여 중국어 교과서에 나온 '해음(諧音) 현상'을 설명하여 중국의 언어문화를 이해할 수 있는 시간을 가졌다. 또한, 학생들의 창의적 사고력을 향상시키기 위해서 중국어 브랜드 네이밍 개발하기 모둠 수업을 진행했다. 수업과 평가 계획은 오른쪽의 표와 같다.

브랜드 네이밍 수업에서는 모둠별로 '에○드'라는 화장품 회사의 중국어 브랜드 네이밍을 개발해보도록 했다. 그리고 모둠별 활동에 앞서 중국

구분		내용
교육과정 재구성		• 중국 문화 독서 수업 ⇒ • 중국어 해음 현상 ⇒ "중국어 브랜드 네이밍 개발 프로젝트" • 중국어 외래어 표기법 ⇒
수업	1~3차시	중국 문화 독서 수업(중국의 언어문화 및 브랜드 네이밍 중심으로)
	4차시	• 중국인이 좋아하는 숫자 및 기피하는 선물을 통한 해음 현상 이해 • 중국어 외래어 표기법 이해
	5차시	브랜드 네이밍 모둠별 협력 수업('에오드' 모둠별 네이밍 개발하기)
평가		브랜드 네이밍 논술형 평가(다양한 브랜드 개인별 네이밍 개발하기)

어 브랜드 네이밍을 수행하기 위한 개인별 역할을 분배하도록 했다.

중한사전을 검색하여 한자의 발음과 뜻을 찾을 사람을 '빅데이터 전문가', 브랜드의 가치와 의미를 파악하여 어떻게 네이밍할 것인지 방향을 정할 사람을 '브랜드 매니저', 칠판에 나와서 브랜드 네이밍 한자와 병음, 의미를 보기 좋게 구성할 사람을 '디자이너', 모둠별 네이밍의 과정과 의미를 반 전체 학생들에게 설명할 학생을 '세일즈 매니저'로 역할을 구분했다. 모둠별로 토의하여 각자의 소질과 적성에 맞게 개인별 역할을 정하면서 학생들의 진로의식이 향상될 수 있도록 했다.

모둠 역할이 분배된 후, 다음에 나오는 수업용 활동지를 배부했다.

모둠별 활동 결과 다양한 브랜드 네이밍이 개발되었다. '愛太得(àitàidé, 최고의 사랑을 얻다)', '愛帝得(àidìdé, 황제의 사랑을 얻다)' 등이 그것이다. 모둠별로 다양한 중국어 네이밍이 개발되었고, 모둠별로 칠판에 나와서 네이밍에 쓰인 한자, 한어병음, 의미를 발표했다. 브랜드 네이밍을 모둠별로 발표하면서, 자신의 모둠에서 개발한 네이밍과 다른 모둠에서 개발한 것을 자

중국어 브랜드 네이밍 수업 활동지

( )학년 ( )반 ( )번 이름( )

1. 다음 글을 읽어 보세요.

중국은 알면 알수록 독특한 나라다. 세계적으로 브랜드 가치가 높은 외국 기업들이 다른 나라에 진출할 때 브랜드 명을 그대로 가져가는 것이 일반적이다. 하지만 중국은 다르다. 아무리 유명한 해외 브랜드라도 중국식으로 바꾸어야 한다. 중국인들이 좋아하는 방식으로 네이밍(Naming)을 해야 승산이 있다. 중국 사업에 성공한 기업들을 보면 대부분 브랜드 네이밍을 잘한 기업들이다. 반대로 잘못 네이밍을 해서 낭패를 본 기업도 있다.

보통 우리나라에서는 외래어를 한글로 표기할 때 소리 나는 대로, 최대한 원음과 가깝게 쓴다. 예를 들어 명품 브랜드 'PRADA'는 '프라다', 아이폰과 아이패드로 유명한 'APPLE' 은 '애플'로 표기한다. 이렇게 소리나는 대로 표기하는 방식을 '음차'라고 한다.

중국은 조금 다르다. 음보다 뜻을 중요하게 생각하기 때문에 중국명을 지을 때는 좋은 의미를 가진 글자에 음차를 고려하여 짓는다.

발음이 비슷하면서도 뜻도 좋은 중국명을 짓기란 쉽지 않다. 두 마리 토끼를 다 잡으려면 의미에 중점을 두는 것이 좋다. 한 연구결과에 따르면 중국 소비자들은 아무런 의미 없이 유사한 발음만 차용한 외국 브랜드보다 원래 발음과 다르더라도 의미가 좋은 브랜드를 더 선호한다고 한다.

발음도 비슷하고 의미도 좋은 중국명으로 성공한 대표적 기업은 '코카콜라'와 '까르푸' 등을 들 수 있다. '코카콜라'의 중국명은 '커커우커러(可口可乐 kěkǒu kělè)'로 마시면 즐겁다는 뜻이다. '까르푸'의 중국명 '자러푸(家乐福 jiālèfú)'는 가정에 즐거움과 복을 가져다준다는 의미고, '유니클로'의 중국명 '요우이쿠(犹衣库 yōuyīkù)'는 우수한 품질의 옷이 있는 창고라는 뜻이다.

반면 잘못된 네이밍으로 고전을 겪은 기업이 있다. 일본 자동차 회사 '마츠다'가 대표적이다. '마츠다'의 중국명은 '松田 sōngtián'인데, 이는'하늘로 보내다'는 뜻의 '送天 sòngtiān'과 발음이 같다. 결국 '마츠다'는'마쯔다 马自达 mǎzìdá'로 이름을 바꿔 어렵게 중국에서 자리를 잡을 수 있었다. (이하 생략)

– 『왜 나는 중국을 공부하는가』, 김만기 저–

2. 대학 졸업 후 화장품회사 '에○드' 영업팀에 취직을 했다고 상상해봅시다. '에○드' 화장품을 중국에 수출할 때 어떤 중국어 이름으로 지으면 수출이 잘 될지 모둠의 전문가들과 토의하여 내용을 적어 보세요.

브랜드	한자	한어병음	네이밍 의미
에○드			

연스럽게 비교하게 되면서 학생들의 배움이 깊어져 갔다. 의미가 좋고 발음도 좋은 모둠의 네이밍이 발표되면 학생들은 '와~! 이름 잘 지었다!' 며 탄성을 지르는 등 네이밍의 원리에 대해 이해가 깊어가는 것 같았고, 서로 격려해주는 수업 분위기도 연출되었다.

네이밍 수업 활동이 끝난 후, 다음 차시에 있을 논술형 평가에 대해 안내를 했다. 수업에서는 유명한 화장품 회사명 '에○드'을 네이밍했지만, 논술형 평가는 유명하지 않은 브랜드 중에서 하나를 골라서 개인별로 브랜드 네이밍해보도록 계획했다.

그 이유는 이미 많은 한국 상품이 중국으로 수출되고 있어서 실제 중국어 브랜드 네이밍을 갖고 있는 경우가 많았기 때문이다. 학생들이 인터넷을 검색하면 쉽게 한국 상품의 중국어 네이밍을 발견할 수 있었고, 그렇게 되면 브랜드 네이밍을 쉽게 표절하고 재구성하여 평가에 활용하는 사례가 발생할 것이라 생각했다. 그렇게 된다면 브랜드 네이밍에 대해 제대로 학생의 배움이 일어났는지, 학생이 창의적으로 개발한 것인지 평가하기

모둠별 브랜드 네이밍 결과

힘들어질 거라 생각했다.

이를 위해 중국에 수출하지 못하는 한국의 중소기업 상품들을 골라서 학생들에게 제시하기로 했다. 여학생들이 관심 있어 하는 화장품, 남학생들이 흥미를 가지는 온라인 게임, 학생들이 좋아하는 과자 중에서 아직 중국에 진출하지 않은 중소기업 상품들을 골라 개인별로 중국어 브랜드 네이밍을 개발하는 논술형 평가를 실시했다.

학생들은 화장품, 온라인게임, 과자 중에서 하나를 골라 준비해왔고, 중한사전을 참고하여 논술형 평가에 임했다. 학생들이 개발한 중국어 브랜드 네이밍은 창의적이고 신선했다. 인터넷에서 쉽게 검색할 수 있는 상품이 아니었기에, 스스로 브랜드 네이밍 방법을 이해하고 한자의 발음과 뜻을 생각하면서 개발할 수밖에 없는 평가가 되었다.

학생들의 논술형 평가 답안지를 읽어보니 창의성이 돋보이는 것이 많이 발견되었다. 한 학생은 '카○○온'이라는 화장품에 대해 '考虑脸 (kǎolùliǎn, 얼굴을 생각하다)'으로 중국어 브랜드 네이밍을 했다. 피부를 생각하여 유기농 재료로 화장품을 만드는 회사 이미지와 상품에 대한 이해가 이름에 잘 드러나 있었다.

한 학생은 '눈○○자'라는 과자에 대해 '年乐感家(niánlègǎnjiā, 해마다 즐겁고 가족들을 감동시킨다)'라는 브랜드 네이밍을 개발했다. 이 과자를 먹으면서 화기애애해지는 가족 분위기를 연상시킬 수 있도록 이름을 잘 지었다.

"선생님! 이 논술형 평가, 정말 재미있어요!"

논술형 평가지를 제출한 후 몇 명의 학생이 내게 와서 말해주었다. 학생들이 수업 활동과 평가로 연계되는 과정에서 중국어 브랜드 네이밍 개발에 관한 즐거움을 느꼈던 것 같아 참 뿌듯했다. 논술형 평가의 척도안은

브랜드 네이밍 논술형 평가

1. 여러분이 중국과 교역하는 회사에 취직했다고 상상하고, 한국 상품을 중국에 수출하기 위해 <조건>에 맞게 중국어로 브랜드 네이밍(Naming) 하시오.

<조건> 가. 중국에 수출하고 싶은 한국 상품을 다음 중 1개 골라 네이밍할 것
       ① 화장품 : 라○아, 아○스, 카○○온
       ② 과자: 입○구, 눈○○자
       ③ 게임: 이○○스, 듀○고
     나. 브랜드 네이밍의 한자, 한어병음, 의미를 쓸 것(중한사전 참고)

브랜드	한자	한어병음	의미

2. 중국어 브랜드 네이밍의 중요성과 네이밍을 위와 같이 한 이유에 대해서 논술하시오.

성취기준	성취수준		평가 항목	평가 척도
중1501. 중국의 언 어문화에 대해 이해한다.	상	중국의 언 어문화에 대 해 정확하게 이해하고 설 명할 수 있 다.	주제논술	· 정확한 한자를 사용하였는가? · 정확한 한어병음을 사용하였는가? · 네이밍 의미가 적절하게 해석되었는가? · 브랜드 네이밍의 중요성을 설명하였는가? · 해음 현상을 이해하여 네이밍하였는가?
				A 평가기준에 모든 항목이 충족될 경우
	중	중국의 언어 문화에 대해 대체로 이해 한다.		B 평가기준에 4개 항목이 충족될 경우
				C 평가기준에 3개 항목이 충족될 경우
				D 평가기준에 2개 항목이 충족될 경우
	하	중국의 언어 문화에 대해 일부만 이해 한다.		E 평가기준에 1개 항목이 충족될 경우
				F 위 항목에 만족하는 항목이 없는 경우
				자발적 미응시, 미제출자(기본점수)
				장기무단결석자(기본점수-1점)

위와 같다.

이처럼 과정중심평가는 교육과정을 재구성하고, 수업에 대한 고민을 하면서 자연스럽게 이루어진다. 학생들의 참여 활동을 통해 수업 활동에서 이루어지는 과정을 들여다보면서, 수업 활동의 과정을 결과로 도출할 수 있는 평가를 운영하면 좋을 것 같다.

과정중심평가를 지필평가에도 적용하다

일반적으로 과정중심평가는 수행평가에만 적용할 수 있는 것으로 생각하는 교사가 많은 것 같다. 하지만 과정중심평가는 지필평가와 수행평가 모두 적용할 수 있다.

지필평가에 적용한 과정중심평가 사례를 제시하고자 한다. 한 학기 동안 학생들에게 수업시간 배운 단어와 문장의 발음 및 성조에 대한 피드백을 열심히 진행했고, 지필평가에서 수업 활동과 연계된 다음과 같은 문항을 출제했다.

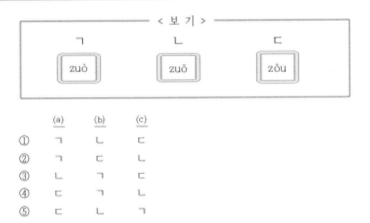

1. 밑줄 친 (a)~(c)의 발음이 바르게 연결된 것으로 알맞은 것은?

1번 문항을 출제한 이유는 수업시간에 학생들의 발음과 성조를 피드백해보니, 학생들이 잘못 발음하는 단어가 '坐', '左', '走'라는 것을 알게 되었기 때문이다. 발음은 같고 성조는 달라서, 뜻이 달라지는 이 세 단어를 발음을 연습하고 피드백하는 시간을 여러 번 거쳤다. 발음이 비슷하여 피드백을 해주어도 많이 헛갈려했다. 이러한 수업 과정을 거친 후 지필평가 문항에서 위와 같은 내용을 묻는 평가 문항을 개발했다.

2. 단어의 성조를 더한 숫자가 가장 작은 것으로 알맞은 것은?

성조는 중국어 학습에서 중요한 내용 요소이다. 성조의 중요성에 대해서 수업시간마다 항상 강조하면서, 성조에 대한 피드백을 가장 많이 했다. 그런 과정을 거친 후, 2번 문항과 같은 지필평가 문항을 개발했다. 성조의 중요성에 대한 수업의 과정을 반영한 문항이라 할 수 있다.

교사가 지치지 않는 과정중심평가를 위한 Tip!

현재 학교 현장에서는 많은 교사가 과정중심평가를 누적평가 형태로 운영하고 있다. 매 수업 학생들의 태도와 활동을 스티커를 부여하거나, 문제 행동이 있을 때마다 감점하여 누적 반영하고, 활동지 작성 결과를 누적 반영하는 경우가 많다. 이러한 평가가 과연 과정중심평가에 부합하는지 한 번 더 고민해봐야 할 필요가 있다.

이뿐 아니라 과정중심평가를 적용한 이후, 선생님들 교무실 책상 위를 살펴보면 이전과 달리 학생들이 작성한 자기평가지, 동료평가지, 논술형 평가지 등 다양한 평가지와 활동지가 수북이 쌓여 있다.

모둠 멘토가 활동지를 피드백한 모습

활동지를 짝과 교차하여 피드백하기

 이렇게 학생들로부터 받은 수많은 평가지를 읽고 피드백하기 위해서는 교사가 많은 시간을 할애해야 한다. 현실적으로 평가지를 모아두었다가 업무가 한가해지는 지필평가 기간까지 기다려 채점하는 경우가 많다. 그렇게 되면 학생들에게 적절한 피드백을 할 시기를 놓치기 마련이고, 교사의 업무는 가중되어 과정중심평가를 지속하기 힘든 환경이 될 수 있다.

 과정중심평가를 지속 가능하도록 하려면 교사와 학생 간 피드백 외에, 다양한 피드백 방법이 실천되면 좋을 것 같다. 예를 들어, 모둠 멘토 학생을 활용해 모둠 친구들을 피드백하도록 하거나, 짝끼리 서로 교차하여 피드백하도록 하는 등 다양한 학생과 학생 간 피드백 방법을 적용해보면 좋다. 학급당 인원수가 많은 학교는 더욱 이러한 방법을 추천하고 싶다. 이렇게 학생 간 피드백을 활용하지 않고 교사 혼자 피드백을 온전히 하려다 보면 쉽게 지칠 수 있다. 과정중심평가는 자칫 잘못하면 교사의 업무량을 굉장히 폭증시킬 수 있고, 그렇게 하다 보면 교사가 쉽게 지쳐 오랫동안 지속할 수 없으니 지혜롭게 운영하면 좋겠다.

 과정중심평가에서 학생의 성취수준을 파악하고, 적절한 피드백을 주기 위해서는 기록이 정말 중요하다. 특히, 고등학교의 경우 학생부종합전형에서 교과세부능력 및 특기사항의 기록이 또 하나의 평가로 자리매김하

교무수첩에 수시로 적은 메모 예시

- 301** 노** : 같은 단어가 경우에 따라 성조가 달라지는 것을 발견하고, 왜 성조가 경우에 따라 달라지는지 교사에게 질문할 정도로 중국어 성조 학습에 흥미가 많음. 수업이 끝난 후 쉬는 시간마다 어법 관련 질문을 할 정도로 중국어 어법에 관심을 가짐.
- 201** 김** : 모둠의 멘토 역할을 맡아 짝에게 성조와 발음 멘토링을 열성적으로 해줌. 짝이 정확히 발음할 때까지 계속 멘토링 해줌. 마치 선생님처럼 보일 정도 적극적임.

고 있다는 것은 주지하는 사실이다. 과정중심평가를 위해 사용한 소소한 기록 방법을 몇 가지 소개하고자 한다.

첫째, 모둠별 활동 시간을 활용하여, 모둠을 순회하며 관찰한 내용을 수시로 교무수첩에 메모한다. 또한, 학생이 발표하면 그 즉시 간단하게 교무수첩에 메모하는 습관을 들인다. 교무수첩에는 날짜별로 적는 칸이 있어서 편리하다. 교무수첩 외에 다른 기록지를 만들어 사용하는 것도 좋겠지만, 내 경험상으로 기록의 도구는 단일화하고 간소화하는 것이 관리하기 쉽다. 이에 교무수첩 활용을 적극 추천한다.

둘째, 평가지를 채점하다가 수행 수준이 높은 학생들을 발견하면 곧바로 교무수첩에 메모한다. 일반적으로 수업 활동의 관찰과 기록은 발표나

수행수준이 우수한 평가지를 발견하면 바로 교무수첩에 기록

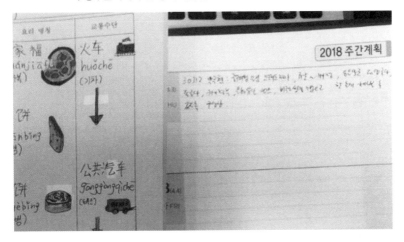

활동이 적극적인 학생 위주로 되기 쉽다. 내성적인 학생들의 경우 기록할 기회가 상대적으로 적어서 여러 가지 면에서 기록 내용이 적어지는 폐단이 발생하게 된다. 이를 개선하기 위해서, 논술형 평가지나 포트폴리오를 평가할 때 수행 수준이 우수한 학생(특히 발표를 잘 하지 않는 내성적인 학생일 경우)을 발견하면 교무수첩을 바로 꺼내 위의 사진과 같이 메모한다.

이렇게 기록할 경우 활동적이고 외향적인 학생에게 다소 유리한 학생 참여형 수업과 관찰 기록의 단점을 보완하여, 내성적이고 소극적인 학생들의 성취수준도 확인할 수 있고, 학생부 교과세부능력 및 특기사항도 모든 학생을 공평하게 기록할 수 있게 된다.

셋째, 교무수첩의 메모 내용은 매주 한 번 정도 공강 시간을 활용해 NEIS에 누가 기록 한다. 예를 들어, 매주 금요일 1교시(공강 시간)는 교무수첩에 기록된 메모를 NEIS에 기록 시간으로 정해서 누가 기록하면 훨씬 체계적이고 사실적으로 학생들의 활동을 기록할 수 있다.

학생의 이름을 외우고 관심 갖는 것은 과정중심평가의 기본

과정중심평가를 실천하기 위해서는 학생의 활동을 세심히 관찰하고 배움의 지점을 파악하고 피드백을 해주어야 한다. 이를 위해서는 학생의 이름을 외우고 학생 개개인에 관심을 갖는 것은 가장 기본적인 일이다. 학생의 이름을 외우지 못한다면, 관찰과 기록은 현실에서 이루어지기 어렵다.

내가 근무하는 학교는 학급당 인원이 44명이나 되는 과밀학급이어서 학생들 이름 외우는 것이 정말 힘들다. 게다가 학교에서 중국어과 교사가 나 혼자이기 때문에 2~3학년 중국어 선택 학급을 모두 담당해야 해서 270여 명에 달하는 학생들 이름을 외워야 한다. 그래서 도저히 외워지지 않는 이름을 외우기 위해 마련한 나만의 방법이 있다. 그것은 NEIS에서 사진 명렬표를 출력하여 수업시간 내내 들고 다니며, 모둠 활동을 순회할 때 수시로 사진과 학생들 얼굴을 대조하며 이름을 외우는 것이다.

친구를 가르쳐주는 학생을 발견하거나, 적극적으로 손을 들어 발표하여 기록을 하고 싶을 때, 혹은 무언가 그 학생에게 얘기하고 싶은데 학생의 이름이 기억나지 않을 때. 이럴 때마다 내 손에 들고 있는 사진 명렬표를 살짝 보며 이름을 읊조린다.

이름이 잘 외워지지 않는 학생의 경우, 수업시간에 의도적으로 그 학생의 이름을 한 번씩 부르며 대화하려고 노력한다. 가령 모둠을 다니며 순회하는데 너무 얌전하여 이름이 잘 외워지지 않는 학생이 발견되면, 사진 명렬표를 보면서 학생 이름을 확인한 후, 그 학생에게 다가가 이름을 부르며 이렇게 말한다.

"○○(이)는 한자를 참 이쁘게 썼네!"

"□□(이) 중국어 발음 정말 좋다!"

이렇게 학생의 이름을 부르며 칭찬이나 격려의 말을 의도적으로 하면, 학생의 이름이 정확히 외워질 뿐 아니라, 해당 학생을 내 편으로 만들 수 있다. 그렇게 이름이 불린 학생들의 표정을 보면 얼굴에 함박웃음을 띠는 경우가 많다. 교과 선생님이 내 이름을 외우고 있다고 생각하니 기분이 좋기 때문이다. 영락없이 이 학생은 이후에 수업에 열심히 참석하는 모습을 보인다. 이름도 외우고, 피드백도 하고, 학생들의 수업 참여도 높이고. 그야말로 일석삼조다!

평가의 관점을 바꾸다

과정중심평가를 적용하면서 가장 큰 변화가 무엇이었냐고 묻는다면, 바로 평가에 대한 내 관점의 변화라고 답하고 싶다. 나는 이전에 공정하고 정확하게 학생들을 변별할 수 있는 평가가 좋은 평가라고 생각했다. 그런데 과정중심평가를 적용하면서 평가는 변별하기 위한 것이 아니라, 학생들이 성취기준에 도달할 수 있도록 도와주고 학생들이 성장할 수 있도록 하기 위한 것이라고 생각하게 되었다.

학생 한 명 한 명을 피드백해주면서 학생의 성취수준이 어느 지점에 와 있고 성취기준에 도달하는 방법이 무엇인지를 제시해줌으로써 학생이 중국어 학습을 지속적으로 성찰하고 개선할 수 있도록 도와주는 것이 평가의 의미라고 생각하게 되었다. 이것이 과정중심평가 적용 후 일어난 가장 큰 변화라고 할 수 있다.

과정중심평가를 어떻게 해야 할까 고민한 지 2년이 지나가고 있다. 여러 시행착오를 거치면서 학생과 더불어 교사인 나 자신이 많이 성장하고 있음을 느낀다. 학생들의 이름을 외우고, 학생들의 배움의 과정에 관심을 갖고, 성취기준에 도달하도록 돕고자 하면서 학생에게 관심을 더 많이 갖게 된 나 자신을 발견한다. 이로 인해 학생과의 거리가 더 가까워짐을 느낀다. 학생들을 피드백하면서 학생들의 성취수준이 향상되는 모습을 보면서 교사로서 성취감과 보람을 느끼게 된다.

이러한 과정중심평가를 교사들이 쉽게 현장에서 실천하기 위해서는 자신의 교과에 맞게 가능한 부분부터 조금씩 실천해나가 보는 것이 좋다. 수업시간을 되도록 활용하여 평가가 이루어지도록 하여 교사의 업무가 이전보다 많이 늘어나지 않도록 연구하는 지혜가 필요하다.

과정중심평가의 핵심인 피드백은 개별 면담, 전체 학급을 대상으로 공통적 피드백, 모둠 결과물 전시, 짝끼리 상호 피드백, 모둠 멘토 중심의 모둠별 피드백 등 방법을 다양화하여 교사 혼자 피드백하는 체제를 개선하면 교사의 업무가 가중되지 않을 뿐 아니라 피드백 효과를 높일 수 있다.

교육과정–수업–평가 일체화로 시작하여 과정중심평가로 마무리할 때 교사를 교과 교육 전문가라 부를 수 있지 않을까 한다. 학생의 배움에 관심을 갖고, 학생의 성취수준을 향상시키기 위해서 피드백하는 교사의 모습이야말로 참다운 교사가 아닐까 한다. 이런 교사가 많을수록 공교육의 신뢰도와 만족도는 더욱 높아질 것이라 믿는다.

좋은 것, 힘든 것, 필요한 것
―과정중심평가 실천 후기―

지금까지, 과정중심평가를 어떻게 잘할 수 있을지 고민하고 연구하면
서 실제로 해본 사례를 소개했다. 여기까지 읽었다면, 과정중심평가를 잘
했다고 자랑하기 위해 소개한 것이 아님을 알게 되었을 것이다. 우리 저자
스스로도 부족하다는 것을 잘 알고 있다. 하지만 먼저 해본 사람의 입장에
서 같은 고민을 하는 다른 분들에게 조금이나마 도움이 되길 바라는 마음
에서 잘못한 것은 잘못한 대로, 부족한 것은 부족한 대로, 있는 그대로 보
여주고자 했다.

끝으로 과정중심평가를 해오면서 실제로 어떤 점들이 좋았고 달라진 점
은 무엇인지, 힘들고 어려운 점은 무엇인지 그리고 과정중심평가를 잘하
기 위해서는 무엇이 필요한지를 간략히 정리해보았다. 이 또한 조금이라
도 도움이 되길 바라는 마음이다.

이런 점이 좋았어요

1. 교사와 학생이 소통하게 되고, 교사와 학생 관계가 좋아진다_ 전소영

과정중심평가는 학생의 배움의 지점을 확인하고, 적절한 피드백을 하여 학생이 성취기준에 도달하도록 돕는 것이 특징이다. 과정중심평가를 제대로 하기 위해서는 학생의 이름을 외우는 것은 기본이고, 학생 개인별 성취수준을 파악하고, 학생 간 토의 내용 및 활동 모습, 활동 결과물 등을 세밀하게 관찰해야만 한다. 교사가 학생 개개인에게 관심을 가질 때 제대로 실천할 수 있다.

또한, 학생이 성취기준에 도달할 수 있도록 말이나 글로 피드백하는 과정에서 학생과 교사의 대화가 잦아지고, 학생에 대한 이해가 깊어지게 된다. 피드백 과정에서 자연스럽게 학생과 교사가 소통하게 되고, 서로에게 친밀감과 호감을 느끼게 되는 경우가 많다. 학생들은 과정중심평가를 실천하는 교사에 대해 '교육 활동에 집중하고 학생들의 배움에 대해 관심을 갖고 있는 선생님'으로 인식하는 경우가 많다. 말이나 글로 격려의 피드백을 하고, 학생의 부족한 부분을 일깨워주고, 도달 목표를 제시하여 성장하도록 돕는 교사에게 학생들은 자연스럽게 신뢰감을 갖게 된다.

2. 학생과 교사 모두 성장한다_ 김진영

학생들이 수업시간에 배운 내용에 대한 평가는 주로 점수와 석차로 이루어진다. 학생들은 이를 통해 자신의 능력에 대해 평가를 하게 된다. 하지만 학생들은 이것을 성장으로 보지 않는다. 단지 결과로서만 받아들인다. 결과를 받는 순간 지나간 과정은 생각하지 않으며, 심지어 그 결과마

저 그냥 잊는다.

과정중심평가를 통해 학생들은 자신의 누적된 과정을 보면서 자신의 성장과 발전을 볼 수 있다. 또한 교사가 주는 피드백을 통해 자신이 성장한 면을 좀 더 세밀하게 확인하게 되고 부족한 면을 보충할 기회를 갖게 된다. 이러한 과정을 통해 앞으로 자신의 성장을 촉진하고 목표한 결과에 도달하도록 노력할 수 있게 된다. 이렇게 달성된 목표를 보면서 학생들은 자신의 성장을 발견하게 되고 다음의 목표를 세울 수 있게 된다.

또한 교사도 학생들과의 과정에서 피드백을 주고받으면서 한 학기 또는 일 년의 교육과정을 중간 점검할 수 있는 시간을 갖고 학생들의 배움이 더 원활하게 일어날 수 있는 교육과정을 구성하는 데 도움을 받는다. 수업 활동에서 단순히 결과를 측정하고 그것에 대한 평가에 그치는 경우가 많이 있다. 교과별 교육과정의 목표를 달성하기 위해서는 교육과정에 대한 정확한 이해와 수업 과정을 좀 더 치밀하게 계획해야 한다. 또한 각 단계에서 학생의 성장을 위해 적절한 피드백을 하다 보면 자연스럽게 교사의 성장도 함께 일어날 수밖에 없다.

3. 수업이 달라진다_ 강민서

평가는 누구나 피해가고 싶은 부담이다. 특히 더 좋은 등급을 받아야 하고 경쟁에서 남을 이겨야 하는 경우에는 엄청난 스트레스로 다가온다.

아이들은 평가를 자주 하는 것을 좋아하지 않는다. 잘 보든 망하든 '그냥 한 번에 보고 끝내요!' 라고 한다. 솔직히 과정중심평가가 교사에게도 무척 손이 가는 일이다. 바쁘고 힘들다. 그럼에도 과정중심평가를 왜 해야 할까?

과정중심평가는 아이들을 수업 활동에 충실하게 만든다. 수업의 과정 과정이 평가되고 작게 여러 번의 과정을 통해 평가되기 때문에 수업시간에 충실할 수밖에 없다.

또 수업이 앎에 머물지 않고 삶으로 확대되는 과정에서 아이들은 자신의 모습을 만나게 되고, 타인을 이해하며 공감 능력을 키우게 된다. 수업에 몰입하고 성장을 경험한다.

교사도 성장하는 경험을 하게 된다. 더 정확히 말하면, 과정중심평가를 하는 과정에서 교사는 아이들 한 명 한 명을 더 깊이 관찰하고 이해하게 된다. 피드백 과정을 통해서 아이의 현재 상태는 물론 수업 속에서 어떻게 성장해가는지, 아이들이 무엇을 어려워하는지, 어떻게 배우는지, 왜 그렇게 생각하는지, 어떤 것에 관심이 있는지도 알게 된다. 자신의 수업을 돌아보며 성찰하는 과정에서 성장을 경험하게 된다. 수업 안에서 교사와 학생이 서로 배우고 성장하는 것, 교학상장은 이를 두고 하는 말이 아닐까 생각한다.

이런 점이 힘들었어요

1. 해야 할 것이 많아진다_ 최우성

과정중심평가는 순전히 교사의 몫이 크다. 교사가 열정을 가지고 움직이지 않으면 곧 어려움을 겪을 수 있다. 기존 평가 방식에서는 수업에 들어가서 성취수준에 도달하는 것을 목표로 수업을 디자인하고 나오면 된다. 하지만 과정중심평가는 중간중간에 피드백을 수시로 주는 관계를 만들어야 하기에 많은 시간과 에너지가 든다. 일부 교사는 쉬는 시간은 물론 업무 외 시간에도 학생들에게 일일이 피드백을 주기 위해 학생들의 활동지 등을 가정으로 가져가기도 한다. 이는 진정한 의미의 과정중심평가라고 말하기는 어렵지만, 아무튼 교사들에게 힘든 점임에는 틀림없다.

그렇다고 이런 점들이 과정중심평가를 가로막는 이유가 될 수는 없다. 시대의 흐름에 따라 2015 개정 교육과정에서는 핵심역량을 발휘하는 수업 디자인과 과정 속에서의 평가를 요구하고 있다. 교사가 수업시간 내 수업을 디자인하면서 관찰하고 학생들의 목소리를 경청하고 분절된 내용에 대해 연결하고, 뒤처지는 부분에 되돌리기 등의 다양한 활동을 수행하면서 교사들은 수업시간과 수업외 시간을 예전보다 훨씬 많이 투자해야 한다. 수많은 학생들에게 피드백을 부여하면서 성장하는 과정을 코칭해야 하며, 쉬는 시간에 교무실로 찾아오는 학생들에게 피드백에 대한 설명과 긍정적인 관계 맺기를 지속적으로 추진해야 한다. 이런 과정이 고스란히 교사가 짊어지고 가야 할 십자가이다.

2. 관찰의 한계와 극복의 어려움_박병두

과정중심평가의 중요한 평가 방법의 한 가지는 '관찰'이다. 과정중심평가를 할 때도 다른 여러 방법을 적용할 수 있지만, 피드백을 위해서는 반드시 관찰이 필요하다. 그리고 관찰은 기록과 함께 이뤄져야 한다.

수첩에 메모하기, 휴대폰 등 휴대용 전자기기 메모장이나 녹음 기능을 활용하기, 컴퓨터를 활용해 바로 기록하기 등 여러 방법이 있는데, 교사 자신에게 잘 맞고 학급의 상황에 적합한 방법을 찾으면 된다.

발표를 하거나 실험이나 탐구 형태의 모둠활동을 할 때 눈에 띄는 학생들의 모습을 그때그때 기록을 해야 한다. 하지만 학급 당 인원수가 40명이 넘는 학급도 있는 상황에서 기록하기가 쉽지 않다. 또한, 관찰한 것을 기록하는 동안에는 피드백을 바로 해줄 수 없다는 한계도 있다. 늘 주목받은 학생만 반복하여 기록하게 될 수 있다는 우려도 없지 않고, 교사가 기록하는 모습 자체가 학생들에게 무언의 압력으로 다가갈 수 있다는 염려도 있다. 때문에 학생 활동지에 자신의 생각이나 동료와 주고받은 질의응답 내용을 스스로 기록하게 하는 등의 슬기로운 보완책이 필요하다.

이런 것이 필요해요

1. 협력하는 교사 문화_ 연현정

과정중심평가는 한 학기를 조망하고 긴 호흡으로 아이들의 성장 과정을 살필 수 있는 평가계획이 필요하다. 아이들을 어떻게 성장시킬 것인가에서 출발하여 성취기준을 재구성하고 수업과 평가를 기획하는 단계부터 실제 수업 중 긴밀한 방향 수정까지 이 모든 과정을 교사 혼자 해내기는 쉽지 않기 때문이다. 따로 외부에서 연수를 받는 것보다 현장에서 동료 교사와의 협력 경험은 교사의 성장을 더 크게 촉진할 수 있다. 학기 초 학년별 교과 교사들이 모여 수행평가 계획을 공유하며 시기를 조정하거나 융합을 시도하기도 한다. 올해 2학기의 경우도, 과학과의 지구 환경변화 문제와 해결 아이디어 실천 수행평가를 진행한다고 하니 가정과 선생님이 가정 시간에 진행하는 업사이클링 수업으로 실천을 대체하는 것이 어떻겠냐고 제안하셨다. 해당 내용 성취기준에서 해결 아이디어를 실천하는 경험을 꼭 주고 싶어 고민하고 있었는데, 가정과의 제안은 교사 입장에서 나 학생 입장에서 너무나 좋은 제안이었다. 이 대화를 듣고 있던 영어과에서 에세이 수행평가를 계획하고 있었는데 교과서 내용 중 환경 이야기가 있다며 업사이클링 실천 후 에세이를 쓰기로 결정을 했다. 이런 협의 자리를 통해 각 교과의 반복을 줄이고 연계성을 찾아 깊이가 깊어진 평가를 통해 아이들의 성장을 촉진할 수 있었다.

또한 1학년 과학 과목 5명의 교사는 전문적 학습공동체를 구성하여 금요일 1교시 공강 시간마다 과학실에 모여 수업과 평가 협의를 진행하고 있다. 한 학기 평가계획을 세우고 수행평가를 진행하면서 아이들의 배움이 어려움을 겪는 부분은 어디이며, 어떻게 도울 것인지, 실제 아이들의 답안을 채점하면서 평가기준으로도 애매한 부분에 대한 협의를 진행했고, 아이들이 지속적으로 틀리는 부분에 대한 피드백 방안을 나눴다.

동료와의 협력에서 가장 좋은 점은 든든하다는 것이다. 어떻게든 시도하면 함께 협의하는 과정에서 해결 방향이 보이고, 특히 물리, 화학, 생명과학, 지구과학이라는 다양한 전공이 섞여 다양한 시각에서 과학 과목을 바라볼 수 있어 더 좋았던 것 같다. 자신의 전공 부분을 학습할 때는 전공자들이 나서서 학습지를 제작해주시고, 타 전공자들에게 깊은 전공 지식도 전해주셨다. 이런 다양성이 있었기에 도전이 가능했던 것 같다.

한편으론 이런 동료와의 협력 과정이 갈등을 야기할 수도 있다. 하지만 갈등이 두려워 피하면 오해만 깊어질 것이고, 내 수업과 평가가 잘 안 되는 것이 내 부족함 때문이라 자책할 것이다. 나눠야 한다. 교육철학이 서로 다르더라도 지속적으로 의견을 나누고 함께해야 한다. 평가를 바라보는 시각은 여전히 달라 진행하면서도 계속 협의하고 이 평가가 아이들에게 어떤 의미가 있는지 대화를 나눈다. 이런 대화와 이해 과정을 통해 더디더라도 함께 가야 한다. 그 이유는 학생의 성장은 어느 한 교사, 한 교과만으로는 가능하지 않기 때문이다. 나 또한 그동안 갈등을 겪으며 마음의 상처도 많이 받았지만, 그 과정에서 배운 점과 깨달은 점도 많다. 아이들에게 모둠활동의 의미를 이야기하기 전, 나부터 동료와의 모둠활동에 익숙해져 보자. 타인을 공감하려 노력하고 손을 내밀어 보자. 작은 만남에서 우리의 수업과 평가 이야기는 꽃필 수 있을 것이다.

2. 교육과정에 대한 이해_ 박병두

과정중심평가는 어디까지나 교육과정의 맥락 속에서 이뤄져야 하기에 교사의 교육과정에 대한 전문성은 매우 중요하다. 경기도교육청은 교사의 교육과정 전문성으로 '교육과정 문해력'을 제시한다. 교육과정 문해력이란 교사가 교육과정 문서를 읽고 해석하여 교사 수준의 교육과정 재구성과 수업, 평가에 일관되게 적용할 수 있는 교육과정 상용 능력이다.(교사의 교육과정 문해력 신장, 경기도교육청 교육과정정책과 제2016-5호)

교육과정을 이해하되 성취기준만 읽고 뽑아 쓰는 것에 머물거나, 평가 그 자체가 목적이 되어버리는 등, 교육의 목적과 본질을 잊는 실수를 경계해야 한다. 때문에 성취기준의 바탕이 되는 과목의 목적과 본질을 먼저 이해해야 하고, 그보다 앞서 각론의 바탕이 되는 총론에서 제시한 목적과 본질을 이해할 필요가 있다.

과정중심평가는 짧게는 한 학기, 길게는 한 학년의 재구성된 교육과정 안에서 이뤄져야 한다. 이때 교육과정 재구성 시 학년군 설정까지도 고려해 보아야 한다. '토론'의 경우 초등학교 5~6학년군에서 다루어야 할 성취기준과 중학교, 고등학교 학년군에서 다루어야 할 성취기준의 내용과 수준이 다르다. 더 나아가 다른 교과의 각론도 읽어 보며 융합수업을 구안해보는 것도 의미가 있다.

의미 있는 과정중심평가를 위해서는 교육과정 재구성이 의미 있게 되어야 한다. 이를 위해서는 교육과정에 대한 전반적인 이해가 필요하다. 교육과정 재구성에 앞서 교육과정 각론은 물론이고 교육과정 총론을 교사들이 함께 읽고 대화하는 시간이 꼭 필요하다.

3. 교사의 평가권 강화_ 강민서

얼마 전 학교에서 아는 선생님과 나눈 대화이다.

"샘, 우리 아이가 학교에서 시험을 봤는데 답안지에 뭐라고 썼는지 아세요?"

"뭐라고 썼는데?"

"'질문에 대한 답을 쓰고 그 이유를 써라'라는 수학 문제 물음에 답을 쓰고, 그 이유를 이렇게 썼대요."

"딱 보면 안다!"

초등 저학년 녀석치고 참 기막힌 표현이라 생각했다.

우리 선생님들도 아이들 눈빛만 봐도 대충 무슨 생각을 하는지, 수업에 충실히 하고 있는지 아닌지 딱 보면 안다. 과제해결 정도도 사실 딱 보면 상/중/하가 나온다. '잘했다, 보통이다, 조금 부족하다'. 그런데 그 안에서 또 몇 단계로 세분하여 변별해야 한다.

평가의 목적은, 교사에게는 수업 개선에 필요한 피드백을 제공하고 학생의 학업 성취 정도를 파악하기 위함이고, 학생에게는 배워야 할 것을 잘 배웠는지, 할 수 있는 것이 무엇인지, 어떻게 해야 할 수 있는지를 피드백 받으면서 학습 방법을 개선해 나가는 것이다. 그런데 평가가 목적을 상실한 채 선발을 위한 등급 나누기나 서열만 중시할 때 수업은 뒤틀리고 수업을 위한 평가가 아니라 평가를 위한 수업이 된다.

교사는 특히 평가를 통해서 학생들이 잘 배웠는지, 자신이 선택한 교수-학습 방법은 효과가 있었는지, 어떤 활동을 어려워하고 어떤 활동에 흥미가 있었는지를 파악해야 한다. 그리고 교수 활동에 대한 개선점을 찾으며 수업을 보완해 가야 한다. 이 과정의 반복이 교사의 전문성을 키워가는 길이라 생각한다.

아울러 교사의 교육과정에 대한 결정, 수업 활동 및 운영에 대한 결정, 평가 방법과 평가 내용에 대한 결정, 그리고 평가 시기에 대한 결정을 자유롭게 할 수 있어야 한다. 즉 교사의 평가권이 보장되어야 한다. 평가가 평가의 본질과 목적에 제대로 부합할 때 수업이 수업다워진다.